Visio Wettini

REICHENAUER TEXTE UND BILDER

herausgegeben von

WALTER BERSCHIN

12

Mattes Verlag Heidelberg
2009

Heito und Walahfrid Strabo

Visio Wettini

Einführung, lateinisch-deutsche Ausgabe
und Erläuterungen von

Hermann Knittel

Dritte erweiterte Auflage

Mit einem Geleitwort von
Walter Berschin

Mattes Verlag Heidelberg
2009

Abbildung auf dem Umschlag:
Auferstehender Priester. Reichenauer Wandmalerei des XI. Jahrhunderts in der Oberkirche von St. Georg in Reichenau-Oberzell, Ausschnitt. Siehe die Beschreibung des ganzen Bildes auf p. 108.

Bibliographische Information der Deutschen Bibliothek
Die Deutsche Bibliothek verzeichnet diese Publikation in der Deutschen Nationalbibliographie; detaillierte bibliographische Daten sind im Internet über `http://dnb.ddb.de` abrufbar.

Dieses Buch ist aus säurefreiem Papier hergestellt und entspricht den Frankfurter Forderungen zur Verwendung alterungsbeständiger Papiere für die Buchherstellung.

Nachdruck 2024

Printed in Germany · ISBN 978-3-86809-013-0

INHALT

ZUM GELEIT

Dieser Band gibt den Blick frei auf die *Anfänge* der Literatur der Reichenau. Mit Heito und Walahfrid wird die Reichenau ein Kloster, in dem nicht nur lateinisch gebetet, gesungen und gelesen, sondern auch geschrieben wird. Auch damals ist es nicht selbstverständlich, daß der, der sein Latein gelernt hat und versteht, ohne weiteres fähig ist und den Mut hat, etwas Lateinisches zu schreiben. In vielen Klöstern ist man beim passiven Umgang mit der «Vatersprache» Latein stehengeblieben. Auf der Reichenau wird im zweiten Jahrzehnt des IX. Jahrhunderts schon hier und dort lateinisch geschrieben. Der Klosterlehrer Wetti gehört mit seiner *Vita (II) S. Galli* (816–824) zu denen, die so etwas versuchen. Erst 824 und 825 aber gelingt ein 'Durchbruch' mit Heito und Walahfrid. Sie haben als erste Reichenauer *erfolgreiche* lateinische Werke verfaßt.

Heito, der neunte Abt des Inselklosters (806–823; † 836), gleichzeitig Bischof von Basel, verfaßte im Jahr 811 oder bald danach einen Bericht über seine Gesandtschaftsreise nach Konstantinopel. Dieses für Karl den Großen bestimmte und *Odoporicum* (Hodoeporicon «Reisebericht») genannte Buch war im X. und XI. Jahrhundert in Regensburg-St.Emmeram und auf der Reichenau noch vorhanden, ist dann aber verlorengegangen. Für die Priester seines Bistums Basel stellte Heito die wichtigsten Regularien in 25 *Capitula* zusammen. Es werden ihm u. a. auch die *Statuta Murbacensia*, Ausführungsbestimmungen der Aachener Reformsynode des Jahres 816, zugeschrieben. Schließlich verfaßte Heito im Jahr nach seinem Rücktritt von den Ämtern (824) die *Visio Wettini*, die viele Leser fand, wie die 41 Handschriften bezeugen (cf. p. 13 n. 8), die inzwischen ermittelt sind.

Altabt Heito zeichnete Wettis letzte Botschaft in einer einfachen lateinischen Prosa auf. Bald danach wollte man die Darstellung in der anspruchsvolleren Form lateinischer Verse lesen. Der noch nicht 18jährige Walahfrid erhielt den Auftrag dazu und vollendete bald nach Ostern 825

sein «Erstlingswerk» (*primitiae*, v. 13). Mit dem Doppelwerk der Visio Wettini ist die Reichenau als Literaturort präsent und bleibt es 250 Jahre lang.

Dr. Hermann Knittel, der vor 23 Jahren Walahfrids *Visio Wettini* erstmals lateinisch-deutsch publizierte und kommentierte, hat seither das Thema nicht aus den Augen verloren. Es ist ein Glücksfall für die *Reichenauer Texte und Bilder*, daß seine über die Jahre gesammelten Erkenntnisse nunmehr in eine dritte Auflage eingebracht werden können, die außer Walahfrids Versen auch den von Heito stammenden Basistext bringt. Wieviel Neues in diesem Buch steckt, wird der aufmerksame Leser bald bemerken. Nur auf zwei Details sei hingewiesen: Der in der Literatur immer wieder als verschollen gemeldete Ashburnham-Codex ist ermittelt (p. 14) und: In der Diskussion um die Bilder scheint Walahfrid zum «karolingischen Rationalismus» zu tendieren (p. 144sq.; zu v. 615–619). Völlig neu ist in dieser Auflage der Exkurs «Hat Dante Walahfrids Visio Wettini gekannt?» (p. 154–157).

Daß die Texte von Heito und Walahfrid bei aller Wissenschaftlichkeit der Präsentation kleine Kunstwerke bleiben durften, die man mit Freude und Gewinn auch einfach lesen kann, dafür werden alle Freunde der Insel dem Verfasser die Anerkennung nicht versagen.

W.B.

EINFÜHRUNG

von
Hermann Knittel

Die Visio Wettini ist der Bericht von den Traumvisionen, die der Reichenauer Mönch Wetti, Leiter der Klosterschule und Lehrer Walahfrid Strabos, wenige Tage vor seinem Tod schaute[1]. Nach seinem Erwachen war Wetti von heftigem Verlangen getrieben, nicht nur von der jenseitigen Welt und den Strafen für die Sünder, die er dort gesehen hatte, zu berichten und zur Hilfe im Gebet aufzufordern, sondern auch die Sündhaftigkeit seines eigenen Lebens und Lehrens zu bekennen, da er all dies nun mit anderen Augen sah. Einem kleinen Kreis vertrauter Mitbrüder, darunter Erlebald, dem Abt des Klosters (823–838, † 847), und dessen Vorgänger Heito (806–823, † 836) teilte er sein erschütterndes Erlebnis mit und bat eindringlich, die Vision und die darin verkündeten Mahnungen zu verbreiten. Den beiden Äbten stand Wetti auch persönlich nahe: Heito hatte den begabten Schüler gelehrt und gefördert und ihn dann zu weiterem Studium nach auswärts geschickt, und Erlebald war bei diesem Studium Wettis Begleiter gewesen. Da Walahfrid Strabo in seiner Visio Wettini die hier Genannten ausführlich würdigt, sei der Leser der Kürze halber auf dessen Darstel-

1 Zur Datierung s. u. Anmerkung zu v. 187.

lung verwiesen[2]. Wetti starb, wie es ihm in seiner Vision angekündigt worden war, kurz darauf, in der Nacht vom 3. auf den 4. November 824.

Heito, der nach schwerer Krankheit das Bischofsamt in Basel und die Leitung des Klosters aufgegeben hatte und nun als einfacher Mönch auf der Reichenau lebte, machte sich Wettis Anliegen zu eigen. Besonders er war von der Bedeutung der Vision überzeugt[3] und verstand sie wie Wetti als eine seiner Mönchsgemeinschaft zuteil gewordene Offenbarung, die Mönche und Geistlichkeit, aber auch die Mächtigen der Welt zu strengerem Lebenswandel aufforderte und die wirksame Hilfe des Gebets für Lebende und Verstorbene verkündete. So verfaßte Heito anhand der am Krankenbett Wettis entstandenen Aufzeichnungen bald danach seine Darstellung der Vision; sie wiederum wurde die Vorlage für Walahfrid Strabos großes Gedicht.

Damit erhebt sich die Frage nach dem Anteil Heitos an dem Visionsbericht, dessen Gestaltung ja ganz in seiner Hand lag. Sicher darf man die Anordnung der von Wetti erzählten Eindrücke zu einem großen Teil als Heitos Werk betrachten: Es fällt nämlich auf, daß die Reihenfolge der Sünder und Sündergruppen klar gegliedert ist nach Geistlichen und Laien; in einer aufsteigenden Linie erscheinen Kleriker und Mönche bis zu Abt Waldo und Bischof Adalhelm, eine absteigende führt von Kaiser Karl zu den Grafen. Die Gedanken zum klösterlichen Leben, zu Regel und Reform, sind – wahrscheinlich ebenso durch Heitos Eingriff – in einer langen Rede des Engels, der in der Vision Wettis Führer war, zusammengefaßt. Ausführlich brachte Heito ferner sein großes Anliegen, die Gebetshilfe, zur Sprache und nahm zur Bestätigung das Traumgesicht eines anderen, des Klerikers Adam, in den Visionsbericht auf. Ein weiteres Thema, das ihm am Herzen lag, die Verehrung des Grafen Gerold, der als Förderer der Reichenau in der Klosterkirche bestattet war, setzte er als markanten Schluß an das Ende der Rede des Engels und der Vision. Schließlich umgab er das Ganze mit der Rahmenerzählung von Wettis Erkrankung und Tod. In einer Bemerkung zur ersten Vision

2 v. 38–103 (zu Heito), 104–172 (zu Erlebald), 176–182 (zu Wetti); cf. hierzu die Erläuterungen.

3 Heito wird in Verbindung gebracht mit der *Visio cuiusdam pauperculae mulieris* von H. Houben, *Zeitschrift für die Geschichte des Oberrheins* 124, 1976, p. 31–42. Eine Widmung der *Visio cuiusdam clerici de poenis Fulradi* an Heito ist jedenfalls eine Bestätigung für sein Interesse an Visionen (F. Dolbeau, *Analecta Bollandiana* 98, 1980, p. 404).

erklärt Heito, daß er nichts weggelassen oder hinzugefügt habe (c. 3); andererseits lesen wir auch, daß er von all dem Geschauten «der Kürze halber» einiges ausgeschlossen habe (c. 15); das dürfte nicht nur eine Floskel sein. Er war indes sichtlich bestrebt, von Wettis Traumerlebnissen das, was von allgemeiner Bedeutung zu sein schien, unverändert zu überliefern. Ein Indiz für die Genauigkeit der Wiedergabe und die Redlichkeit seines Bemühens ist nicht zuletzt, daß er Wetti so schonungslos seine Fehlerhaftigkeit bekennen und ihn zwischen lähmender Todeserwartung und banger Hoffnung schwanken läßt.

In allem will dieser Visionsbericht Mahnung zu gewissenhafterer Befolgung der göttlichen Gebote und insbesondere der klösterlichen Lebensregeln sein. Auch wo sich der Blick auf die Welt und ihre Mächtigen auftut, in den Kapiteln über Karl den Großen und die Richter (c. 11–13), geht es allein um Tugend oder Sünde und das jenseitige Leben als Ziel. Es werden nicht politische Maßstäbe in unserem Sinn angelegt[4], sondern religiös-moralische, wenn der ohne jeden Zweifel als guter Herrscher anerkannte Kaiser Karl wegen seiner Unzucht, die Grafen wegen ihrer Habgier verurteilt werden und wenn dann Walahfrid in einem eigenen Beitrag Ludwig den Frommen wegen der Übertragung von Klöstern an weltlich gesinnte Frauen tadelt: damit werden Verhaltensweisen angeprangert, die den klösterlichen Idealen der Keuschheit und Armut entgegengesetzt sind. Dementsprechend sind die Heiligen und Seligen, denen der Visionär im Himmel begegnet, die Scharen der Priester, Märtyrer und Jungfrauen.

Eine neugierige Freude an Details der jenseitigen Welt, wie sie manche Visionserzählungen durchzieht, kennt die Visio Wettini nicht. Die Orte, an denen sich Büßende und Verdammte aufhalten, sind einander topographisch nicht zugeordnet, eine klare Scheidung in Hölle und Läuterungsort kann allenfalls erschlossen werden, und Strafen und Qualen der Verdammten werden nicht dramatisch geschildert. Heitos Visionsbericht nennt bei den Büßern und Verdammten keine Namen; dies liegt einerseits natürlich daran, daß bei Personen, von denen Wetti berichtet hatte, den Reichenauer Mönchen klar war, um wen es sich handelte, Pietät jedoch gebot, Namen (vor allem angesichts der sicher vorgesehenen Verbreitung der Schrift in anderen Klöstern) nicht offen

4 Hierzu H. J. Kamphausen (siehe Bibliographie) p. 145 und 185sq. – Carozzi (p. 319sqq.) zählt die Visio Wettini zu den «Visions politiques».

zu nennen. Andererseits entspricht diese Anonymität dem Ziel der Darstellung, die dort Leidenden als Beispiele für die Bestrafung bestimmter Sünden hinzustellen. Walahfrid indes hat bei der Abfassung seines Gedichts ähnlich wie Dante gewußt, daß gerade die Nennung berühmter Namen die paränetische Wirkung der Aussage ausmacht, und er hat deshalb den Konflikt zwischen Namensnennung und Pietät bei den Büßern durch das Versteckspiel der Akrosticha zu lösen versucht.

Heitos Stil[5] wirkt zunächst nüchtern und erinnert streckenweise an Erlasse und Urkunden; so glaubt man bei der Rede des Engels vielfach, Ausführungen von Kapitularien vor sich zu haben. Bezeichnend ist die häufige Verwendung von Partikeln und Demonstrativa (auch Wörtern mit ähnlicher Funktion) sowie eine Vorliebe für substantivische Ausdrücke (*altitudo montis* statt *mons altus*); häufig treten Wortwiederholungen auf. Tempora werden oft ungenau verwendet; Satzkonstruktionen sind bisweilen nicht fehlerfrei. Vor allem sind die Sätze beladen mit Partizipialkonstruktionen, die an manchen Stellen sogar das Verbum finitum verdrängen; sie sind Heitos bevorzugtes Stilmittel, um Vorgänge oder bildhafte Eindrücke in Einzelheiten zu schildern. Dabei verfügt dieser Autor durchaus über eine gewisse Gewandtheit in Wortwahl und Ausdruck; seine Darstellung vermittelt anschaulich den bedrängenden Ernst des Geschehens, etwa bei der Erscheinung der Dämonen oder den letzten Stunden Wettis, und in feierlich-erhabener Sprache gelingt ihm die Beschreibung der himmlischen Stadt.

Das verlorene Original der Niederschrift Heitos, das der junge Walahfrid Strabo in den Händen gehabt haben muß, um den Visionsbericht in Verse zu fassen, wurde auf der Reichenau mehrfach kopiert. Eine frühe Abschrift ist – zusammen mit der Heito zugeschriebenen *Visio cuiusdam pauperculae mulieris* – im Karlsruher Codex Augiensis CXI erhalten; eine weitere befand sich in einer von dem Reichenauer Bibliothekar und Schreiber Reginbert zusamengestellten und in seinem *Brevis librorum*[6] verzeichneten Sammlung von Visionen. Diese ist wahrscheinlich im sechzehnten Jahrhundert verlorengegangen; die letzte Kopie daraus findet sich in der jetzt in Stuttgart aufbewahrten Donaueschinger Handschrift 704. Als schließlich in der zweiten Hälfte des neunten Jahrhunderts ein

5 Völlig gegensätzliche Urteile zu Heitos Prosa liest man bei K. Künstle (in KAR 704) und F. Brunhölzl (t. 1, p. 349); cf. auch Traill p. 79.

6 Holder, t. 3, p. 92.

unbekannter Reichenauer Mönch eine Einleitung hinzufügte und den Text in Kapitel einteilte[7], entstand eine weitere Abschrift, die einige wenige Änderungen in der Textgestaltung aufweist; der früheste Zeuge dieses Überlieferungszweiges ist eine noch im neunten Jahrhundert auf der Reichenau angefertigte Kopie, der Codex Rh. hist. 28 der Züricher Zentralbibliothek. Doch ist das Werk in der Version *ohne* Praefatio der im Mittelalter am meisten verbreitete Visionsbericht aus der karolingischen Zeit gewesen[8]. In der für Heitos Visio Wettini bisher maßgeblichen Edition Ernst Dümmlers sind der Augiensis CXI (Aug) und die Donaueschinger Handschrift (Ds) nicht berücksichtigt; dies wird in der vorliegenden Ausgabe nachgeholt. Zusätzlich sind hier zwei weitere Zeugen

7 Zuletzt ediert von E. Dümmler in MGH Poetae Latini Aevi Carolini II, p. 267–275. Daß Vorrede, Kapiteleinteilung und Kapitelüberschriften von einem Späteren hinzugefügt worden sind, hat E. Kleinschmidt nachgewiesen. J. Autenrieth hat vermutet, daß diese Zusätze von Walahfrid selbst stammen könnten; diese These übernehmen Chr. E. Ineichen-Eder («Addendum to the Manuscript Transmission of Heito's Visio Wettini: Ambrosianus I 89 Sup.», *Scriptorium* 37, 1983, p. 98–104) und C. Carozzi (p. 334). Nun zeigen sich zwar in diesen Zusätzen sprachliche Anklänge an die Visio Wettini Walahfrids (*montana, munera, studium* in den Überschriften zu den Kapiteln 6, 12 und 26 nach Walahfrids Versen 312, 475 und 795, abweichend von *montes, dona, diligentia* bei Heito), und ebenso ist Walahfrids Datierung des Ausbruchs von Wettis Krankheit auf den 30. Oktober übernommen (s. u. Erläuterung zu Vers 187), doch spricht gegen eine Bearbeitung durch Walahfrid folgendes: 1. Heito und Wetti werden auffallend kurz und distanziert vorgestellt, was gar nicht Walahfrids Stil und seinen sonstigen Äußerungen über die beiden entspricht. 2. Die Überschrift zu Kap. 15 (*Visio throni et gloriae domini*) übergeht völlig das Bild der himmlischen Stadt, auf das Walahfrid (in Anlehnung an Heito!) Wert gelegt hat, und sucht auch keinen Kompromiß mit Walahfrids theologischer Korrektur zu dieser Stelle (cf. Anmerkung zu den Versen 525–539). 3. Vor allem gebraucht der unbekannte Verfasser der Praefatio bei der Charakterisierung Wettis *mediocriter* in entgegengesetztem Sinn als Walahfrid in v. 181, nämlich in negativer Bedeutung; cf. Anmerkung zu v. 180–182. Dem inhaltlichen Befund entspricht der stilistische (hierzu W. Berschin, *Biographie und Epochenstil* t. 3, p. 274): Es fehlt diesem Vorwort die Zielstrebigkeit der Aussage und die energische Satzführung von Walahfrids Praefationes.

8 Grundlegend zur Reichenauer Überlieferung von Heitos Visio Wettini im neunten Jahrhundert ist die Abhandlung von E. Kleinschmidt; ein Verzeichnis der Handschriften und Ausgaben findet sich bei C. Müller. Drei weitere nannte W. Berschin in der ersten Auflage von *Eremus und Insula* (1985, p. 66); seiner freundlichen Mitteilung verdanke ich den Hinweis auf folgende sechs Handschriften: Bamberg, Hist. 141 (E.III.9; saec. XV); Laon, BM 281, fol. 48^{r}–51^{v} (saec. IX); London, BL Cotton Otho A.XIII (saec. IX–X, Fragmente); Manchester, John Rylands Library, lat. 182, fol. 162^{v}–167^{v} (saec. XII); Neapel, BN VIII.B.10, fol. 179^{r}–183^{v} (saec. XV); Wien 579 (saec. XIII). – Zuletzt stieß ich noch auf: Tours, Bibliothèque Municipale, ms. 20, fol. 55^{v}–64^{r} (saec. X/XI). Die Kollationierung aller überlieferten Zeugen bleibt ein Desiderat.

einbezogen, die dem Original nahestehen: die um 900 entstandene Handschrift Clm 18546b der Bayerischen Staatsbibliothek (= Codex Tegernseensis 546) und das Teilstück eines aus St. Martin in Tours stammenden Sammelkodex, das sich zeitweise im Besitz von Lord Ashburnham befand und jetzt in der Bibliothèque Nationale in Paris (nouv. acq. lat. 457) liegt[9]. Anhand gemeinsamer Abweichungen, die die letztgenannten Abschriften gegenüber der späteren Überlieferung zeigen, läßt sich Heitos Text genauer wiederherstellen.

Die Visio Wettini bildet einen Höhepunkt in der frühmittelalterlichen Visionsliteratur und reiht sich in eine lange Tradition ein, die mit der *Visio Pauli* (auch Paulus-Apokalypse genannt) im zweiten Jahrhundert einsetzte und im zwölften Jahrhundert eine Hochblüte erlebte, so daß schließlich Anfang des vierzehnten Jahrhunderts Dante sich in einer genialen Fiktion dieser literarischen Gattung bedienen konnte, um seine Zusammenfassung all dessen zu gestalten, was das Mittelalter über Welt und Jenseits dachte und wußte. Zwar hatten die meisten Kirchenväter, insbesondere Augustinus, Jenseitsvisionen skeptisch betrachtet oder abgelehnt; Gregor der Große († 604) aber hatte im vierten Buch seiner «Dialoge» eine Reihe von Berichten aus der anderen Welt gesammelt in der erklärten Absicht, Zweifler davon zu überzeugen, daß es ein Jenseits mit Lohn und Strafen gebe. So waren nun solche Träume und Erzählungen durch einen Papst selbst anerkannt, und der Gattung der Visionsliteratur war damit Tür und Tor geöffnet. Es ist hier nicht der Ort, mit Blick auf den breiten Strom der Überlieferung und im Vergleich mit

9 Zur Donaueschinger Handschrift Nr. 704, die die letzte Abschrift aus dem verlorengegangenen Sammelkodex des Reginbert enthält, jetzt F. Heinzer, «Handschrift und Druck im Œuvre der Grafen Wilhelm Werner und Froben Christoph von Zimmern», *Die Gleichzeitigkeit von Handschrift und Buchdruck*. Wolfenbütteler Mittelalter-Studien, Wolfenbüttel 2003, spec. p. 151–166. – Das Manuskript nouv. acq. lat. 457 der Bibliothèque Nationale de France ist mit dem von E. Dümmler (MGH Poetae II, p. 266) erwähnten, aber nur an zwei Stellen herangezogenen Codex Ashburnhamensis (Libri 73) identisch, wie mir Mme. M.-P. Laffitte, die als conservateur géneral dort für die lateinischen Handschriften zuständig ist, freundlicherweise mitgeteilt hat. Die von Libri im Jahre 1847 an Lord Ashburnham verkauften 16 Blätter (fol. 11^{v}–16^{v} enthalten die Visio Wettini) kamen Jahrzehnte später nach Paris (L. Delisle, *Notice sur les manuscrits disparus de la Bibliothèque de Tours*, Paris 1883, p. 126sqq.; ders.: *Catalogue des manuscrits des fonds Libri et Barrois*, Paris 1888, p. 94sq.). Delisle gibt im *Catalogue* als Entstehungszeit das XI. Jh. an; das bestätigt E. K. Rand, *A Survey of the Script of Tours*, Cambridge (Mass.) 1929, p. 198 mit tab. 191 c. Die Hs. basiert trotz mancher Willkürlichkeiten auf einer Vorlage, die Aug und Ds nahesteht.

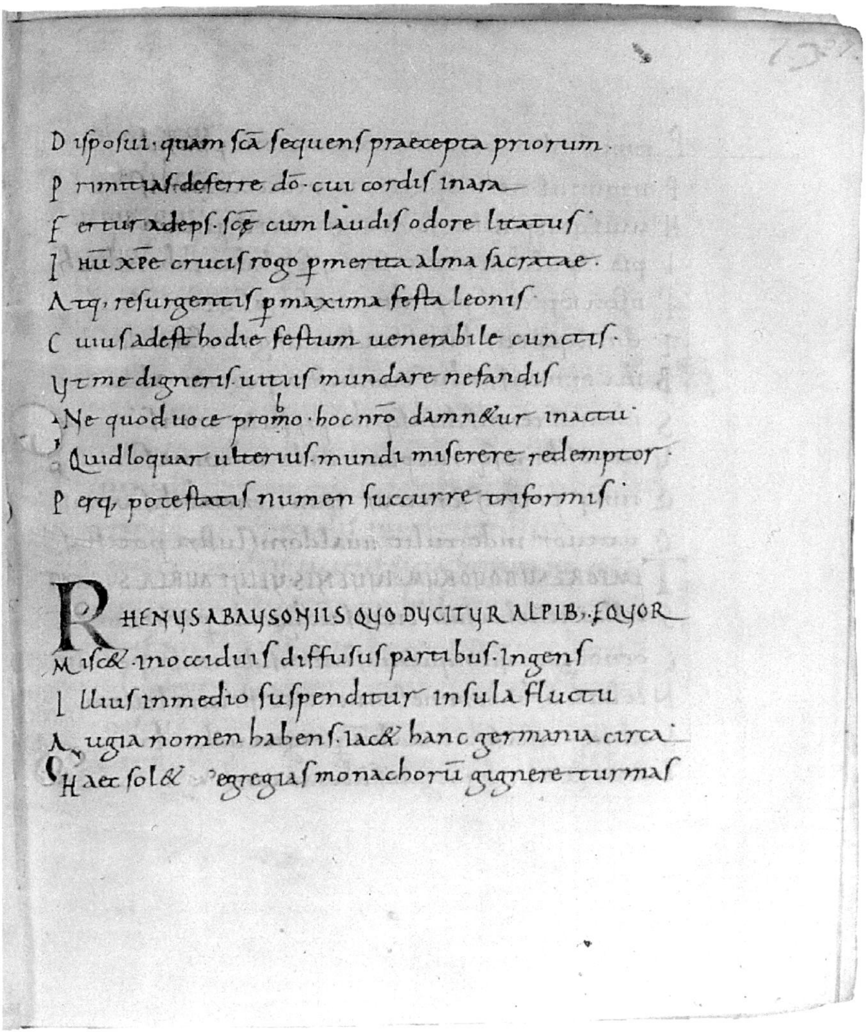

Abb. 1 Die Abbildung aus dem St. Galler Codex 869 (Originalgröße der Seite 16 × 13 cm, des Schriftspiegels 11 × 9 cm) zeigt die Verse 12–26 der Visio Wettini Walahfrids. Der im letzten Viertel des neunten Jahrhunderts von ein und derselben Hand in zierlicher karolingischer Minuskel geschriebene kleine Band enthält 114 Gedichte; fast alle sind Werke Walahfrids. Auf dieser Handschrift (G) fußt die erste gedruckte Ausgabe der Visio Wettini, die Heinrich Canisius 1604 in Ingolstadt herausbrachte. Auf dem unteren Teil der Seite liest man, beginnend mit der Initiale R, die berühmten Verse zum Rhein und zur Lage der Reichenau.

anderen Jenseitsvisionen der Herkunft von Motiven in der Visio Wettini nachzugehen, zumal da die meisten Motive in den Vorstellungen jener Zeit so allgegenwärtig waren, daß man wohl Parallelen aufzeigen, eine bewußte Kopie aber nur selten belegen kann; daher sei auf neuere Literatur zu dieser Gattung verwiesen[10]. Der Sammelband mit Visionen, den Reginbert anlegte, zeigt, welchen Rang man auf der Reichenau Heitos und Walahfrids Darstellungen der Vision Wettis zuwies und wie man sie in die Überlieferung einordnete: Beide Fassungen waren darin mit den *Libri prognosticorum tres* des Julian von Toledo (VII. Jahrhundert), dem vierten Buch der Dialoge Gregors (entstanden um 594), der Vision des Furseus (VII. Jahrhundert), mit Visionsberichten aus der *Historia ecclesiastica gentis Anglorum* Bedas († 735) und der Vision des Barontus (VIII. Jahrhundert) vereinigt[11]. Es gab freilich auch damals eine Reihe von Leuten, die Visionen und Träumen ablehnend gegenüberstanden, so etwa der bei Walahfrid mit Namen genannte, nicht näher bekannte Bischof Adalhelm[12]. Wenn Heito in die Visio Wettini Träume anderer

10 Zur Visionsliteratur cf. die in der Bibliographie genannten Werke von P. Dinzelbacher, C. Carozzi und H. J. Kamphausen; eine Zusammenfassung bei A. Angenendt, *Geschichte der Religiosität im Mittelalter*, p. 695–705; 735–750. Siehe auch Traill p. 12–18. – Das vierte Buch der Dialoge Gregors ist in einer zweisprachigen Ausgabe (lat.-franz.) von A. de Vogüé und P. Antin greifbar (ihr sind die im folgenden gegebenen Zitate entnommen), eine Übersetzung von J. Funk in der *Bibliothek der Kirchenväter* (Zweite Reihe, t. 3), München 1933. – Visio Sancti Pauli ed. Th. Silverstein, London 1935; C. Carozzi, *Eschatologie et au-delà*. Recherches sur l'Apocalypse de Paul, Aix-en-Provence 1994 (Text dort p. 186–263); Übersetzung: H. Duensing, *Apokalypse des Paulus*, Tübingen [5]1989.

11 Das vielgelesene Werk des Bischofs Julian von Toledo, *Prognosticon futuri saeculi libri tres* (Migne, PL 96, 453–524), das sich vor allem auf die Kirchenväter Augustinus und Gregor den Großen stützt, handelt über den Tod, das Schicksal der Seele nach dem Tod, die Auferstehung des Leibes und das Jüngste Gericht. – Die Vision des Furseus jetzt im Anhang bei Carozzi, p. 677–692 (mit textkrit. Apparat). – *Beda der Ehrwürdige: Kirchengeschichte des englischen Volkes*, lateinisch-deutsch, ed. G. Spitzbart, Darmstadt 1982. Bedas Werk enthielt u. a. die Vision des Drythelm (V, 12), die Alkuin in seine *Versus de patribus, regibus et sanctis Euboricensis ecclesiae* aufnahm (MGH Poetae I, p. 169–206; spec. p. 189–191; cf. auch unten Anm. 19). – Visio Baronti Monachi Longoretensis, ed. W. Levison, MGH Scriptores rer. Merov. V, p. 372–394. – Auszüge aus Gregor, der Vita S. Fursei und der Visio Baronti finden sich auch in der von P. Dinzelbacher herausgegebenen Anthologie mittelalterlicher Visionsliteratur.

12 Über ihn cf. v. 400–409. – Im Zusammenhang mit der Kritik an Visionen wird auch auf das *Opus Caroli contra synodum*, die sog. «*Libri Carolini*» verwiesen (Kamphausen p. 49sqq.); in der Tat wird dort betont, daß Träume zur Lösung strittiger Fragen nicht herangezogen werden dürfen: *Quamquam igitur somniorum usus nec in totum sit*

einfügt, die mit ähnlichem Inhalt Wettis Bericht bestätigen sollen, versucht er dadurch auch mögliche Skeptiker zu überzeugen, und man kann Äußerungen Walahfrids in seinem Brief an Grimald, in denen er spitzfindig erklärt, über die Lust zur Kritik an seinen Versen kämen die Gegner doch noch zur Lektüre des Visionsberichtes, wohl nicht nur als Topos einer Einleitung abtun[13].

Das vierte Buch der Dialoge Gregors wurde für Wettis Vision in besonderem Maße bestimmend: Nach dem ersten Traum mit der Erscheinung der Dämonen ließ sich Wetti nämlich neun oder zehn Blätter (das entspricht gegen zwanzig Seiten einer heutigen Ausgabe) daraus vorlesen, und dabei wird ihm der Inhalt des ganzen Buches wieder in Erinnerung gekommen sein. Man möchte dem Leser dieses Werk Gregors geradezu als Einführung in die Visio Wettini empfehlen; er wird darin nicht nur Ähnlichkeiten in der Beschreibung der Jenseitslandschaft, sondern auch Gedanken zum Schicksal der Seelen und zur helfenden Macht des Gebets und des Meßopfers für die Verstorbenen finden; die Erscheinung himmlischer Gestalten und schwarzer Dämonen, das Feuer als Ort der ewigen Strafe, aber auch der Läuterung, das Auftauchen einst Mächtiger unter den Büßern, die Voraussage eines baldigen Todes und die Bitte um Aufschub, der Auftrag an den Visionär, mahnend seine Stimme zu erheben, und die Ankündigung einer Strafe bei Nichtbefolgung dieser Weisung: all dies hatte die Vorstellungen über Jenseits und Jenseitswanderungen geprägt.

Neben anderem ist es der Zusammenhang mit Totengedenken und Gebetsverbrüderung, was die Visio Wettini in besonderem Maße kennzeichnet. Die Not, die Wetti durchleidet, die Angst, seine Sünden könnten ihm nicht vergeben werden, bestimmt nicht nur den Anfang seines Traums und die Stunden vor seinem Tod, sondern verfolgt ihn auch beim Gang durch die himmlischen Regionen, bei der Begegnung mit den Scharen der Heiligen, die er als Fürsprecher gewinnen kann. Doch auch nach der Fürbitte der Heiligen bleibt die beklemmende Frage ohne si-

adprobandus, quia plerumque daemonum fallaciis exhibetur, nec in totum inprobandus, quia interdum per eum quaedam mysteria revelantur, ad adstruendas tamen res dubias et ea quae in contentionem veniunt adfirmanda numquam idoneus invenitur (MGH Concilia t. II, suppl. I., Hannover 1998, p. 459, c. III, 26).

13 Traill (p. 85) erklärt dagegen: «In view of the highly conventional nature of this motif, one cannot suppose without further evidence that these detractors (and the skeptics with whom they are identified) ever in fact existed».

chere Antwort, und so sucht Wetti Zuflucht beim Gebet der Mitbrüder und bittet in seiner Bedrängnis schließlich in zehn Briefen um Gebetshilfe. Walahfrid unterbricht sein Versgedicht, um den Wortlaut dieser Prosabriefe als letztes Vermächtnis seines Lehrers einzufügen. Heitos Darstellung der Vision aber, in der die Gebetshilfe für die leidenden Seelen der Verstorbenen den Lebenden eindringlich zur Pflicht gemacht wird, entspringt derselben Überzeugung, die in jenen Jahren zur Anlage des Verbrüderungsbuches geführt hat, in das man die Namen nicht nur der lebenden und verstorbenen Mönche des Reichenauer Konvents, sondern auch die von Freunden und Gönnern des Klosters und Namenslisten mit der Reichenau verbrüderter Klöster aufnahm, um all der Genannten ständig im Gebet zu gedenken. Den entscheidenden Anstoß dazu muß Heito gegeben haben. Der Eintrag von Wettis Namen in diesem Gedenkbuch läßt sich als Schnittpunkt zwischen der Totenliste und der Lebendenliste des Reichenauer Konvents in den ersten Jahren von Erlebalds Abbatiat erkennen[14].

Bald nachdem Heito seine Niederschrift von Wettis Vision abgeschlossen hatte, erhielt der kaum 18jährige Klosterschüler Walahfrid Strabo von dem Priestermönch Adalgis[15] den Auftrag, den Visionsbericht in Verse umzusetzen, und wahrscheinlich in den Ostertagen des Jahres 825 hat er sich an die Arbeit gemacht, die ihm nach eigenem

14 K. Schmid, Bemerkungen zur Anlage des Reichenauer Verbrüderungsbuches; cf. RZ passim und unten Anm. zu v. 400–409. – Das Verbrüderungsbuch ist herausgegeben von J. Autenrieth / D. Geuenich / K. Schmid, MGH Libri Memoriales et Necrologia, NS 1, Hannover 1979.

15 Der Priestermönch Adalgis war einige Jahre älter als Walahfrid; im Reichenauer Verbrüderungsbuch erscheint er auf p. 4 an 46. Stelle von insgesamt 112 Mönchen; der junge Walahfrid ist in dieser Liste der vorletzte (MGH Libri memoriales et Necrologia NS I, Hannover 1979). Derselbe Adalgisus ist wohl der Adressat eines devoten Briefes, in dem um Kleider und Pergament gebeten wird (Reichenauer Briefsammlung « C » MGH Formulae, Hannover 1886, p. 376, nr. 25); der Brief schließt mit einem Gedicht (siehe auch MGH Poetae t. 2, p. 419), dessen Verse das Akrostichon ADALGISO DANDA aufweisen (Hierzu Önnerfors, Phil. zu W.S. p. 45–49 und AR p. 95). Schließlich ist wohl derselbe Adalgisus an 17. Stelle einer Reichenauer Mönchsliste aus San Salvatore / Santa Giulia in Brescia verzeichnet (MGH Libri Memoriales NS IV, 2000), die aus der Zeit des Abtes Folkwin (849–858) stammt und jetzt auf ca. 855 datiert wird; cf. RZ p. 112 und 126. Adalgis ist also jedenfalls 35 Jahre lang Mönch auf der Reichenau gewesen, wahrscheinlich noch länger, und hat damit ein für die Zeit hohes Alter erreicht (Für die freundliche Mitteilung dieser Daten danke ich Herrn Prof. W. Berschin). – Zu Walahfrid und den Umständen der Abfassung seiner Visio Wettini zuletzt: W. Berschin, W. S., spec. p. 1–4.

Bekenntnis zunächst schwerfiel[16]; der Grund dafür muß die hohe Anforderung gewesen sein, vor der er unerwartet stand. Hinzu kam, daß man von ihm verlangte, seine Arbeit in aller Stille anzugehen und rasch zu vollenden, während sich Walahfrid selbst zur Vorbereitung noch ausgiebige Lektüre seiner klassischen Vorbilder gewünscht hätte. Ob Abt Erlebald und Tatto, der Nachfolger Wettis in der Leitung der Schule, zunächst von Walahfrids Arbeit nichts erfahren haben, wie dieser in seinem Vorwort an Grimald andeutet, sei dahingestellt; nicht zu verkennen ist aber, daß von seiten Walahfrids eine gewisse Distanz zu ihnen zu spüren ist. Denn Erlebald und Tatto waren keine großen Freunde der Dichtung und, wie man trotz Walahfrids lobender Bemerkung hinzufügen darf, auch keine Kenner auf diesem Gebiet[17]. Von wem letzlich der Anstoß zur Enstehung des Gedichts ausging, läßt sich nicht mehr klären[18]. Die meisten Mitglieder des Konvents würden eine poetische Fassung des Visionsberichts für überflüssig gehalten haben, wie denn auch später die kürzere und zudem leichter lesbare Prosafassung Heitos weitaus mehr Verbreitung fand. Doch war der Gedanke nicht von der Hand zu weisen, daß Wettis Vision in poetischer Gestalt an Würde und Erhabenheit gewinnen konnte, und es gab in der Literatur Vorbilder: So hatte der spanische Presbyter Iuvencus aus der Erzählung der Evangelien ein Versepos über das Leben Jesu geschaffen, und es hatte sich die Gattung des *opus geminatum* entwickelt, die Abfassung eines Werkes zugleich in Prosa und in Versen. Die bekanntesten Beispiele dafür waren das *Carmen paschale* des Sedulius und die Schrift *De virginitate* von Aldhelm; auch Alkuin hatte seine Vita des hl. Willibrord und Teile der Kirchengeschichte Bedas, darunter die Vision des Drythelm, in Verse gefaßt[19]. Hat Adalgis, auf dessen Geheiß Walahfrid nach eigener Aus-

16 Epilog an Adalgis v. 2. Zu den folgenden Ausführungen cf. Walahfrids Verse an Grimald zum Tode Wettis (MGH Poetae II, p. 334), den Begleitbrief zur Visio an Grimald und das Proömium v. 1–21.

17 Cf. Anmerkung zu v. 873–882.

18 Wenn Walahfrid die Aufforderung, Heitos Prosafassung zu versifizieren, von Grimald erhalten hätte (so Önnerfors, AR 90sq.), wäre dies irgendwo in Walahfrids Begleitbrief an ihn zur Sprache gekommen; dazu aber findet sich keine Andeutung.

19 Cf. P. Klopsch «Prosa und Vers in der mittellateinischen Literatur», *Mittellateinisches Jahrbuch 3*, 1966, p. 9–24, spec. p. 12–18; V. Schupp, *Studien zu Williram von Ebersberg*, Bern/München 1978, spec. p. 115–129; *Alkuin, The Bishops, Kings, and Saints of York*, edited by P. Godman, Oxford 1982, p. LXXVIII–LXXXVIII. Walahfrid selbst war überzeugt, daß er seinen Stoff durch die Poesie veredle; man vergleiche

sage an die Arbeit ging, nach Wettis Tod den jungen Mönch betreut und ihm, wohl auch von anderen Mönchen beraten, diese Aufgabe zugewiesen, da Walahfrid ja wiederholt nach einer Betätigung für sein poetisches Talent verlangte? Ein engeres Vertrauensverhältnis zu Adalgis läßt sich Walahfrids Versen freilich nicht entnehmen. Heito, dessen Niederschrift Walahfrid zur Erfüllung seines Auftrags in die Hand bekam, muß dem Plan zugestimmt haben; doch erkennt man, daß er die Arbeit daran zumindest nicht durchgehend begleitet hat[20]. Der 'Bibliothekar' Reginbert aber, der Walahfrids Werk bald in seinen Sammelband aufnahm und es in seinem *brevis librorum* lobend hervorhob (*liber visionis Wettini fratris nostri, quam Heito episcopus descripsit et Walahfrid frater noster metricis versibus subsequens illam decoravit*), wird den Auftrag befürwortet haben; wie sehr er Walahfrids Können überhaupt schätzte, zeigt sich auch darin, daß er sein eigenes «Exlibris» von ihm in Verse bringen ließ[21] und ihn später zur Abfassung eines liturgiegeschichtlichen Werkes bewog. Es wird ein kleiner Kreis von Mitmönchen gewesen sein, die Walahfrid in seinem Tun ermutigten und ihm Verständnis und Anerkennung entgegenbrachten.

Eine starke Stütze aber hatte Walahfrid in Grimald gefunden. Dieser hochbegabte und erfolgreiche Verwandte Waldos und Wettis, einer der gebildetsten Männer seiner Zeit, war nach seiner Erziehung am Hof auf die Reichenau gekommen, hatte dort zuerst gelernt und dann gelehrt. Er hatte das Genie des Jüngeren erkannt, seine Zuneigung gewonnen und ihm sicher über das gewohnte Maß hinaus Zugang zu Büchern eröffnet. Walahfrid hätte ihn gern als Nachfolger Wettis in der Leitung der Schule gesehen. Die Verbindung zu einem einflußreichen

seine Bemerkung im Prolog zur Gallusvita (MGH Scriptores rer. Merov. IV, p. 280) und P. Klopsch l. c., p. 19.

20 Dies zeigen einige Irrtümer Walahfrids und Abweichungen von Heitos Text; cf. die Anmerkungen zu den Versen 187, 261, 414sqq., 525sqq., 722sq. und 883.

21 K. Preisendanz (*Neue Heidelberger Jahrbücher* 1952/53, p. 14) hat mit dieser Vermutung durchaus recht. Reginbert schrieb keine Verse und hätte eine so gewandte Versfassung seines prosaischen Exlibris nicht zustande gebracht; wer aber außer Walahfrid, dessen Stil das kleine Gedicht verrät, war auf der Reichenau dazu in der Lage? Beide Texte in EI 16sq.; das dort p. 154 abgebildete und p. 166 erläuterte Blatt aus einer Handschrift Reginberts mit dem Eintrag der beiden Fassungen stammt gerade aus dieser Zeit um 825, in der Walahfrid an der Visio arbeitete. – Zuletzt hierzu W. Berschin, Vier karolingische Exlibris, *Mittellateinische Studien*, spec. p. 169–173. – Zu Walahfrids liturgiegeschichtlichem Werk (*De exordiis* . . .) siehe Bibliographie.

Mann, an den er sich vertrauensvoll wenden konnte und der am Hof nun das hohe Amt des Kapellans innehatte, stärkte Walahfrid in seinem Selbstbewußtsein und verschaffte ihm eine gewisse Unabhängigkeit gegenüber seinen Mitmönchen und Vorgesetzten, so daß er sich über deren mögliche Reaktionen auf sein Gedicht sogar ironisch äußern konnte. Grimald war es auch, der später die Berufung Walahfrids an den Hof zu Aachen erwirkt hat. Die Dankbarkeit und freundschaftliche Verehrung, die Walahfrid gegenüber seinem Gönner empfand, bezeugt nicht zuletzt die Widmung des «Hortulus» an ihn. Ihm also sandte der junge Dichter nun die Versfassung der Visio Wettini mit einem Begleitschreiben zu und bat ihn um sein Urteil. Er wußte, daß Grimald die Verbreitung dieses Erstlingswerkes und seinen Verfasser fördern würde.

Wie Walahfrid Heitos Prosa in ein Gedicht umgesetzt hat, stellt nicht nur durch seine Beherrschung der Verskunst, sondern auch durch die Gestaltung der Anlage des Ganzen mit einem Proömium, dem Vorspann zur Geschichte der Reichenau, mit der durchdachten Gliederung und den eigenen Zusätzen eine erstaunliche Leistung dar. Das Verseschreiben muß Walahfrid leichtgefallen sein[22]. Er hatte seine Vorbilder aus der klassischen und christlichen Dichtung in einem bewundernswerten Umfang präsent; nie ahmt er sie sklavisch nach, sondern versteht es, auf den treffenden, oft an entlegenen Stellen aufgespürten Ausdruck zurückzugreifen und Wortverbindungen in überraschender, bisweilen spielerischer Weise zu variieren: *per campos vagari* («durch die Felder schweifen») und *ramusculos decerpere* («Zweiglein brechen») nennt er das Durchstreifen und die Aneignung der ihn faszinierenden Poesie. Von den Alten kennt er vorzüglich Vergil und Ovid, von den christlichen Dichtern Iuvencus, Prudentius, Sedulius, Venantius Fortunatus, Aldhelm, Beda und Alkuin. Den theologischen Hintergrund bringt zunächst Walahfrids vorzügliche Kenntnis der Heiligen Schrift, der Liturgie und der Benediktusregel. Bei der täglichen Tischlesung, die den Mönchen Texte von Johannes Cassianus, Ambrosius, Augustinus, Gregor dem Großen und anderen Kirchenvätern nahebrachte, war er ohnehin ein besonders aufmerksamer Zuhörer, und die in der Klosterschule vermittelte Lektüre hatte er durch eigenes Studium nicht unbeträchtlich erweitert.

22 Cf. hierzu Önnerfors, AR 83–113 und Phil. zu W. S., p. 41sqq.

Walahfrid nennt im Proömium das Osterfest als den Tag, an dem er sein Gedicht begann; man wird dieses Datum, wahrscheinlich die Ostertage des Jahres 825, nicht für fiktiv ansehen, auch wenn Anlehnung an literarische Vorbilder, etwa Sedulius, dafür sprechen könnte. Doch gibt es im Leben des Klosters einen realen Bezug zur Wahl dieses Tages: die Fasttage vor dem höchsten Fest waren die Zeit der Askese, der inneren Sammlung, des Gebetes und der Lektüre.

Hatte Heito als Rahmen für seine Darstellung den Bericht von Wettis Erkrankung und Tod hinzugefügt, ordnet Walahfrid nun die Vision in einen noch größeren Zusammenhang ein: in die Geschichte des Inselklosters[23]. Zum erstenmal wird hier, in der Form der Äbtesukzession, diese Geschichte geschrieben. An den Anfang setzt er die mit Recht berühmt gewordenen und vielzitierten Verse über die Insel, die inmitten der Wasser «schwebt» und das geographische und geistige Zentrum des Landes bildet. Auf Pirmin, den Gründer, folgt die Aufzählung von sieben Äbten bis einschließlich Waldo; jedem von ihnen ist ein Vers gewidmet. Eine große Epoche in der Geschichte des Inselklosters läßt Walahfrid darauf mit Heito beginnen, dessen Wirken ausführlich gewürdigt wird (v. 38–103); ihm folgt, wie der Dichter verheißungsvoll verkündet und durch den Vergleich mit dem Propheten Elias und seinem Nachfolger Elisäus erläutert, der noch bedeutendere Abt Erlebald. Um den Gedanken, daß mit ihm ein neues, größeres Jahrhundert begonnen habe, weiter auszuführen, greift Walahfrid in mehreren Anspielungen auf die vierte Ekloge Vergils zurück, die mit der Überschrift *Saeculi novi interpretatio* (Deutung des neuen Weltjahres) überliefert ist: Gleich im Proömium zum Abschnitt über Erlebald klingt der erste Vers dieser Ekloge an (*Sicelides Musae, paulo maiora canamus* ~ *Musa soror, maiora refer*); darauf wird geschildert, wie ein Knabe, Sproß eines vornehmen, Gerechtigkeit übenden Geschlechtes, aufwächst und Stufe für Stufe in allen *virtutes* heranreift; für das Kloster des neu gewählten Abtes erscheint als Metapher das durch üppige Fruchtbarkeit gesegnete Erdreich (*tellus*); Friede und das Fehlen jeder List und jeden Trugs kennzeichnet die neue Epoche; und wie in Vergils Gedicht *talia saecla* eines Goldenen Zeitalters angekündigt werden, so bittet Walahfrid Gott um die Gewährung eines

23 Vielleicht gab Beda hierzu die Anregung, der seiner *Historia ecclesiastica gentis Anglorum* einen Überblick über die Geschichte der Insel von der Zeit Caesars an voranstellte; in ähnlicher Weise leitete Alkuin die Geschichte der Kirche von York ein.

Lebens *per multa saecula* für Erlebald und Heito, worunter wir neben der Gnade des ewigen Lebens für beide auch eine lange Dauer dieser gesegneten Epoche des Klosters verstehen dürfen. Den Grund für die neue Blütezeit sieht Walahfrid also nicht im Wirken Erlebalds allein, sondern in der für die Mönchsgemeinschaft vorbildlichen Eintracht beider Äbte, die die Rollen des Vorgesetzten und des Untergebenen einmütig getauscht haben. Mit dem Preis dieser segensreichen Harmonie schließt der Vorspann über die Reichenau.

Die so exakt erscheinenden Angaben zur Sedenzzeit der frühen Reichenauer Äbte dürfen nicht zu der Annahme verleiten, daß Walahfrid genau bestimmte Jahreszahlen vorgelegen hätten, und man muß sich über die Unbekümmertheit wundern, mit der diese Jahresangaben weitergereicht werden. Dabei weiß man doch, daß in den Reichenauer Necrologien die Äbte von Pirmin bis Arnefrid fehlen und ein kontinuierliches Verzeichnis erst mit Sidonius beginnt, daß in der Piminvita keinerlei Jahresangaben zu Klostergründungen zu finden sind und daß die Einträge der frühen Äbte in der Totenliste des Verbrüderungsbuchs große Unsicherheit verraten, von der umstrittenen Zuordnung des Abtes Keba (Geba) ganz abgesehen. Dazu kommt, daß Hermann der Lahme in seiner Chronik erst für die Zeit nach der Mitte des achten Jahrhunderts Korrekturen an Walahfrids Angaben vorbringt und die Dauer des Abbatiats von Johannes und Heito anders angibt, weil er eben für die spätere Zeit noch andere Quellen kannte; für die Jahre davor war er ganz auf Walahfrid angewiesen. Schließlich darf man vermuten, daß Walahfrid das Jahr der Gründung des Klosters durch Pirmin genauso präzise und feierlich angegeben hätte, wie er danach das Jahr des Wechsels von Heito zu Erlebald und die Daten zu Wettis Erkrankung und Vision nennt. Als Fazit ergibt sich, daß auch Walahfrid bei seinem Versuch, die Geschichte seines Klosters von den Anfängen an zu beschreiben, zu den Sedenzzeiten zumindest der ersten vier Äbte nur auf recht ungefähre Angaben und Hinweise zurückgreifen konnte. Eine formlose und nicht nach einem Prinzip geordnete Darstellung der Klostergeschichte aber kam für Walahfrid ebensowenig in Frage wie ein Verzicht auf eine wohlüberlegte Struktur seines Gedichtes. Für beides, für die Zeit des Bestehens seines Klosters wie für die kunstvolle Neugestaltung des in Prosa vorgegebenen Visionsberichtes, fand er eigenständig Lösungen, die sein Verlangen nach sinnstiftender Ordnung erkennen lassen; eine wichtige Rolle spie-

len für ihn dabei sinnträchtige, allegorisch deutbare Zahlen, die meist erst nach genauerem Hinsehen erkennbar sind.

Was die Geschichte seines Klosters betrifft, hat er die Sedenzzeiten der Äbte durch Konkretisierung auch der Jahre der Frühzeit so angesetzt, daß sich bis zu Heitos Resignation hundert Jahre ergeben, mit Heitos Nachfolger Erlebald also ein neues Jahrhundert beginnt. Das ist auffallend genug, und genauso sind auch die ersten Zahlen bedenkenswert, besonders die Drei für Pirmin und die Sieben für Eddo; für Keba / Geba (dessen Abbatiat offensichtlich auch damals schon oder noch im Ungewissen lag) und Arnfrid zusammen steht die Zwölf. Man weiß, daß in mittelalterlichen Quellen gerade diese Zahlen oft nicht historischen Fakten entsprechen, sondern aufgrund einer allegorischen Bedeutung eingesetzt sind; sollte die nachweisbare Unsicherheit über die Anfänge nicht den Griff zu solchen Zahlen nahegelegt haben? Mit ihnen hat Walahfrid demnach, indem er eine sinnstiftende Aussage zur ersten großen Epoche und zur Frühzeit suchte, die Regierungsjahre der ersten Äbte bestimmt. Hermann der Lahme und die spätere Annalistik bezogen diese Angaben Walahfrids wie historisch gesicherte Daten mit ein und errechneten damit das Jahr 724 als Gründungsjahr des Inselklosters, und natürlich übernahmen die gefälschten Gründungsurkunden aus späterer Zeit diese Datierung, an der auch die moderne Forschung meist festhält.[24]

Anhand der beiden in unserer Ausgabe vereinigten Fassungen der Visio Wettini wird es für den Leser reizvoll sein, im einzelnen zu verfolgen, wie Walahfrid den Prosatext in die gehobene Sprache des *Metrum Heroicum* umgesetzt und mit einer Fülle von Zusätzen erweitert hat[25].

24 Da es für die Reichenau keine Gründungsurkunde gibt und die Berücksichtigung späterer Fälschungen zu nichts führt, bleibt allein ein im Zusammenhang mit den Ausgrabungen ermittelter Befund: Mit Hilfe dendrochronologischer Untersuchungen konnte als frühestmöglicher Fällungszeitraum des hölzernen Baumaterials für das erste Klaustrum 722 ± 10 Jahre bestimmt werden (FK 191sq.). 724 ist damit als Gründungsjahr nicht bestätigt, bleibt aber im Bereich der Möglichkeiten. Die Diskussion zur Gründung des Klosters zusammengefaßt bei H. Maurer, *Reichenau*, p. 505–507.

25 Eigenständige Zusätze und Erweiterungen Walahfrids liegen vor in den Versen 1–182, 214–220, 227–234, 266–267, 339–362, 384–390, 438–445, 466–474, 509–519, 566–569, 598–602, 625–632, 662–671, 695–698, 735–742, 756–768, 776–778, 791–793, 799–801, 811–826, 864–882, 888–896, 912–930 (hierin als Prosastück eingeschoben der Brief Wettis); diese 382 Verse machen 40 % der Gesamtlänge des Gedichtes aus. Selbst wenn man den Vorspann zur Reichenauer Geschichte (v. 1–172) dabei nicht berücksichtigt, nehmen die Erweiterungen zum Visionsbericht noch über ein Viertel ein.

Getreu der Aufgabe des Epos, seine Helden zu rühmen, widmet er neben Heito und Erlebald auch Wetti, Tatto, Theganmar und dem Grafen Gerold besondere Verse. In Heitos Bericht über Wettis Ende fügt er aus persönlichem Erleben die Schilderung des Tages ein, den er als letzten mit seinem verehrten Lehrer verbrachte (v. 912–930). Breiten Raum widmet er Einschüben, die die Gedanken der Vorlage durch eigene Reflexion ergänzen und meist in paränetischem Sinn verstärken; an diesen Stellen zeigt sich, in welchem Umfang der junge Walahfrid die Heilige Schrift und die theologische Literatur kannte. Als Beispiele seien der allegorische Vergleich der Bedrängnis der Seele mit der Zerstörung Jerusalems genannt (v. 227–234) oder die Warnung vor Simonie und Verweltlichung der Priester unter Hinweis auf mehrere Evangelienstellen (v. 339–362), Themen, die Walahfrid selbst schon in einem gelehrten Traktat *De subversione Hierusalem*[26] behandelt hatte. Es gibt einige wenige Stellen, wo Walahfrid Fehler unterlaufen sind[27], aber auch solche, wo er Korrekturen vornimmt: Während in Heitos Fassung bei der Erscheinung der Dämonen ein ehrwürdiger Mönch erklärt, Wetti werde wieder gesund (c. 2), heißt es bei Walahfrid, der sich offensichtlich am Widerspruch zum tatsächlich Geschehenen stört, Wetti werde «noch eine Frist für sein Leben» zugebilligt (v. 242). Eine einschneidende Änderung gegenüber der Vorlage aber findet man an der Stelle, wo bei Heito unmittelbar nach der Beschreibung der himmlischen Stadt die Erscheinung Gottes mit der Schar der Heiligen folgt (c. 15): Daß ein Mensch, auch wenn ihm eine außergewöhnliche Vision zuteil wurde, die Herrlichkeit Gottes erblickt haben sollte, war theologisch nicht zu rechtfertigen; denn dies war nur einem Heiligen nach seinem Tod möglich. Daher unterdrückt Walahfrid diesen in seiner Vorlage besonders eindrucksvollen Passus und läßt erst in einer späteren Szene die heiligen Jungfrauen das Licht Gottes schauen; er verbindet diesen Nachtrag zusätzlich mit einem Hinweis auf die damit zusammenhängenden Probleme des Bilderstreits (v. 615–619). Wo es heißt, Wetti habe unter den in den Himmel aufgenommenen Priestern die Heiligen Dionysius, Hilarius, Martinus und Anianus gesehen, erhob sich ein ähnliches Problem: Wie konnte Wetti sie erkannt haben, wo nach der Meinung Papst Gregors nur den Seelen im Jenseits ein gegenseitiges

26 Migne, PL 114, col. 965–974; Neuausgabe in: *Mittellateinisches Jahrbuch* 41, 2006, p. 357–400; cf. Anmerkung zu den Versen 225–234.

27 Siehe Anmerkungen zu den Versen 187, 261 und 883.

Abb. 2 Christus weint über die Zerstörung Jerusalems. In den Versen 227–234 der Visio Wettini erscheint die Belagerung und Zerstörung Jerusalems als Bild für die Bedrängnis der durch die Dämonen bedrohten Seele. Das Thema, dem 19. Kapitel des Lukasevangeliums entnommen, hat auch in der Reichenauer Buchmalerei seinen Ausdruck gefunden. Christus weint im Anblick des noch unzerstörten Jerusalem; in der unteren Bildhälfte sieht man die Belagerung der Stadt durch die römischen Soldaten. Dabei sind auch Vorgänge, die der Historiker Josephus Flavius und im Anschluß daran Walahfrid in seinem Traktat *De subversione Hierusalem* berichten, dargestellt: Die Leichname der in der Stadt Verhungerten werden von ihren Angehörigen von der Mauer herabgeworfen, und eine Frau tötet ihren eigenen Sohn, um zusammen mit anderen sein Fleisch zu essen. Walahfrids Traktat dürfte die Anregung zu dieser Illustration gegeben haben. Das Blatt findet sich in dem gegen 1000 auf der Reichenau entstandenen Evangeliar Ottos III., das durch Schenkung Heinrichs II. in den Domschatz von Bamberg gelangte. München, Bayerische Staatsbibliothek, Clm 4453.

Erkennen möglich war, auch wenn sie sich auf Erden nie begegnet waren, und vor dem Tod nur Auserwählten? War dieses Erkennen Wetti also durch besondere Gnade zuteil geworden, und war es dann nicht ein Zeichen dafür, daß er gerettet und unter die Seligen aufgenommen würde (v. 564–569)? Beschäftigt hat Walahfrid ebenso die Frage, in welchem Maß das Fürbittgebet, das doch durch Wettis Vision und Heito so eindringlich empfohlen wurde, den Verstorbenen wirksam helfen konnte. Dazu fügt er eine Einschränkung ein: Es ist besser, vor dem Tod seine Sünden zu büßen, da einen jeden seine Taten begleiten werden. Die Zwischenbemerkung steht genau nach den Versen, wo von der wiederholten Mahnung zur Gebetshilfe für Abt Waldo die Rede war (v. 438–445).

Mut zeigt der junge Dichter auch in einem anderen von ihm hinzugefügten Appell: Er wendet sich an den Kaiser und fordert ihn auf, den von ihm verursachten Mißstand, daß Laienäbtissinnen die Leitung von Frauenklöstern erhielten, zu beenden (v. 762–768). Ähnlich holt er, über seine Vorlage hinausgehend, zum Tadel an den bestechlichen Grafen aus (v. 509–519). Auch später wird in Gedichten Walahfrids manches offene Wort an die Großen und Mächtigen zu lesen sein[28].

Ein weiterer Beitrag Walahfrids findet sich in Form akrostichischer Verse (v. 394–427; 446–461), durch die er die Namen einer Reihe bekannter und prominenter Büßer, die bei Heito ungenannt bleiben, preisgibt und sie so auch als Beispiele ihrer Anonymität entreißt, jedenfalls für den, der des Rätsels Lösung entdeckt; am Schluß des Briefes an Grimald liest man einen Hinweis dazu. Angewandt hat er damit ein

28 Cf. Önnerfors, AR 101.

übliches Verfahren, das uns auch aus Versen seines Lehrers Wetti bekannt ist[29].

«Du hast alles nach Maß, Zahl und Gewicht geordnet» verkündet das Buch der Weisheit (11, 20) über den Schöpfer und sein Werk, den von bedeutungsvollen Zahlen bestimmten Bau der Welt. «Dies Credo der Ästhetik der Welt Gottes war geeignet, auch des Menschen Nachschaffen durch Kunst dem Gebot einer durch Maß und Zahl bestimmten Form zu unterwerfen ... »[30]. Von dieser Überzeugung und Aufgabe ließ sich auch Walahfrid bei der Anlage seines Gedichtes leiten. Und wie in Gottes Schöpfung der Bauplan nicht offenliegt, sondern der Mensch mit seiner Erkenntnisfähigkeit versuchen soll, ihn zu ergründen, so ist der Leser des Gedichtes aufgefordert, Spuren nachzugehen und die Zahlen zu entdecken, die verborgen die Komposition des Ganzen wie seiner Teile bestimmen und deren allegorische Aussage zum Verständnis des Werkes beiträgt. Bei dem Versuch einer Offenlegung und Deutung der Zahlen sind nicht nur die Bezüge zum Inhalt des Gedichts zu bedenken, sondern auch die Kenntnisse über die Zahlenallegorese, die Walahfrid haben konnte. Die folgende Darstellung erhebt keinen Anspruch auf Vollständigkeit.

Bei den Versen zu den beiden besonders gerühmten Äbten der Reichenau entdeckt man einen kleinen Unterschied: Heito sind 66, Erlebald dagegen 69 Verse gewidmet. Es handelt sich dabei jeweils um dreigliedrige Abschnitte, also zunächst 3 × 22, dann 3 × 23 Verse. Nun gilt 22 als die Zahl des Alten Testaments (entsprechend der Zahl der Buchstaben des hebräischen Alphabets); sie wird durch die 23 überboten, die der Anzahl der Buchstaben des lateinischen Alphabets entspricht und als Ordnungszahl des 23. Psalms nach Cassiodor die *beata perfectio* andeutet; es spielt auch der Gedanke mit, daß der Alte Bund vom Neuen abgelöst und erfüllt wird. Tatsächlich wird ja Heito nach Walahfrids Worten von Erlebald übertroffen (v. 157) und erhält einen noch größeren Nachfolger, was durch den Vergleich mit den Propheten Elias (Elija) und Elisaeus

29 *Cozberto patri Wettinus verba salutis*: diesen Hexameter ergeben die Versanfänge einer Briefepistel, die der Reichenauer Klosterlehrer an den Abt von St. Gallen sandte; MGH Poetae II, p. 476sq. und 701.

30 F. Ohly in seinem Vorwort zu dem im folgenden mehrfach herangezogenen *Lexikon der mittelalterlichen Zahlenbedeutungen* von H. Meyer und R. Suntrup; cf. auch: H. Meyer, *Die Zahlenallegorese im Mittelalter*, München 1975.

(Elischa) verdeutlicht wird (v. 150–157)[31]. Der Abschnitt über Heito ist übrigens auch, wie ein Neuansatz in v. 71 zeigt, in 2 × 33 Verse gegliedert; da die 33 als Zahl der Lebensjahre des Erlösers galt und symbolisch auf die Nachfolge Christi hinwies, wird damit auch Heitos Leben und Wirken charakterisiert[32].

Überraschend ist nun, daß 135, die Summe der den beiden Äbten Heito und Erlebald zusammen gewidmeten Verszahl, mit sieben vervielfacht (also mit dem *numerus perfectus et sacratus*, der Zahl der siebenfachen Gnadengaben des Heiligen Geistes) die Gesamtzahl der Verse des Gedichts ergibt, nämlich 945. Vielleicht darf man Walahfrids Absicht so verstehen: Das gemeinsame Wirken der beiden Äbte, eine Zeit der Erfüllung, zu der die Vorgeschichte des Inselklosters hinführt, schafft die Voraussetzung dafür, daß durch das Wirken der Gnade diesem Kloster die große Jenseitsvision zuteil wird[33].

Angesichts der bereits beobachteten Bedeutung der Drei liegt die Vermutung nahe, daß die Gliederung des ganzen Gedichts auch durch diese Zahl bestimmt sein könnte. 945[34] ergibt, durch drei geteilt, 315. Und in der Tat besteht der Mittelteil mit der Schilderung des Gangs durch die Jenseitsreiche aus 315 Versen (v. 310–624); dieselbe Verszahl umfaßt ein diese Mitte umgebender Rahmen: die Ereignisse von der ersten Vision bis zum Wiedererscheinen des Engels sowie dessen Mahnrede, die den Jenseitsgang abschließt (v. 173–309 und 633–810). Der Rest, ein äußerer Rahmen, setzt sich zusammen aus dem Vorspann (v. 1–172) und dem auf die Vision folgenden Schluß (mit dem Lob des Grafen Gerold und dem Bericht über Wettis Erwachen und seine letzten Tage; v. 811–945); dazu sind noch die acht eingeschobenen Verse mit dem Marienlob zu zählen (v. 625–632).

Lassen sich nun dementsprechend auch sieben Teile zu je 135 Versen ausmachen? Dies scheint nicht so exakt durchgehalten zu sein. Eindeutig

31 Diese Zahl erscheint später wieder im «Hortulus», der Gedichte zu 23 Pflanzen enthält, von denen das letzte der Rose gewidmet ist.

32 Die 33 kehrt in ähnlicher Bedeutung wieder in der Strophenzahl von Walahfrids Gedicht über die Märtyrer der Thebäischen Legion (c. 21, MGH Poetae II, p. 367sqq.).

33 Um den Spielraum einer genügend großen Anzahl von Versen zu schaffen, greift Walahfrid zu dem in der Allegorese üblichen Verfahren, größere Zahlen unter Zuhilfenahme von Addition und Multiplikation zu deuten.

34 Auch von der Multiplikation einfacher, allegorisch sinnträchtiger Zahlen her gesehen verdient 945 die Aufmerksamkeit: Diese Zahl ist das Produkt aus 3 × 5 × 7 × 9.

aber nimmt der Schluß, der mit dem Lob Gerolds einsetzt, diese Verszahl ein (v. 811–945); vielleicht steht die Absicht dahinter, auf diese Weise den beiden noch lebenden Großen, den Äbten Heito und Erlebald, die beiden großen Toten, Gerold und Wetti, gegenüberzustellen[35].

Einen besonderen Rang nimmt in Walahfrids Gedicht erwartungsgemäß die Zahl ein, die die Vollendung und das ewige Leben symbolisiert: die Hundert. Sie erscheint in ihrer höchsten Bedeutung im Zentrum der Visio Wettini; denn der Gang durch die Orte der Seligen wird in hundert Versen dargestellt (v. 525–624), beginnend mit der Beschreibung der himmlischen Stadt und endend mit der Antwort Christi auf die Fürbitte der heiligen Jungfrauen. Wir haben oben schon die allegorische Aussage der Hundert, übertragen auf Zeit und Geschichte, beim Preis des ersten Saeculums der Reichenau beobachten können[36]. Hier ist nachzutragen, daß sie, addiert mit einer anderen Zahl, im Bau des Gedichts auch den ersten Abschnitt bestimmt: Der Vorspann mit dem Proömium und der Geschichte der Reichenau von Pirmin bis Erlebald umfaßt 172 Verse. «Die 72 hat ein fest umgrenztes Bedeutungsspektrum, da alle Auslegungen auf die Offenbarung Gottes sowie ihre Empfänger und Verkünder bezogen sind»[37]: Es sind 72 Völker (repräsentativ für die Völker der Welt), denen die 72 Bücher der Heiligen Schrift durch die von Christus berufenen 72 Jünger verkündet werden; Beda erkennt in der Zahl zudem

35 Bei den übrigen Abschnitten des Werkes ist eine solche Einteilung in Einheiten zu 135 Versen schwieriger, das Prinzip aber immerhin erkennbar. Daher sei folgende Beobachtung vorgetragen: Wettis Krankheit, seine erste Vision und die Erscheinung des Engels werden ebenfalls in 135 Versen berichtet (v. 175–309, falls man bei der Zählung mit v. 175 einsetzt). Die Behandlung der Sünder und Büßer von Waldo bis zu den Grafen einerseits (v. 391–524) und die Mahnrede des Engels andererseits (v. 675–810) nehmen zusammen zweimal 135 Verse ein (134 + 136). Es bleibt dann – ähnlich wie bei der Einteilung in 3 × 315 Verse – ein verstreuter Rest: die Verse 1–37 (Proömium und Äbtereihe bis Waldo), 173–174 (Anfang des Binnenproömiums zu Wetti), 310–390 (verdammte Priester, büßende Mönche) und 525–539 (Anblick der himmlischen Stadt) ergeben zusammen die noch übrigen 135 Verse.

36 Cf. hierzu noch Walahfrids Erklärung am Schluß von c. 38 (MGH Poetae II, p. 388–390; AR 108–113), warum er Ruadbern ein Gedicht mit hundert Versen schenkt: Er wünscht, «daß du mit gewohnter Hingabe über Gottes Gebote nachsinnst und daß es dir in alle Ewigkeit wohlergehen möge».

37 Meyer / Suntrup, *Lexikon der mittelalterlichen Zahlenbedeutungen*, p. 760. – Erwähnt sei in diesem Zusammenhang die in der Westkirche einmalige Darstellung der 72 Jünger Jesu im Reichenauer Münster; hierzu: B. Konrad / G. und P. Weimar, *Die Renaissancefresken im spätgotischen Chor des Reichenauer Münsters* (RTB 10), Stuttgart 2002, p. 66–81.

eine Allegorie für die Verkündigung des Glaubens an die Trinität. Wenn das Inselkloster, in der Mitte des Landes liegend, Scharen der Mönche hervorbringt (v. 24–26), die den Glauben verkünden[38] und in ihrer Eintracht eine vollkommene Gemeinschaft schon auf Erden bilden, dann kann die Verbindung der beiden Zahlen allegorisch das explizit Gesagte unterstreichen. Dieselbe Anzahl von Versen hat Walahfrid bald darauf für seine Vita des Märtyrers Blathmac gewählt[39].

Bei der Würdigung von Personen greift Walahfrid, wie wir es bei Heito und Erlebald gesehen haben, ebenso zu bedeutsamen Zahlen: Der Graf Gerold, vorbildlich in seiner frommen Lebensführung, verehrt als Gönner der Reichenau und durch seinen Tod im Kampf gegen ein heidnisches Volk zum Märtyrer geworden, wird mit 25 Versen bedacht (v. 802–826); die Zahl versinnbildlicht das gute Handeln, das sich durch den Glauben und die Lehre der Evangelien leiten läßt. Wetti und sein Nachfolger Tatto werden mit jeweils zehn Versen vorgestellt, einer vielfach deutbaren vollkommenen Zahl (v. 173–182 und 873–882). Weshalb widmet Walahfrid Karl dem Großen 29 Verse? Wäre der tatkräftige Regent und Schützer der Kirche ohne Sünde gewesen, hätte ihm als Bestätigung vollkommenen Handelns in der Befolgung der zehn Gebote und im Besitz der drei christlichen Tugenden die Zahl von dreißig Versen (= 3 × 10) zugestanden; da er sich gegen *ein* Gebot versündigt hat, fehlt sinnfällig deshalb ein Vers zur Erreichung dieser Zahl (v. 446–474; cf. Walahfrids Erläuterung dazu in v. 466–468 und 473sq.).

Schließlich sei noch erwähnt, wie Walahfrid Heitos feierliche Beschreibung der heiligen Stadt (c. 15) zu einer einzigen weit ausgreifenden Satzperiode von fünfzehn Versen umgestaltet hat (v. 525–539; die Fünfzehn weist auf die Ruhe der Seelen und die Auferstehung des Leibes

38 Ausdrücklich erklärt dies ein in den *Formulae Augienses* enthaltener Brief an Papst Gregor IV., dessen Formulierung den Einfluß Walahfrids verrät: *Locus etiam iste … principatum per has partes terrae obtinet; sanctae Mariae semper virgini Petroque principi apostolorum consecratus regularis vitae normam ducentium partem non minimam conglomerat, quorum spiritalis doctrinae cumulus totum quoque vicinatum circumquaque nostrum doctrinis longissimis* (longissime?) *pascit* (MGH Formulae Merovingici et Karolini aevi, ed. K. Zeumer, Hannover 1886, p. 377).

39 Zur Zahl 172 und ihrer Bedeutung für die Reihe der Papstbilder in der Kathedrale von Siena cf. F. Ohly, *Schriften zur mittelalterlichen Bedeutungsforschung*, Darmstadt 1977, p. 234. – Zweisprachige Ausgabe der Blathmac-Vita: *Walahfrid Strabo, Zwei Legenden*, ed. M. Pörnbacher, Sigmaringen 1997 (RTB 7).

hin[40]), und wie der Preis der Gottesmutter in acht Versen die Zahl der Seligpreisungen aufnimmt (v. 625–632). Man bewundert Walahfrids Geschick, den Visionsbericht in eine solche von Zahlen bestimmte Ordnung zu fügen; zugleich erklärt sich, weshalb er gegenüber seiner Vorlage so zahlreiche Einschübe bringt. Nicht alle sind für den Gedanken notwendig; doch auch wenn sie ihn bisweilen nur wiederholen und paränetisch unterstreichen, sind sie von Kenntnis der Schrift und von poetischem Schwung getragen.

Verglichen mit Heitos Visio Wettini hat Walahfrids Werk keine größere Verbreitung gefunden; dies lag auch an seiner Länge und an seinem höheren Anspruch. Es sind sieben Handschriften erhalten, die den Skriptorien von St. Gallen, Trier und Reims zugeordnet werden können oder im südwestdeutschen Raum und in Lothringen entstanden sind[41]. Meist ist der Text darin gut überliefert. Da sich zwischen diesen Handschriften allein kein deutliches Abhängigkeitsverhältnis herstellen läßt, muß es einige weitere Manuskripte gegeben haben.

Diese verhältnismäßig geringe Verbreitung steht im Gegensatz zur Bedeutung des Gedichtes, das den Anfang und ersten Höhepunkt unter den poetischen Werken bildet, die auf der Reichenau und im Bodenseeraum entstanden sind. Da es zudem das erste ganz einer Vision gewidmete Versepos darstellt und in seinen Bildern, Beispielen und Mahnungen von besonderer Aussagekraft ist, wird es vielfach als der wichtigste Vorläufer der Göttlichen Komödie Dantes angesehen[42]. Man darf Walahfrids Visio Wettini als ein Gemeinschaftswerk betrachten, zu dem drei große Reichenauer Mönche ihren eigenen Beitrag geleistet haben: Den Kern bildet Wettis existentielle Erfahrung der beiden Visionen und der Todesnähe; Heito ordnete die Eindrücke der Visionen, gestaltete sie weiter im Sinn theologischer Lehre und monastischer Reform und hob dabei, Wettis Anliegen mit dem seinen verbindend, die Thematik des Fürbittgebetes hervor; Rahmen seiner Darstellung wird der Bericht von der Krankheit

40 Zur Fünfzehn als Zahl des Aufstiegs zur himmlischen Gottesstadt bei Ps.-Isidor und Alkuin cf. W. Haubrichs, *Ordo als Form*, Strukturstudien zur Zahlenkomposition bei Otfrid von Weißenburg und in karolingischer Literatur, Tübingen 1969, p. 327.

41 Hierzu Traill p. 19–23.

42 So auch schon Wettis Vision, die A. Borst als «die gewaltigste, die wir vor Dantes ‹Divina Commedia› kennen» betrachtet («Drei mittelalterliche Sterbefälle», p. 574).

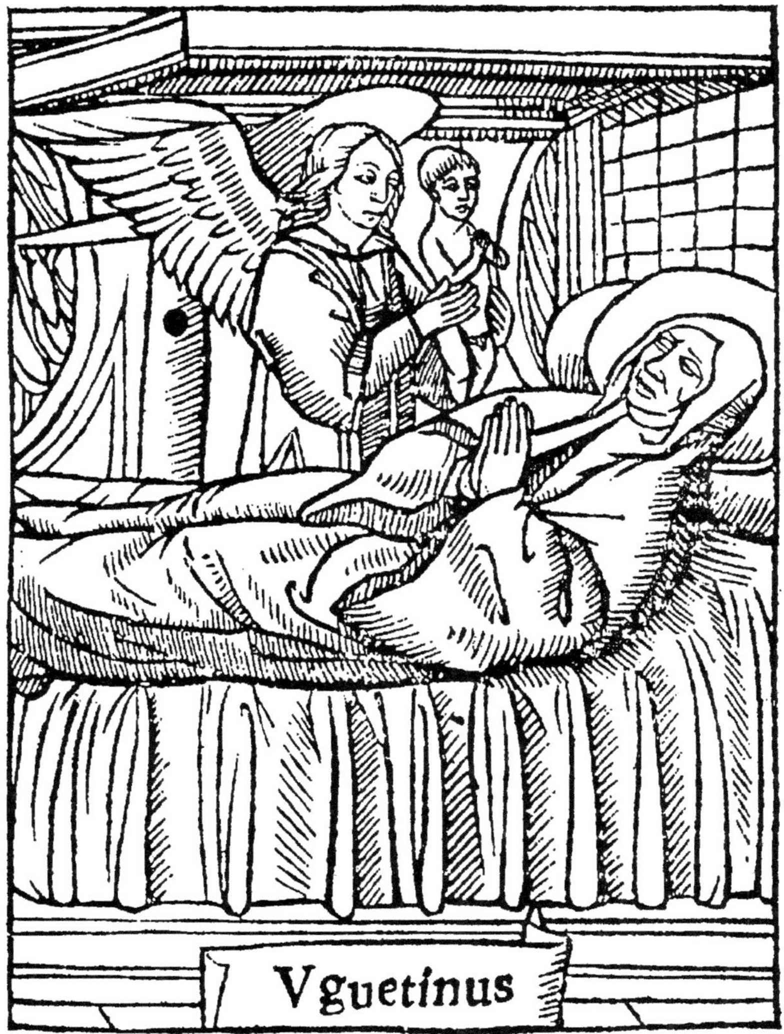

Abb. 3 Der Engel entführt die Seele Wettis. Von Heitos Visio Wettini erschien in Paris im Jahre 1513 die erste gedruckte Ausgabe, in der Wetti (mit der kontaminierten Namensform Uguetinus) fälschlich als Mönch des Klosters St. Vinzenz in Metz bezeichnet wird, was auf der Reichenau um 1630 den Protest des Priors Johannes Egon hervorrief. Der Ausschnitt aus dem Frontispiz des Erstdrucks stellt dar, wie der Engel die Seele des vor ihm liegenden Wetti, ein verkleinertes Abbild seines Leibes, in den Händen hält; er hat sie für den Gang durch die Jenseitsreiche aus dem Leib entführt. Das Motiv ist in Wettis Vision selbst an keiner Stelle angedeutet; bekannt ist es aber z. B. aus der eindrucksvollen Schilderung in der Vision des Barontus (c. 4).

Abb. 4 Der Engel zeigt Wetti die Jenseitsreiche. Das im Münsterpfarrhaus Reichenau befindliche Ölgemälde gehört zu einer Reihe von Bildern, die im Jahr 1729 entstanden und Persönlichkeiten aus der großen Vergangenheit des Reichenauer Klosters zeigen. Ein junger Mönch, der fünfundzwanzigjährige P. Johannes Paul Merlet, diente dabei als Modell für ein «Porträt» Wettis. Der freundlich blickende Engel weist mit seiner Linken Wetti auf die jenseitige Welt hin; dieser schaut nach oben zum Licht des Himmels, dessen Quelle das Auge Gottes ist. Im dunklen Bereich unten sieht man die Flammen, in denen Sünder ihre Strafe verbüßen. Die Ergriffenheit Wettis ist in der Haltung seiner Hände angedeutet. Originalgröße 115,5 × 81,5 cm.

und dem Sterben Wettis[43]. Zur selben Zeit wächst mit Walahfrid auf der Reichenau deren größter Dichter heran; mit seiner Sprach- und Gestaltungskunst schafft er ein episches Gedicht, ordnet sein Werk nach allegorisch sinnträchtigen Zahlen und gibt Wettis Vision einen umfassenderen Rahmen, indem er sie in das Umfeld stellt, dem sie entsprang: es ist das Inselkloster mit seiner Geschichte und Gegenwart, wo Walahfrid unter der Führung vorbildlicher Äbte und Lehrer das Ideal einer gottgewollten Gemeinschaft verwirklicht sieht.

An dieser Stelle möchte ich nicht versäumen, meinen Dank auszusprechen: Herrn Prof. Dr. Walter Berschin für die Aufnahme der Neuauflage in die Reihe der Reichenauer Texte und Bilder, für die Hilfe bei der Neuausgabe von Heitos Visio Wettini und die Anregungen zur Gestaltung des Bilderteils; ihm und Monsignore Alfons Weißer für die Durchsicht des Manuskripts und Hinweise in Einzelfragen; Herrn Theodor Keller für die unentgeltliche Anfertigung photographischer Aufnahmen, und nicht zuletzt meiner Frau, die meine Arbeit mit ihrem Rat und Verständnis begleitet hat.

43 A. Borst («Drei mittelalterliche Sterbefälle», p. 578sq.) sieht am Beispiel Wettis Zeichen einer Krise im Umgang mit Sterben und Tod: «Trotzdem [d. h. auch nach der Anlage des Verbrüderungsbuches und dem Erwerb von Heiligenreliquien durch das Reichenauer Kloster] blieb ungewiß, ob die weltweite Verbrüderung der Sterblichen und der Heiligen den einzelnen Mönch sicher über die entscheidende Schwelle führen konnte. Ein Sterbender empfand nämlich nun erst recht die letzten Stunden als Krisis, wie Wetti. Alles, was einer im Leben gesagt und getan hatte, wurde fragwürdig. Erst wie er sich jetzt verhielt, entschied über seine Zukunft, im himmlischen Paradies und im irdischen Gedenken. So wurde vom Sterbenden äußerste Verdichtung des Lebens gefordert, kein gemeinsames Ritual konnte sie ihm ersetzen. Die öffentliche Teilnahme verschärfte die Krise noch, denn die Gemeinschaft bedrängte den Sterbenden mit ihren Erwartungen und nahm ihm seine Erfahrungen nicht ab. Die Ritualisierung des Sterbens verdeckte also nur mühsam die Kluft zwischen den Beteiligten und die Spannung zwischen Ideal und Wirklichkeit der Epoche, zwischen der lockenden Gedankenwelt der Religion und der bedrohten Lebenswelt der Kultur ... In der Krise des Sterbens wurde offenbar, was das Leben bedeutete, für den einzelnen Mönch und die Gesamtheit seiner Brüder».

B. Wettinus, Monach9 Augiæ Divitis, in extasi mira
Vidit, et stupenda audivit. Obijt. 824. 4. Novemb:

HEITONIS VISIO WETTINI

PRAEFATIO IN VISIONEM WETTINI

In provincia Alamannorum vel Sueborum in monasterio sanctae Mariae semper virginis, quod Auua nominatur, fuit quidam frater nomine Wettinus, Waldoni, qui temporibus bonae memoriae Karoli imperatoris ipsum coenobium nobiliter rexit, consanguinitate proximus. Hic in sanctae conversationis eruditione proficiens vitam quidem monasticam, ut in fine claruit, mediocriter duxit, studio autem discendi scientiam divinarum necnon et liberalium disciplinarum prae ceteris tunc temporis circa manentibus est consecutus. Cuius visionem, quae subiecta est, venerabilis vir Heito, quondam Basiliensis episcopus, huius autem loci monachus, verissima ratione descripsit. Contigit autem eadem revelatio anno XI. Hludowici imperatoris, id est anno ab incarnatione domini DCCCXXIIII. Novembre mense id est III. Nonas eiusdem feria quarta. Nam XXXmo die Octobris infirmatus est die sabbati, nocte autem feriae quartae ipsam vidit visionem, quinta vero feria id est pridie Nonas Novembris crepusculo vespertino migravit ad dominum.

CAPITULA DE EADEM VISIONE

I. *Quomodo coeperit infirmari.*
II. *Prima visio, in qua terrorem malignorum spirituum vidit, qui consolatione sanctorum virorum fugatus est.*
III. *Adventus angeli purpurati et allocutio eius amicabilis.*
IV. *Quo studio fratribus advocatis ad precem et lectionem confugerit.*
V. *Qualiter postmodum ipse ei angelus in albis apparuerit laudans studium eius.*
VI. *Quemadmodum ab angelo ductus ad montana fluvium igneum et diversorum viderit poenas.*
VII. *De misera sacerdotum conversatione.*
VIII. *De quorundam purgatione monachorum.*

HEITO: DIE VISION WETTIS

VORWORT ZUR VISION WETTIS

Im Gebiet der Alemannen oder Schwaben, im Kloster der heiligen, allzeit jungfräulichen Maria, das Au genannt wird, lebte ein Bruder mit Namen Wetti; er war mit Waldo, der in der ruhmvollen Zeit des Kaisers Karl dieses Kloster vortrefflich geleitet hat, blutsverwandt. Er lernte die Lehren zu gottesfürchtigem Wandel und führte sein Leben als Mönch, wie es sich am Ende zeigte, zwar nur mittelmäßig, erlangte aber durch seinen Lerneifer Kenntnisse in der Theologie und ebenso in den Freien Künsten, daß er alle anderen Zeitgenossen ringsum überragte. Seine Vision, die hier beigefügt ist, hat der ehrwürdige Heito, einst Bischof von Basel und Mönch unseres Klosters, in allem wahrheitsgemäß aufgezeichnet. Zuteil wurde Wetti diese Schau im elften Regierungsjahr des Kaisers Ludwig, also im Jahre 824 nach der Menschwerdung unseres Herrn, und zwar am dritten November, einem Mittwoch. Denn am dreißigsten Tag des Oktober, einem Samstag, erkrankte er; in der Nacht zum Mittwoch erlebte er die Vision, und am Donnerstag, dem vierten November, als der Abend dämmerte, ging er ein zum Herrn.

DIE KAPITEL DER VISION

I. *Wie Wetti erkrankte.*
II. *Die erste Vision, in der er das Schreckbild der bösen Geister sah, das durch die Hilfe heiliger Männer verscheucht wurde.*
III. *Die Ankunft des purpurgekleideten Engels und sein freundlicher Zuspruch.*
IV. *Mit welchem Eifer Wetti, nachdem er Brüder zu sich gerufen hatte, zu Gebet und Lektüre seine Zuflucht nahm.*
V. *Wie ihm bald darauf derselbe Engel in weißen Gewändern erschien und seinen Eifer lobte.*
VI. *Wie Wetti, von dem Engel zu einem Gebirge geführt, den Feuerfluß und die Strafen vieler sah.*
VII. *Der schlimme Lebenswandel von Geistlichen.*
VIII. *Die Läuterung einiger Mönche.*

IX. *De quodam monacho propter opus peculiare arca plumbea incluso.*
X. *De Waldone abbate in purgatione laborante.*
XI. *De Karolo imperatore.*
XII. *De muneribus comitum.*
XIII. *De miserabili vita comitum.*
XIV. *De gloria et poena multorum.*
XV. *Visio throni et gloriae domini.*
XVI. *Ubi crastinus eius transitus ab angelo denuntiatur et pro ipso sacerdotes precantur.*
XVII. *Intercessio martyrum.*
XVIII. *Virginum postulatio pro longiturna vita.*
XIX. *Sermo angeli de scelere sodomitico et concubinis.*
XX. *Ammonitio angeli de ipsius emendatione et de suo ministerio.*
XXI. *Quae ammonitione digna sint in coenobiis monachorum.*
XXII. *Quae sunt abusiva in congregationibus feminarum.*
XXIII. *Ubi apostolica constitutio observetur.*
XXIV. *Item de vitio pessimo.*
XXV. *Cur pestilentia desaeviret.*
XXVI. *De studio officiorum ecclesiae.*
XXVII. *De Gerolto comite.*
XXVIII. *Quomodo convocatis fratribus visa describi fecerit.*
XXIX. *Qualiter abbate adveniente cuncta replicaverit.*
XXX. *Quid toto biduo egerit.*
XXXI. *Quomodo post ordinatas orationes feliciter migrarit ad dominum.*

VISIO QUAE FRATRI NOSTRO WETTINO OSTENSA FUERAT PRIDIE ANTE TRANSITUM EIUS

I. Cum praedictus frater die sabbati cum aliquibus fratribus nostris potionem ad providendam salutem corporis accepisset, ceteris salubriter

IX. *Ein Mönch, der wegen Eigenbesitzes in einen bleiernen Kasten eingeschlossen ist.*
X. *Der Abt Waldo, der seine Läuterung erleidet.*
XI. *Kaiser Karl.*
XII. *Die Geschenke für die Grafen.*
XIII. *Das schlechte Leben der Grafen.*
XIV. *Die Verherrlichung und die Verdammung vieler.*
XV. *Die Schau des Thrones und der Herrlichkeit des Herrn.*
XVI. *Das morgige Hinscheiden Wettis wird vom Engel angekündigt; die Priester beten für ihn.*
XVII. *Die Fürsprache der Märtyrer.*
XVIII. *Die Fürbitte der Jungfrauen für ein langes Leben.*
XIX. *Die Rede des Engels über den Frevel der Sodomie und die Konkubinen.*
XX. *Die Mahnung des Engels zu Wettis Besserung und zu seiner Aufgabe.*
XXI. *Was in den Klöstern der Mönche der Ermahnung bedarf.*
XXII. *Welche Mißbräuche in den Gemeinschaften der Frauen vorkommen.*
XXIII. *Wo die Weisung der Apostel befolgt wird.*
XXIV. *Weitere Ausführungen zum schlimmsten Laster.*
XXV. *Warum die Seuche wütete.*
XXVI. *Zum Eifer bei der Feier des Gottesdienstes.*
XXVII. *Graf Gerold.*
XXVIII. *Wie Wetti die Brüder zu sich rief und das Geschaute aufzeichnen ließ.*
XIX. *Wie er nach der Ankunft des Abtes noch einmal alles vortrug.*
XXX. *Was er während der beiden folgenden Tage tat.*
XXXI. *Wie er nach den (von ihm) bestimmten Gebeten selig zum Herrn einging.*

DIE VISION, DIE UNSEREM BRUDER WETTI AM TAG VOR SEINEM HINSCHEIDEN GEOFFENBART WORDEN WAR

I. Als der genannte Bruder an einem Samstag mit einigen unserer Brüder einen Trank für sein leibliches Wohl zu sich genommen hatte, war dieser

eam digerentibus, ipse coepit magna difficultate ingestam reicere et statim ad perceptionem cibi, quam ad refocilandum corpus sumere debuerat, fastidire. Crastina vero, id est dominica, inlucescente levius quidem habuit et cum ceteris, quos ad procurandas praedictas corporales necessitates sibi sociaverat, refecit, sed in taedio praedicti fastidii perduravit. Nullo modo tamen vitae corporalis discrimen ob hoc se passurum fore aestimavit, quia ad spem praesentis vitae refectio secundae et tertiae feriae decrescente fastidio in nullo iam diffidentem animaverat.

II. Feria vero tertia incipiente crepusculo vespertino, consedentibus sibi ad refectionem fratribus, dixit se ibidem cum eis finem refectionis expectare non posse. Sed interim illis cenantibus in aliam cellulam eidem cellulae contiguam, tantum parietis unius interpositione remotam, stramen lectuli sui fecit efferre de loco consessionis praedictae, ut ibidem quiescendo praestolaretur finem eorundem refectionis et suam iterum regressionem ad locum lectuli sui.

Membris ergo in lectulo conpositis, oculis tantummodo clausis et necdum in somnum, ut ipse fatebatur, resolutis venit malignus spiritus effigiem praetendens clerici in tanta deformitate, ut caeca et tenebrosa facie nec signa oculorum in eo apparerent, ferens in manibus diversa tormentorum genera in tantum gratulabundus adstans capiti eius, quasi crastina eum torturus esset.

Illo ergo tantis terroribus minitante, subito apparuit caterva spirituum malignorum totum cellulae ipsius spatium implens, cum scutulis et lanceolis ex omni parte circumfusa, aedificium quoddam facturi in modum armariorum Italicorum praefiguratum ad inclusionem eius. In tanto ergo horrore et tam intolerabili terrore circumvallatus frater praedictus et in tantum anxius factus, ut iam spem evadendi signa mortis huius nullatenus haberet. Ecce subito adfuit divina miseratio. Nam statim in eadem cella apparuerunt viri magnifici et vultu honorabiles sub monachico habitu in scamnis sedentes. Quorum unus in medio eorum residens dixit latine eisdem verbis, ut hic scripta sunt, sicut ipse fateba-

Trank den anderen bekömmlich, er aber erbrach unter heftigem Würgen das Getrunkene und empfand bei der Einnahme einer Speise, die er zu seiner Stärkung zu sich nehmen sollte, sogleich einen Widerwillen. Als der folgende Tag, ein Sonntag, anbrach, verspürte er zwar etwas Erleichterung und aß mit den andern, die er zur Stillung der leiblichen Bedürfnisse um sich geschart hatte, empfand aber weiterhin diesen Ekel und Widerwillen. Doch glaubte er keineswegs, daß er deshalb eine Gefahr für sein leibliches Leben erleiden werde, weil ihm die Mahlzeiten am Montag und Dienstag die Hoffnung für das gegenwärtige Leben wieder gestärkt hatten; die Übelkeit nahm ab, und er hegte keinerlei Verdacht mehr. [cf. Walahfrids Verse 183–198]

II. Als am Dienstag aber die Abenddämmerung hereinbrach und die Brüder mit ihm beim Mahle saßen, erklärte er, er könne hier bei ihnen das Ende des Mahles nicht abwarten. Doch ließ er, während jene noch aßen, das Polster für sein Lager von seinem vorigen Sitz in einen anderen kleinen Raum daneben holen, der nur durch eine Wand von dem anderen getrennt war, um dort ruhend das Ende ihres Mahles und die Rückkehr zur Stelle seines Lagers abzuwarten.

Nachdem er sich also auf seinem Lager niedergelassen und seine Augen nur eben – noch nicht zum Schlaf, wie er erklärte – geschlossen hatte, erschien ein böser Geist, der das Aussehen eines Klerikers hatte, so entstellt, daß in seinem düsteren und dunklen Gesicht keine Spur von Augen zu sehen war; in den Händen trug er Marterwerkzeuge aller Art und trat derart frohlockend zu Häupten des Bruders, als wollte er ihn am nächsten Tag foltern.

Als er ihn nun mit solchen Schreckbildern bedrohte, erschien auf einmal eine Schar böser Geister, besetzte den ganzen Raum der Zelle und umdrängte Wetti ringsum mit kleinen Schilden und Lanzen; sie machten sich daran, einen Bau nach Art italienischer Schränke zu errichten, um ihn darin einzuschließen. Von so gewaltigem Entsetzen und unerträglichem Schrecken war der Bruder bedrängt und geriet in solche Angst, daß er keine Hoffnung mehr hatte, dem ihm offensichtlich drohenden Tod zu entrinnen. Doch siehe, unverhofft kam ihm das Erbarmen Gottes zu Hilfe. Denn auf einmal waren in dieser Zelle stattliche Männer mit würdevollem Ausdruck zu sehen; sie trugen das Mönchsgewand und saßen auf Bänken. Einer von ihnen, der in ihrer Mitte saß, erklärte in lateinischer Sprache mit den Worten, wie sie hier nach dem Zeugnis des

tur: «Non est aequum, ut isti inutiles talia faciant, nam homo spassat. Istos iubete recedere.» Post cuius vocem conventus malignorum spirituum evanuit et recessit.

III. Inmensitate igitur tanti terroris sublata venit angelus incredibili splendens pulchritudine, veste purpurea circumdatus, stans ad pedes eius, amicabili eum voce conpellans: «Ad te», inquit, «venio, dilectissima anima.» Cui isdem frater latine respondit: «Si dominus meus peccatis meis ignoscere vult, misericordiam agit, sin autem, in manu eius sumus; faciat, quod sibi videtur. Nam patriarchae, prophetae et apostoli omnisque dignitas caelestis sive terrestris pro genere humano laborabant, et vos modo magis laborare debetis, quia istis temporibus fragiliores sumus.» Tali sermocinatione ipsius angeli et praedicti fratris finita est prior visio, quam ipsis verbis ad invicem conlatis eo referente scribi fecimus, nihil inde dementes aut de nostro adicientes nos, qui haec scripto commendavimus.

IV. Expergefactus isdem frater resedit circumspiciens, si quis ei adesset; invenit duos, praepositum ipsius monasterii et alterum fratrem ad solatium eius derelictos, ceteris post cenam ad repausandum iam dimissis. Ipsis ergo convocatis exposuit eis omnia per ordinem, quae ei in tam angusto temporis articulo ostensa fuerant, iuxta quod hic scripta tenentur, in tantum iam praescriptae visionis horrore tremebundus, ut totius corporalis molestiae gravidinem oblitus intolerabili aestu timoris vexaretur. In ipsa ergo inmensitate timoris anxius proruit in terram coram praedictis fratribus, distenso omni corpore in crucis modum postulavit, ut omni virtute, qua possent, pro peccatis eius intercederent. Illo ergo sic prostrato coeperunt praedicti fratres tam septem psalmos paenitentiae quam etiam ceteros tantae anxietati aptos, qui sibi ad memoriam occurrerant, pro eo decantare.

His ergo finitis surrexit et resedit in lectulo, postulans Dialogum beati Gregorii sibi legi. Principia ergo ultimi libri eiusdem Dialogi audiente eo

Bruders aufgeschrieben sind: «Es ist nicht recht, daß diese Nichtsnutze solches tun; denn der Mann wird wieder gesund! Laßt diese abtreten!» Auf dessen Wort hin zog sich die Versammlung der bösen Geister zurück und verschwand. [v. 199–213, 221–226, 235–244]

III. Als dieser gewaltige Schrecken vorüber war, erschien, in unglaublicher Schönheit strahlend, ein Engel in purpurnem Gewand, trat zu seinen Füßen und sprach ihn mit freundlichen Worten an: «Zu dir komme ich, geliebte Seele!» Ihm antwortete der Bruder auf lateinisch: «Wenn mein Herr mir meine Sünden verzeihen will, erweist er mir Barmherzigkeit; wenn aber nicht: wir sind in seiner Hand; er möge an mir handeln nach seinem Ratschluß. Denn die Patriarchen, Propheten, Apostel und alle verehrungswürdigen Männer im Himmel und auf Erden haben sich um das Menschengeschlecht gemüht, und ihr müßt euch noch mehr mühen, weil wir in diesen Zeiten schwächer sind.» Mit diesem Gespräch des Engels und des Bruders ging die erste Vision zu Ende. Wir haben sie mit genau den Worten, die die beiden miteinander sprachen, nach Wettis Bericht niederschreiben lassen, und wir, die wir dies aufgezeichnet haben, haben dabei nichts weggelassen oder von uns aus hinzugefügt. [v. 245–261]

IV. Nach seinem Erwachen setzte sich der Bruder auf und schaute um sich, ob jemand ihm helfe. Da erblickte er zwei Männer, den Propst des Klosters und einen weiteren Bruder; man hatte sie dort gelassen, um ihm beizustehen, während die übrigen nach dem Mahl entlassen worden waren, um zur Ruhe zu gehen. Wetti rief sie zu sich und erzählte ihnen der Reihe nach alles, was ihm in einer so kurzen Zeitspanne kundgetan worden war, so wie es hier schriftlich festgehalten ist; er bebte unter dem schrecklichen Eindruck dieser Vision so sehr, daß er die Last aller leiblichen Beschwerden vergaß und unter einer unerträglichen Aufwallung von Angst litt. In seiner gewaltigen Beklemmung warf er sich angstvoll vor den Brüdern zu Boden, breitete den ganzen Leib in der Form des Kreuzes aus und bat eindringlich, sie möchten doch zur Verzeihung seiner Sünden mit aller Kraft für ihn beten. Als er so ausgebreitet dalag, stimmten die Brüder für ihn die sieben Bußpsalmen an und die anderen Gesänge, die in solcher Bedrängnis Trost bringen und die ihnen ins Gedächtnis kamen.

Danach erhob er sich, setzte sich auf sein Lager und bat, ihm aus dem Dialogus des heiligen Gregor vorzulesen. So las man ihm den Anfang

lecta sunt usque ad consummationem novem aut decem foliorum. Finita ergo lectione hortatus est praedictos fratres, ut lassitudinem, quam pro eo vigilando contraxerant, quiete corporum temperarent sibique paulu-lum noctis spatium, quod superfuerat, ad repausandi indutias cederent.

V. Illis ergo recedentibus et in parte ipsius cellae corporibus ad quietem collocatis, ipso etiam post tantam lassitudinem tam animae quam corporis in somnum resoluto, venit isdem angelus, qui ei in priori visione ad pedes stans purpuratus apparuit, candidis amictus vestimentis ad caput stans, splendore incredibili fulgidus; eumque blandis alloquens sermonibus laudavit confugium eius, quod ad deum in angustiis positus tam studio psalmodiae quam lectionis fecerat, hortans eum de cetero sine defectu similiter acturum. Inter ceteros etiam psalmum centesimum octavum decimum, quia moralis in eo virtus describitur, saepe repetendum ammonuit; seque valde delectari, cum aliquem instantia lectionis et iteratione psalmodiae intentum viderit, deumque ob hoc placabilem fieri posse, si usus iste veraciter et non ficte teneatur.

VI. His igitur dictis adsumpsit eum idem angelus et duxit per viam amoenitatis inmensae praeclaram. In qua dum pergerent, ostendit ei montes inmensae altitudinis et incredibilis pulchritudinis, qui quasi essent marmorei videbantur. Quos circumibat maximus fluvius igneus, in quo innumerabilis multitudo damnatorum poenaliter inclusa tenebatur, quorum multos se agnovisse fatebatur. Et in ceteris locis innumeris tormentis diversi generis cruciatos aspexerat, in quibus plurimos tam minoris quam maioris ordinis sacerdotes stantes dorso stipitibus inhaerentes in igne stricte loris ligatos, ipsasque feminas ab eis stupratas simili modo constrictas ante eos in eodem igne usque ad loca genitalium dimersas. Dictumque est ei ab angelo, quod sine intermissione, uno die tantum intermisso, die tertia semper in locis genitalibus virgis caederentur. Plures eorum suae agnitioni notos dicebat.

VII. «Sacerdotum», inquit angelus, «maxima pars mundanis lucris inhiando et palatinis curis inserviendo, cultu vestium et pompa ferculorum

des letzten Buches dieses Dialogus vor, und er hörte zu, bis neun oder zehn Blätter daraus vorgetragen waren. Nach der Lektüre forderte er die Brüder auf, sich von der Müdigkeit, die sie durch das Wachen bei ihm befallen hatte, durch Ausruhen zu erholen und ihm für den kurzen Rest der Nacht ungestörten Schlaf zu gewähren. [v. 262–265, 268–291]

V. Als sie sich zurückgezogen und in einer Ecke dieser Zelle zur Ruhe gelegt hatten und auch er nach so schwerer geistiger und körperlicher Erschöpfung in Schlaf gesunken war, da kam der Engel wieder, der ihm in der vorigen Vision purpurgekleidet erschienen war und zu seinen Füßen gestanden hatte; nun stand er in weißen Gewändern zu seinen Häupten und strahlte in unermeßlichem Glanz; er sprach ihn mit freundlichen Worten an und lobte ihn, daß er in seinen Ängsten durch eifriges Singen von Psalmen und Anhören der Lesung zu Gott seine Zuflucht genommen hatte, und er ermahnte ihn, es in Zukunft unablässig ebenso zu tun. Neben den anderen Psalmen empfahl er ihm, besonders den 118. Psalm immer wieder zu beten, da in ihm die Tugendkraft beschrieben werde; und es erfülle ihn mit großer Freude, wenn er sehe, wie jemand sich beharrlich der Lektüre und oft dem Psalmengesang widme; dadurch könne man Gott gnädig stimmen, wenn man an diesem Brauch aus ehrlicher Überzeugung und nicht nur zum Schein festhalte. [v. 292–309]

VI. Nach diesen Worten nahm ihn der Engel mit sich und führte ihn auf einem herrlichen, unfaßbar lieblichen Weg. Als sie auf diesem voranschritten, zeigte er ihm Berge von unermeßlicher Höhe und unvorstellbarer Schönheit, die wie aus Marmor geschaffen schienen. Diese umströmte eine gewaltiger Feuerfluß, in dem eine zahllose Schar von Verdammten zu ihrer Bestrafung festgehalten wurde; viele davon, so bezeugte er, habe er wiedererkannt. Auch an anderen Orten sah er durch zahllose Martern aller Art Gepeinigte, unter ihnen sehr viele Priester niederen und hohen Ranges, die im Feuer standen, den Rücken an Pfähle geheftet, eng mit Riemen angebunden; und die Frauen, mit denen sie Unzucht getrieben hatten, sah er auf ähnliche Weise vor ihnen festgebunden, im selben Feuer bis zu ihren Schamteilen versunken. Der Engel erklärte ihm, daß sie ständig, mit nur einem Tag Unterbrechung, jeden dritten Tag an ihren Geschlechtsteilen mit Ruten gegeißelt würden. Mehrere darunter habe er erkennen können, sagte der Bruder. [v. 310–326]

VII. «Von den Priestern», erklärte der Engel, «trachtet ein sehr großer Teil gierig nach irdischem Gewinn und widmet sich eifrig den Diensten

se extollendo quaestum putant esse pietatem. Animabus lucrandis non invigilant, deliciis affluentes in scorta proruunt; et ita evenit, ut nec sibi nec aliis intercessores esse possint. Saeculo enim pestilentia et fame laboranti sua prece succurrere potuissent, si lucrum deo tota virtute conferre voluissent. Et ideo tali remuneratione in fine donantur, quia praecedentibus meritis talia patiuntur.»

VIII. Ibi se etiam quoddam opus in modum castelli ligno et lapide valde inordinate coniectum et fuligine deforme vidisse fatebatur, fumo ex eo in altum vaporante. Cui interroganti, quid esset, responsum est ab angelo habitationem fuisse quorundam monachorum de diversis locis et regionibus in unum congregatorum ad purgationem suam.

IX. Qui de eodem numero unum specialiter nominavit, quem dixit ibidem in arca plumbea inclusum praestolari debere diem magni iudicii propter opus peculiare, quod in Anania et Saphira ad corrumpendam communis vitae integritatem praecesserat.

De quo fratre damnabiliter incluso cuidam peregrino in extremitate vitae per excessum rapto ante decennii tempus ostensum fuerat, sicut tunc fama vulgaverat, iamque diu oblitteratum oblivione fuerat, isto fratre haec ante minime audiente et ad memoriam eandem causam simili visione revocante. Unde apparet in una re bina iteratione repetita hoc, quod male pullulat, crebrius succidi debere, ne his, qui nomine monachorum censentur, opus peculiare ibidem vertatur in plumbi gravidinem.

X. Ibi etiam ostensa est ei cuiusdam montis altitudo, et dictum est ab angelo de quodam abbate ante decennium defuncto, quod in summitate eius esset deputatus ad purgationem suam, non ad damnationem perpetuam, ibidemque eum omnem inclementiam aeris et ventorum incommoditatem imbriumque pati. Adiunxitque idem angelus de eo, quod quidam episcopus nuper defunctus ipsi abbati solatio precum suarum ad inpetrandam veniam subvenire debuisset, sicut ei in visione apparens per quendam clericum eius mandaverat. Praescriptus vero episcopus,

am Hofe, prunkt mit prächtigen Kleidern und einer üppigen Tafel, und ihre Gewinnsucht verstehen sie als Frömmigkeit. Auf das Gewinnen von Seelen sind sie nicht bedacht; im Überfluß ihres Wohllebens verfallen sie der Unzucht, und so geschieht es, daß sie weder für sich noch für andere Fürsprecher sein können. Der Welt, die an Pest und Hunger litt, hätten sie durch ihr Gebet zu Hilfe kommen können, hätten sie ihr Gewinnstreben mit ganzer Kraft Gott zugewandt. Und deshalb werden sie am Ende mit einem solchen Lohn bedacht; denn sie erleiden, was sie zuvor verdient haben.» [v. 327–338]

VIII. Dort habe er auch, berichtete der Bruder, einen Bau gesehen, nach Art einer Burg, aus Holz und Stein recht unordentlich errichtet, rußgeschwärzt und häßlich, und Rauch stieg aus ihm hoch empor. Auf die Frage, was das sei, erhielt er von dem Engel die Antwort, es sei die Wohnung einiger Mönche, die aus verschiedenen Orten und Gebieten hier zu ihrer Läuterung versammelt seien. [v. 363–368]

IX. Aus deren Zahl nannte er einen besonders: dieser sei hier in einen bleiernen Kasten eingeschlossen und müsse darin ausharren bis zum Tag des großen Gerichts, weil er Eigenbesitz für sich zurückbehalten habe. Das schlechte Beispiel dafür hatten einst Ananias und Saphira gegeben und so die Reinheit des gemeinschaftlichen Lebens befleckt. Über diesen zur Strafe eingeschlossenen Bruder war zehn Jahre zuvor einem Fremden, der am Ende seines Lebens aus seinem Leibe entrückt wurde, eine Erscheinung zuteil geworden, wie damals ein Gerücht umging, und es war schon längst in Vergessenheit geraten; unser Bruder aber hatte nie zuvor davon erfahren und brachte nun diesen Fall durch eine ähnliche Vision wieder in Erinnerung. Wenn an etwas zweimal erinnert wird, geht daraus hervor, daß das um sich greifende Übel immer wieder ausgemerzt werden muß, damit für die, die den Namen Mönche tragen, nicht ein Eigenbesitz zu einer bleischweren Last wird. [v. 369–383]

X. Dort kam ihm auch ein hoher Berg zu Gesicht, und der Engel sprach von einem Abt, der vor einem Jahrzehnt verstorben war; er sei zu seiner Läuterung, nicht zur ewigen Verdammnis, auf den Gipfel des Berges versetzt, und dort müsse er alle Unbilden des Wetters und das Toben der Winde und Regengüsse erdulden. Der Engel fügte hinzu, daß ein vor kurzem verstorbener Bischof diesem Abt durch seine Gebetshilfe hätte beistehen sollen, damit er Verzeihung erlange; so hatte es ihm der Abt durch einen seiner Kleriker aufgetragen, dem er in einer Vision erschien.

hoc neglegenter pertractans, caritatis ardore non condoluit, ut ei certamine adhibito succurreret. Et idcirco nec sibi iam subvenire poterit. «Et ubi est?» inquiens ille. «Ecce», ait, «ex altera parte ipsius montis suae damnationis poenas luit.»

De visione vero, quam paucis praelibavimus, ab ipso, qui haec ante triennium somniaverat, audivimus. «Veni», inquit, «in quoddam habitaculum ambitu parietum destitutum, in quo idem abba tibiis residens cruentatis vocavit me: ‹Vade›, ait, ‹ad episcopum et dic ei, quod praesens mansio mihi et alio data contubernali meo propter hoc sorduit, quia duobus hic comitibus in thermis se lavantibus intolerabilis foetor inde consurgens paene eam ob hoc nobis inhabitabilem reddidit. Et ideo certet, quomodo collectis undique sumptibus patentia claudat. Quod si per se sumptus ad concludendum ea non habuerit, legationem dirigat ad monasteria denominata; inde solatiis gratanter administratis subplebuntur omnia clausurae huic necessaria›.» Quod audiens episcopus: «Deliramenta», inquit, «somniorum non sunt adtendenda.» Sed ipsa eadem angelus in praesenti visione remonuit, quod episcopus solatia precum suarum etiam a mortuis conventus non subministravit. Ipsi vero fratri, qui haec quasi de inferis ad superos reportabat, praescitum ante non fuerat.

XI. Illic etiam quendam principem, qui Italiae et populi Romani sceptra quondam rexerat, vidisse se stantem dixerat, et verenda eius cuiusdam animalis morsu laniari, reliquo corpore inmuni ab hac laesione manente. Stupore igitur vehementi attonitus, ammirans quomodo tantus vir, qui in defensione catholicae fidei et regimine sanctae ecclesiae moderno saeculo paene inter ceteros singularis apparuit, inuri tanta deformitate poenae potuisset. Cui ab angelo ductore suo protinus responsum est, quod, quamvis multa miranda et laudabilia et deo accepta fecisset, quorum mercede privandus non est, tamen stupri inlecebris resolutus cum ceteris bonis deo oblatis longaevitatem vitae suae in hoc terminare voluisset, ut quasi parva obscenitas et concessa fragilitati humanae libertas mole

Der Bischof aber behandelte diesen Auftrag nachlässig, empfand nicht die Glut der Nächstenliebe und kein Mitleid, um dem Abt durch seine Fürsorge zu helfen. Und deshalb wird er auch sich nicht mehr helfen können. «Und wo befindet er sich?» fragte der Bruder. «Schau dort», entgegnete der Engel, «auf der anderen Seite dieses Berges erleidet er die Strafen seiner Verdammung.»

Die Vision aber, die wir kurz erwähnt haben, haben wir von dem Mann selbst, der sie vor drei Jahren im Traum geschaut hat, erfahren. «Ich kam», so berichtete er, in ein Haus, das ringsum ohne Wände war; darin saß dieser Abt mit blutenden Beinen und rief mir zu: ‹Geh zu dem Bischof und richte ihm aus, daß diese mir und einem anderen Mitbewohner zugewiesene Behausung deshalb so widerlich ist, weil hier zwei Grafen im warmen Wasser baden, dadurch ein unerträglicher Gestank aufsteigt und so das Haus beinahe unbewohnbar gemacht hat. Und deshalb soll sich der Bischof bemühen, überall Mittel zu sammeln und die Öffnungen schließen zu lassen. Wenn er aber von sich aus die Mittel für das Verschließen nicht aufbringen kann, soll er eine Gesandtschaft an ihm genannte Klöster schicken; dort wird man ohne Entgelt Hilfe gewähren und alles für das Verschließen Notwendige dazugeben›.» Als der Bischof dies hörte, erklärte er: «Albernen Träumen soll man keine Beachtung schenken.» Aber gerade daran hat der Engel in dieser Vision wieder erinnert, daß der Bischof seine Gebetshilfe, obwohl von den Toten darum angegangen, nicht gewährt hat. Der Bruder aber, der diese Dinge gleichsam aus der Unterwelt wieder zur Oberwelt brachte, hatte vorher kein Wissen davon. [v. 391–437]

XI. Dort habe er, berichtete der Bruder, auch einen König stehen sehen, der einst das Szepter Italiens und des römischen Volkes getragen hatte; und seine Geschlechtsteile würden durch den Biß eines Tieres zerfleischt, sonst aber bleibe sein Leib von solcher Verletzung verschont. Von dem erschütternden Eindruck war der Bruder betroffen und erstaunt, wie ein so bedeutender Mann, der in der Verteidigung des katholischen Glaubens und in der Leitung der heiligen Kirche in unserer Zeit unter allen geradezu einzigartig erschien, durch eine solch abscheuliche Strafe gebrandmarkt sein konnte. Der Engel, der den Bruder führte, antwortete ihm sogleich: Obgleich er viele erstaunliche, lobeswürdige und gottgefällige Taten vollbracht habe, deren Lohn ihm nicht verwehrt sein werde, sei er dennoch den Verlockungen der Unzucht erlegen, da er nach

tantorum bonorum obrui et absumi potuisset. «Qui tamen in sorte electorum», inquit, «ad vitam praedestinatus est.»

XII. Illic etiam dona praemagnifica et innumerabilia pompatice a malignis spiritibus ad proferendum ordinata viderat, in palleis et vasis argenteis, equis et linteaminum subtilitate candentibus. Interrogante eo, cuius essent et quid in praefiguratione sua praetenderent: «Comitum», inquit angelus, «diversarum provinciarum iura regentium sunt haec, ut huc venientes ea inveniant et sciant, quia muneribus, rapinis et avaritia congesta sunt.» Quorum aliquos nominatim exprimens dixit ea numquam defectura aut delenda, priusquam ipsi venirent et ea in sinum suum reciperent.

XIII. Quam terribilem vero sententiam de conversatione comitum intulit, quis enarrare sufficiat? Cum quosdam eorum non vindices criminum esse dixerit, sed vice diaboli persecutores hominum, iustos damnando et reos iustificando, furibus et sceleratis communicando. «Munerum enim», inquit, «praeventione caecati pro mercede futurorum nil agunt. Sed cum mundanas leges pro coercenda mali audacia administrant, damna legalia, quae debitoribus infligunt, absque ulla misericordia quasi iure sibi debita suae avaritiae reponunt hic iterum invenienda. Iustitiam vero spe futurorum numquam agunt, sed cum eam gratis offerre omnibus pro aeternitatis mercede debeant, semper eam venalem sicut et animam suam portant.» Quosdam enim iam iudicatos nominatim dixerat, sicut de incredulis evangelium proloquitur: «Qui autem non credit», inquit, «iam iudicatus est.»

XIV. Innumerabiles etiam se vidisse retulit tam de plebeio quam de ordine monachico diversorum coenobiorum et regionum, aliquos in gloria, quosdam eorum in poena depressos.

all den anderen Gott geweihten Taten sein langes Leben damit habe beenden wollen, als ob ein wenig Unzucht und eine der menschlichen Schwäche zugestandene Ausschweifung durch die Menge so großer Verdienste überdeckt und getilgt werden könnte. «Dennoch», sprach der Engel, «ist er unter die Erwählten aufgenommen und zum Leben vorherbestimmt.» [v. 446–465]

XII. Dort sah der Bruder auch zahllose, überaus prachtvolle Geschenke, von bösen Geistern prunkvoll aufgereiht, um sie zur Schau zu stellen, in verzierten Tüchern und silbernen Gefäßen; weiß schimmerten Pferde und feines Linnen. Als er fragte, wem sie gehörten und was sie in ihrer Vorbedeutung besagten, erklärte der Engel: «Sie gehören Grafen, die in verschiedenen Provinzen die Macht besitzen und Recht sprechen. Wenn sie hierher kommen, sollen sie die Schätze vorfinden und erfahren, daß sie sie durch Bestechung, Raub und Habgier angesammelt haben.» Einige von ihnen nannte er mit Namen und sagte, diese Schätze würden nie zur Neige gehen oder vernichtet werden, bevor die Grafen nicht selbst kämen und sie an sich nähmen. [v. 475–489]

XIII. Welch schreckliches Urteil er aber über den Wandel der Grafen fällte, wer könnte das erschöpfend wiedergeben? Denn manche von ihnen, erklärte er, ahndeten nicht die Untaten, sondern seien an des Teufels Statt Verfolger der Menschen; sie verurteilten Gerechte, rechtfertigten Schuldige und machten gemeinsame Sache mit Dieben und Verbrechern. «Mit Geschenken umgarnt sind sie blind und tun nichts um den Lohn im künftigen Leben. Aber wenn sie die irdischen Gesetze anwenden, um die Dreistigkeit des Bösen zu strafen, bringen sie die gesetzlichen Strafgelder, die sie den Schuldigen auferlegen, erbarmungslos zur Befriedigung ihrer Habgier für sich auf die Seite, als ob sie ihnen von Rechts wegen zustünden; hier werden sie sie wiederfinden. Gerechtigkeit aber in der Hoffnung auf das künftige Leben üben sie nie, im Gegenteil: obwohl sie allen um des ewigen Lohnes willen unentgeltlich Gerechtigkeit erweisen müßten, bieten sie diese immer als käuflich feil, und ebenso ihre Seele.» Einige, die ihr Urteil schon erhalten hatten, nannte er mit Namen, so wie das Evangelium über die Ungläubigen verkündet: «Wer aber nicht glaubt, der ist schon gerichtet.» [v. 490–508]

XIV. Auch habe er, so berichtete der Bruder, unzählige gesehen, sowohl aus dem Volk wie auch aus dem Mönchsstand, aus vielerlei Klöstern

XV. His ergo et ceteris innumeris conspectis, quae causa compendii stilo currente exclusimus, duxit eum ad loca pulcherrima naturali constructione fundata, cum arcubus quasi aureis et argenteis, opere anaglifo discreta, quae tanta magnitudine et altitudine, etiam pulchritudine incredibili claruerant, ut nec mente concipi nec ore humano proferri tanti inmensitas operis possit. Tunc processit rex regum et dominus dominantium cum multitudine sanctorum tanta gloria et maiestate fulgidus, ut homo corporeis oculis iubar tanti luminis et dignitatem gloriae sanctorum, quae ibidem apparuit, sufferre nequiverit.

XVI. Tunc ipse angelus, qui eius ductor et ostensor fuerat, dixit ad eum: «Crastina migrare debebis, sed interim certemus pro misericordia.» Tunc praeeunte angelo perrexerunt, ubi consessus sanctorum sacerdotum in gloria et dignitate inaestimabili fuit. Tunc dixit ei: «Isti sunt apud deum meritis operum bonorum coronati, quibus vos officia ecclesiastica inpenditis. Rogemus illos, ut tibi misericordiam apud deum inpetrent.» His dictis supplices facti orabant eos intercessores fieri. Sancti vero sacerdotes sine mora surgentes perrexerunt ad thronum et prostrati ante thronum postulabant misericordiam praedicto fratri. Ille vero angelus cum eodem simul fratre illis intercedentibus de longe in parte stetit. Quibus ante thronum suppliciter pro misericordia postulantibus vox de throno audita est in responsum eis data: «Exempla aedificationis aliis facere debuit, sed non fecit», nihilque eis amplius in responsis additum est. In illo ergo tam praeclaro ordine sacerdotum sanctos Dionisium, Martinum, Anianum Hilariumque cognovisse se asseruit.

XVII. Tunc iterum cohortante angelo simul perrexerunt, ubi beatorum martyrum multitudo innumerabilis inaestimabili gloria praefulgebat. «Isti sunt», ait, «quos gloriosus certaminis triumphus ad tantam gloriam provexit, quos vos in ecclesia honore excolitis ad honorem et laudem dei,

und Ländern, manche in Herrlichkeit, manche von ihnen unter der Last der Strafe leidend. [v. 520–524]

XV. Als er dies und unzählig viel anderes geschaut hatte, was wir der Kürze halber mit eiligem Griffel weggelassen haben, führte ihn der Engel zu herrlichen Stätten, die von der Baukunst der Natur geschaffen waren, mit Bogen wie von Gold und Silber, mit Reliefkunst geschmückt: Bauten, die in solcher Größe und Höhe und in unglaublicher Schönheit prangten, daß man die Unermeßlichkeit eines solchen Werkes weder im Geiste erfassen noch mit menschlichen Worten darstellen kann. Da trat hervor der König der Könige und der Herr der Herrscher mit der Schar der Heiligen, in solcher Herrlichkeit und Majestät strahlend, daß ein Mensch mit leiblichen Augen den Schein solchen Lichtes und den Glanz der Herrlichkeit der Heiligen, der dort aufleuchtete, nicht hätte ertragen können. [v. 525–539]

XVI. Darauf sprach der Engel, der sein Geleiter und Führer war, zu ihm: «Morgen wirst du scheiden müssen; doch derweil laß uns um Erbarmen flehen!» Da ging der Engel voraus, und sie gelangten dahin, wo die Schar heiliger Priester in unvorstellbarer Hoheit und Herrlichkeit versammelt saß. Er sprach zu ihm: «Diese haben bei Gott durch die Verdienste ihrer guten Werke die Krone erlangt; ihnen erweist ihr die kirchlichen Ehren im Gottesdienst. Laß uns sie bitten, für dich bei Gott Barmherzigkeit zu erwirken!» Nach diesen Worten warfen sie sich nieder und flehten sie an, als Fürsprecher für ihn einzutreten. Die heiligen Priester aber erhoben sich sogleich und eilten zum Throne Gottes; hingestreckt vor dem Thron flehten sie um Barmherzigkeit für den Bruder. Der Engel aber stand mit dem Bruder, während diese für ihn Fürsprache einlegten, weit entfernt auf der Seite. Als die Priester vor dem Thron um Erbarmen flehten, erscholl von dort zur Antwort eine Stimme: «Beispiele zur Erbauung hätte er anderen geben müssen, hat es aber nicht getan»; und zu der Antwort ward nichts weiter hinzugefügt. In jener so erlauchten Reihe der Priester habe er, versicherte der Bruder, die Heiligen Dionysius, Martinus, Anianus und Hilarius erkannt. [v. 540–565]

XVII. Dann gingen sie auf den Rat des Engels hin zusammen weiter zu dem Ort, wo die unzählbare Schar der seligen Märtyrer in unvorstellbarer Herrlichkeit erstrahlte. «Diese», sprach der Engel, «hat ihr ruhmvoller Triumph im Kampfe zu solcher Herrlichkeit geführt; ihnen erweist ihr in der Kirche Ehren zum Lob und Ruhme Gottes; diese müssen wir

quos intercessores pro indulgentia peccatorum tuorum quaerere debemus.» Quos cum simili supplicatione humi prostratos cernerent, statim sine ulla dilatione ad thronum divinae maiestatis tendentes prostrati veniam pro indulgentia peccatorum eius poposcerant. Quibus a throno vox ut ante emissa est dicens: «Si eos, quos male docendo exemplo suae pravitatis inlexerat et a via veritatis in viam erroris depravando eos deduxerat, correxerit et ad viam veritatis reduxerit, remissa sunt.» Illis autem interrogantibus, quomodo haec correctio ab eo fieri potuisset, ut ad remissionem postulatam pervenire potuisset, iterum vox de throno ad eos facta: «Convocet», inquit, «omnes, quos suo exemplo aut doctrina ad inlicita agenda inlaqueaverat, prosternat se ante eos et profiteatur se male egisse et docuisse, et postulet veniam ipsosque petat per deum omnipotentem et sanctos omnes, ut haec mala ulterius nec agant nec doceant», illis interim in parte de longe stantibus, sicut in priori sacerdotum intercessione. Inter quos sanctos Sebastianum et Valentinum agnovisse se fatebatur.

XVIII. Inde ergo angelo praeducente tendentes ad locum, in quo innumerabilis sanctarum virginum multitudo morabatur, incomparabili dignitate et splendore corusci luminis fulgens. «Hae», inquit, «sunt sanctae feminae, quibus vos famulatum ecclesiasticum ad honorem nominis domini inpenditis. Has ad intercessionem apud deum pro longiturna vita praemittere debemus.» His dictis eodem modo ut ante prostraverunt se ante eas. Illae statim sub omni festinatione ad thronum tendentes, pro longiturna ei vita postulantes; ipsi interim ut prius in parte stantes. Antequam vero solo ad preces prosternerentur, apparuit maiestas domini obviam et elevans eas dixit eis: «Si bona doceat et exempla bona agat et eos, quibus mala exempla praebuit, corrigat, erit petitio vestra.»

XIX. Post haec inde recedentes, coepit ei angelus exponere, in quantis vitiorum sordibus volutatur humanitas. «Licet enim», inquit, «in di-

als Fürsprecher für die Verzeihung deiner Sünden gewinnen.» Als die Märtyrer die beiden in gleicher Demut am Boden ausgestreckt sahen, eilten sie sogleich ohne jedes Zögern zum Thron der göttlichen Majestät, warfen sich nieder und baten um Gnade zur Vergebung seiner Sünden. Ihnen ertönte wie zuvor vom Thron eine Stimme: «Wenn er die, die er durch schlechte Lehre mit dem Beispiel seiner Sündhaftigkeit verleitet, verdorben und vom Weg der Wahrheit auf den des Irrtums geführt hat, zur Besserung und auf den Weg der Wahrheit zurückführt, sind ihm die Sünden erlassen.» Als die Märtyrer fragten, wie diese Wiedergutmachung von ihm geleistet werden könne, damit er den erflehten Nachlaß seiner Sünden erlangen könne, ertönte wiederum die Stimme vom Thron zu ihnen: «Alle soll er zusammenrufen, die er durch sein Beispiel oder seine Lehre zu verbotenem Tun verführt hat; er soll sich vor ihnen niederwerfen und bekennen, daß er schlecht gehandelt und gelehrt hat; und er soll um Verzeihung flehen und sie beim allmächtigen Gott und allen Heiligen bitten, diese verderblichen Fehler nicht weiter zu begehen und zu lehren.» Dabei standen die beiden wieder weit entfernt auf der Seite wie zuvor bei der Fürsprache der Priester. Unter den Märtyrern, erklärte der Bruder, habe er die Heiligen Sebastian und Valentin erkannt. [v. 570–597, 603–605]

XVIII. Dann eilten sie unter Führung des Engels zu dem Ort, wo die unzählbare Schar der heiligen Jungfrauen weilte, in unvergleichlicher Hoheit und im Glanz funkelnden Lichtes strahlend. «Dies sind die heiligen Frauen», sprach der Engel, «denen ihr den Dienst der Kirche zur Ehre des Namens des Herrn erweist. Diese müssen wir zur Fürsprache bei Gott für ein langes Leben vorsenden.» Nach diesen Worten warfen sie sich auf gleiche Weise wie zuvor vor ihnen nieder. Die Jungfrauen eilten alsbald, so rasch sie vermochten, zum Throne und flehten um ein langes Leben für ihn, und wieder standen der Engel und der Bruder weit entfernt auf der Seite. Bevor aber die Jungfrauen sich zu Boden werfen konnten, um ihre Bitte vorzutragen, erschien der Herr in seiner Herrlichkeit vor ihnen, erhob sie und sprach: «Wenn es ihm gelingt, das Gute zu lehren, Vorbild zu sein und die, denen er oft ein schlechtes Beispiel gab, auf den rechten Weg zu führen, wird eure Bitte erfüllt werden.» [v. 606–624]

XIX. Als sie hierauf von dannen gingen, begann der Engel ihm darzulegen, in welchem Schmutz der Laster sich die Menschheit wälzt.

versa criminum numerositate ab auctore suo recedat humanum genus diabolo se mancipando, in nullo tamen deus magis offenditur, quam cum contra naturam peccatur. Et ideo multa vigilantia certandum est omnibus in locis, ne in scelere sodomitico dei habitaculum vertatur in delubra daemonum. Non solum enim», inquit, «hic morbus virulenta contagione inrepens inficit animas inter se concubitu masculorum pollutas, sed etiam in coniugatis multiplici peste concretus invenitur, dum in rabiem vexatione libidinis versi et instinctu daemonum agitati naturae bonum a deo concessum in uxoribus propriis perdunt, ita ut toro inmaculato in stupri maculam verso ambo coniuges prostituti daemonibus fiant. Unde praecipio tibi ex auctoritate divina, ut haec publice praedices; etiam quantum discrimen in luxu concubinarum haereat, non celes. Quamdiu enim in illa obscenitate polluuntur, regni caelorum aditum numquam merentur.» Cui ait: «Domine, haec proferre in medium non audeo, quia propter vilitatem meae personae ad hoc me aptum non sentio.» Cui angelus cum magna indignatione respondit: «Quod deus vult et per me tibi iubet, tu non audes proferre?»

XX. Post haec coepit eum ammonere modo diverso de emendatione sua. «Ego», inquit, «sum angelus ad custodiam tui deputatus, qui quondam Samson illi, quem liber Iudicum discribit, ab eius ortu a deo sum ordinatus et in omni conatu operum mirandorum deo favente cooperator existens, usque dum carnis inlecebris emollitus in Dalila dei offensam incurrens et consecrationem suam scorto vendens a deo est derelictus. Tunc recessi ab eo. Tu ergo in pueritia tua mihi bene placuisti, sed postquam adultus tuo iam arbitrio vivere coepisti, valde displicuisti, nunc vero in maerore et paenitudine cordis ad deum conversus iterum places.»

«Mag sich auch», sagte er, «das Menschengeschlecht in einer Unzahl von Sünden von seinem Schöpfer entfernen und sich in die Hand des Teufels begeben: durch keine jedoch wird Gott mehr beleidigt, als wenn gegen die Natur gesündigt wird. Und daher muß an allen Orten mit großer Wachsamkeit darum gerungen werden, daß sich nicht durch das Laster der Sodomie die Wohnung Gottes in Tempel der Dämonen verwandelt. Denn diese Krankheit, die sich durch vergiftende Ansteckung einschleicht, verseucht nicht nur die Seelen, die sich durch den Verkehr von Männern miteinander beflecken, sondern auch bei Ehegatten findet sie sich, durch vielerlei Übel eingewurzelt, wenn sie, von der Plage der Wollust zu rasender Gier getrieben und von Dämonen angestachelt, das von Gott gewährte Gut der Natur bei den eigenen Frauen verderben, so daß ein unbeflecktes Ehebett durch schändliche Unzucht entehrt wird und sich beide Gatten wie Huren den Teufeln hingeben. Daher gebiete ich dir in göttlichem Auftrag, dies öffentlich zu verkünden; auch was für eine Gefahr im liederlichen Umgang mit Konkubinen liegt, sollst du nicht verschweigen. Solange sich nämlich die Menschen durch diese Unzucht beflecken, verdienen sie niemals den Zugang zum Himmelreich.» Der Bruder entgegnete ihm: «Herr, ich wage nicht, dies öffentlich vorzutragen, weil ich mich wegen der Nichtigkeit meiner Person dazu nicht fähig fühle.» Ihm antwortete der Engel in großem Zorn: «Was Gott will und durch mich dir aufträgt, wagst du nicht zu verkünden?» [v. 633–661, 672–677]

XX. Hierauf begann der Engel auf andere Weise ihn zu seiner Besserung zu ermahnen. Er sprach: «Ich bin der Engel, der gesandt ist, dich zu behüten. Einst war ich jenem Samson, von dem das Buch der Richter erzählt, von seiner Geburt an von Gott zugewiesen, und bei all den wunderbaren Taten, die er vollbrachte, war ich mit Gottes Gnade sein Helfer, bis er, durch die Verlockungen des Fleisches geschwächt, wegen Dalila der Sünde gegen Gott verfiel, seine Weihe einer Dirne verkaufte und daraufhin von Gott verlassen wurde. Da wandte ich mich von ihm ab. Du also hast in deiner Jugend bei mir Gefallen gefunden; aber nachdem du, herangewachsen, nach deinem eigenen Willen zu leben begonnen hast, hast du mir sehr mißfallen; nun aber, da du in Trauer und Reue des Herzens dich bekehrt und Gott zugewandt hast, habe ich an dir wieder Gefallen.» [v. 678–694]

XXI. «In coenobiis etenim monachorum ammonendum est, ut vitiorum radicibus arefactis virtutum possint germina pullulare, quia maioris numeri frequentia reperitur eorum, qui mundanis necessitatibus quam qui spiritu dei acti ad haec spiritalia castra se conferant. Animalis enim homo non percipit ea, quae sunt spiritus dei. Et ideo certandum totis viribus est, ne multitudine carnalium tepescat vita spiritalium, ne abundante iniquitate refrigescat caritas multorum. Caveatur avaritia, qua dominante ad paupertatem spiritus non descenditur, qua caelorum aditus reseratur. Ciborum et potus ingluvies vertatur in vix sufficientem victus necessitatem. Aqua», inquit, «valde ad potandum laudabilis est, quia naturalis potus est. Nitor vestium mutetur in necessarium arcendae nuditatis et frigoris temperamentum. Superbiae tumor mutandus est in humilitatem non fictam. In quibusdam enim videtur cervicum inflexio, sed non deponitur in eis cordis erectio. In hoc enim maxime ipsa vita apostolici ordinis confunditur, quod virtutes vitiis fucantur. Et dum culpa, quae sub specie pietatis intravit, in usu retinetur, iam quasi pro lege recte vivendi defenditur. Ideoque in occiduis regionibus, Germaniae videlicet et Galliae, istius ordinis homines, ut ad veram Christi humilitatem et voluntariam paupertatem informentur, ammonendi sunt, ne a ianua vitae, deo per me haec terribiliter pronuntiante, repellantur.»

XXII. Quanta enim in congregationibus feminarum culpa excreverit et damnum deo factum in lucrum diaboli profecerit ordinatione confusa, non tacuit. «Cum enim», inquit angelus, «mortuae feminae vivis praeferuntur – quia vidua in deliciis vivens mortua est – mortuis operibus communicando ex vivis eis subiectae mortuae fiunt. Et dum saecularibus dantur inexplebiliter opes terrenas sitientibus, in terrenas et peri-

XXI. «In den Klöstern der Mönche muß man sodann dazu ermahnen, daß die Wurzeln der Laster verdorren sollen und so die Knospen der Tugenden sprießen können; denn es findet sich eine größere Zahl an solchen, die wegen weltlicher Bedürfnisse zu diesem geistlichen Heerlager kommen als an denen, die es vom Geiste Gottes geleitet tun. Denn der irdisch gesinnte Mensch läßt sich nicht auf das ein, was vom Geist Gottes kommt. Daher muß man mit allen Kräften darum kämpfen, daß durch die große Zahl der irdisch Gesinnten der Wandel der vom Geiste Erfüllten nicht lau werde, damit nicht, wenn die Sündhaftigkeit überhandnimmt, die Liebe bei vielen erkaltet. Man soll sich vor der Habgier hüten; wenn sie herrscht, läßt man sich nicht herab zur Armut im Geiste, die den Zugang zum Himmel erschließt. Die Völlerei in Speise und Trank soll sich wandeln zu einem leidlich ausreichenden Bedürfnis an Nahrung. Wasser zu trinken ist sehr lobenswert, weil es ein natürlicher Trank ist. Die Eleganz eurer Gewänder soll sich zu dem notwendigen Maß hin ändern, um der Blöße und Kälte zu wehren. Aufgeblasener Stolz muß sich in ungeheuchelte Demut wandeln. Bei manchen sieht man nämlich, wie sie den Nacken beugen, aber den Hochmut in ihrem Herzen legen sie nicht ab. Denn besonders dadurch wird das Leben nach der Regel der Apostel zugrunde gerichtet, daß Tugenden durch Laster übertüncht werden. Und wenn die Schuld, die unter dem Schein der Frömmigkeit eingedrungen ist, als Gewohnheit beibehalten wird, wird sie bald als Gesetz eines richtigen Lebens verteidigt. Deshalb müssen in den westlichen Ländern, nämlich in Germanien und Gallien, die Männer dieses Standes ermahnt werden, ihr Leben nach der wahren Demut Christi und in freiwilliger Armut auszurichten, damit sie nicht am Tor des Lebens – dies läßt Gott durch mich als schreckliche Drohung verkünden – abgewiesen werden.» [v. 699–734]

XXII. Welch große Sünde aber in den Gemeinschaften der Frauen überhandgenommen hat und wie durch falsche Besetzung der Ämter Gott Schaden erwachsen und zum Gewinn für den Teufel geworden ist, verschwieg der Engel nicht. «Wenn nämlich», sprach er, «tote Frauen den lebenden vorgezogen werden – denn eine Witwe, die ein ausschweifendes Leben führt, ist tot – werden die ihnen Untergebenen durch die Teilhabe an toten Werken aus Lebenden zu Toten. Und wenn die Güter, die zur Bewahrung der Reinheit eines heiligmäßigen Lebens von den Gläubigen gesammelt worden sind, weltlich gesinnten Frauen überlassen werden,

turas voluptates ordine confuso vertuntur opes, quae ad conservandam castimoniam caelestis vitae a fidelibus congestae sunt.»

XXIII. «Et ubi», inquit, «illius vitae apostolicae formula incorrupta servatur?» «In transmarinis», ait, «regionibus adhuc apostolici rigoris constantia viget, quia paupertate spiritus praeventi sine ullius terreni impedimenti obstaculo caelorum regna capessunt.»

XXIV. His dictis iterum atque iterum de scelere sodomitico verbum intulit. Cetera enim vitia vitanda semel tantummodo notavit, hunc vero pestiferum animae morbum contra naturam commento diaboli suggestum quinquies et eo amplius vitandum repetivit.

XXV. Interrogante eo, cur pestilentia grassante tanta populi numerositas interiret: «Inmensitate», ait, «criminum mundo peccante peccatorum punitio est et signum a domino denuntiatum, praesagio suo demonstrans mundi terminum cito venturum.»

XXVI. Ammonuit etiam inter cetera, ut celebritas operis dei tota virtute et diligentia ordine inconfuso sine alicuius taedii aut neglegentiae subreptione in ecclesiis ageretur.

XXVII. De Gerolto etiam quondam comite dixit idem angelus, quod in requie esset gloriae martyrum adaequatus: «Zelo», inquiens, «dei in defensione sanctae ecclesiae infidelium turbis congressus temporalis vitae dispendia est passus, ideo aeternae est vitae particeps factus.»

XXVIII. His igitur et aliis paene innumeris ab eodem angelo ostensis et auditis, quae huic scripto causa compendii exclusimus, idem frater iterum expergefactus, alitibus iam viciniam diei concrepantibus. Convocatis isdem fratribus, qui in eius excubiis pernoctaverant, visionis magnitudine permotus et intolerabili timoris anxietate iactatus per ordinem exposuit secreta visionis suae, cupiens statim, ut veniente patre mona-

die unersättlich nach irdischen Gütern dürsten, werden jene Güter unter Verstoß gegen die Ordnung für irdische und vergängliche Lüste verschwendet.» [v. 743–755]

XXIII. «Und wo», fragte der Bruder, «wird die Regel jenes apostolischen Lebens noch unverdorben bewahrt?» «In den Ländern jenseits des Meeres», sprach der Engel, «zeigt das beharrliche Festhalten an der apostolischen Strenge noch seine Kraft, weil man dort durch Armut im Geiste ohne ein irdisches Hindernis das Himmelreich erlangt.» [v. 769–775]

XXIV. Danach kam der Engel immer wieder auf die Sünde der Sodomie zu sprechen. Die anderen Laster nämlich könne man ein für allemal meiden, bemerkte er; vor dieser für die Seele verderblichen Krankheit aber, die gegen die Natur durch den Trug des Teufels eindringe, müsse man sich fünfmal und mehr hüten. [v. 779–784]

XXV. Als der Bruder fragte, warum durch das Wüten der Pest eine so große Zahl aus dem Volk dahingerafft werde, erklärte der Engel: «Weil die Welt durch unermeßliche Laster sündigt, ist dies die Strafe für die Sünden und ein vom Herrn gesetztes Zeichen, das voraussagt, daß das Ende der Welt bald kommen wird.» [v. 785–790]

XXVI. Unter anderem ermahnte der Engel auch dazu, die Feier des Gottesdienstes mit ganzer Kraft und Sorgfalt in den Kirchen zu begehen, ohne eine Änderung der Liturgie und ohne daß sich Überdruß oder Nachlässigkeit einschleiche. [v. 794–798]

XXVII. Auch von Gerold, der einst Graf gewesen war, sprach der Engel: Nach seinem Tod sei ihm die gleiche Herrlichkeit wie den Märtyrern zuteil geworden. «Voll Eifer für Gott geriet er bei der Verteidigung der heiligen Kirche mit den Scharen der Ungläubigen in einen Kampf und erlitt den Verlust seines zeitlichen Lebens; deshalb wurde er des ewigen Lebens teilhaftig.» [v. 802–810]

XXVIII. Nachdem ihm der Engel dies und noch unzähliges mehr, was wir bei dieser Niederschrift der Kürze halber weggelassen haben, gezeigt und erklärt hatte, wachte der Bruder auf; schon kündigten die Hähne mit lautem Krähen den nahenden Tag an. Er rief die Brüder zu sich, die dort die Nacht verbracht hatten, um bei ihm zu wachen; von dem gewaltigen Eindruck seiner Vision erschüttert und von unerträglicher Angst gequält, teilte er ihnen der Reihe nach die Geheimnisse seiner Schau mit und verlangte sogleich, daß der Abt des Klosters kommen

sterii eo praesente exciperentur sermones eius. Cui cum dicerent, quod fratres meditatione nocturna occupati claustra silentii inrumpere non auderent, «Vos», ait, «interea liquenti cerae haec inprimite, ut aurora inlucescente paratiora reddantur. Timeo enim, ne lingua torpente visa et audita nequeant propalari, quia cum tanto mihi obligationis damno in publicum producenda iniuncta sunt, ut reatu silentii huius sine venia feriri timeam, si meo silentio ita depereant, ut per me publicata non pateant. Namque illa ultima sanctarum virginum intercessio, quae pro longiturna vita ad deum facta fuerat, in ancipiti me positum dereliquit, utrumnam pro longitudine aeternae aut istius temporalis vitae prolata fuisset. Si ergo eadem intercessione, quam praefatus sum, istius temporalis vitae indutiae protelatae mihi non fuerint, omni scrupulositate postposita iuxta sponsionem angeli ductoris mei crastina sum migraturus.» His igitur sermonibus cohortanti omnia per ordinem ab eo excepta cerae inpressa sunt.

XXIX. Interea matutinalibus finitis hymnis visitandi gratia advenit pater monasterii cum quibusdam fratribus. Cui cum iacenti adsisteret, secretum petiit. Egressis ergo ceteris, abbas secum retentis fratribus ibidem quintus remansit. Prolatis ergo in medium, quae nocturno silentio trepida velocitate tabulis inpressa fuerant, verbo et scripto recapitulavit universa, et de lectulo surgens, humi prostratus pro commissis veniam postulans et, ut intercessores pro eo ad deum fierent, exorans. Quem cum cernerent nec pallore deformem nec macie tabescentem nec dolore membrorum queritantem nec tactu venae aut ullius letalis signi laesione praeventum, verbis consolatoriis ad spem praesentis vitae tota fiducia animabant. Quibus eadem responsa quae supra retulit: in nullo se dubium crastina migraturum.

solle und in dessen Gegenwart seine Mitteilungen angehört werden sollten. Als sie ihm erklärten, die Brüder seien beim nächtlichen Gebet und wagten nicht, die Schranken des Schweigens zu durchbrechen, sagte er: «Dann sollt ihr inzwischen auf weichem Wachs dies niederschreiben, damit es, wenn die Morgenröte aufzieht, rascher berichtet werden kann. Ich fürchte nämlich, wenn meine Zunge gelähmt ist, kann das Geschaute und Gehörte nicht mehr verkündet werden; denn unter Androhung einer so schweren Strafe ist mir die Verpflichtung auferlegt, die Vision allen kundzutun, daß ich fürchten muß, daß die Schuld des Verschweigens mich ohne Erbarmen treffen wird, wenn das Geschaute durch mein Schweigen verlorengeht und so durch meinen Bericht nicht bekannt wird. Denn die letzte Fürsprache, die der heiligen Jungfrauen, die bei Gott für ein langes Leben vorgetragen worden ist, ließ mich in der Ungewißheit zurück, ob die Bitte für die Länge des ewigen oder dieses zeitlichen Lebens vorgebracht wurde. Sollte mir also durch die erwähnte Fürsprache ein Aufschub in diesem zeitlichen Leben nicht gewährt worden sein, werde ich jeden Zweifel aufgeben und gemäß der Ankündigung des Engels, meines Führers, am morgigen Tag scheiden müssen.» Da er sie mit solchen Worten mahnte, wurde der Reihe nach alles von ihm Berichtete auf Wachstafeln aufgeschrieben. [v. 827–858]

XXIX. Nachdem unterdessen die Hymnen der Matutin beendet waren, kam der Abt des Klosters mit einigen Brüdern herbei. Als er ans Bett des Kranken trat, bat dieser um eine geheime Aussprache. So gingen die andern hinaus; der Abt blieb bei ihm und behielt noch vier Brüder bei sich. Man holte hervor, was in der Stille der Nacht in ängstlicher Eile auf den Tafeln notiert worden war, und der Bruder trug alles mündlich und anhand der Aufzeichnungen noch einmal vor. Dann erhob er sich von seinem Lager, warf sich zu Boden, bat um Vergebung für die begangenen Sünden und flehte die Brüder an, bei Gott Fürsprecher für ihn zu sein. Da sie sahen, daß er weder durch Blässe verfärbt war noch an Auszehrung dahinsiechte, nicht über Gliederschmerzen klagte und auch nicht unter starkem Pulsschlag oder einer todbringenden Verletzung litt, bestärkten sie ihn voll Zuversicht mit tröstenden Worten in der Hoffnung auf das gegenwärtige Leben. Darauf gab er ihnen dieselbe Antwort wie zuvor: er habe keinen Zweifel daran, daß er am morgigen Tag dahinscheiden werde. [v. 859–863, 883–887, 897–904]

XXX. Totam ergo diem illam et noctem subsequentem et spatium totius diei succedentis usque ad vesperam in hoc consumpserat, metum vocationis suae exponendo, gemitu et suspiriis laborando, nunc singulis quibusque se commendando, brevibus ad diversos destinatis pro absolutione peccatorum intercessores quaerendo.

XXXI. Ad extremum crepusculo vespertino subsequentis diei in noctem verso, fratribus convocatis vitae praesentis metas in se decursas esse pronuntiavit et ideo psalmodiae eos insistere omnimodis postulavit. Antiphonas omnes et psalmorum initia quasi praecentor ordinans pro se fecit decantare. His ergo finitis paululum respiravit, fratribus ad sua strata redeuntibus huc illucque deambulando; aestuans inminente velocitate transitus sui decidit in lectulum, sumpto viatico ultimam huius instabilis vitae clausit horam.

* * *

XXX. Jenen ganzen Tag, die folgende Nacht und die Zeit des nächsten Tages bis zum Beginn der Vesper verbrachte er damit, die Angst vor seiner Abberufung zu schildern, in seiner Bedrängnis Klagen und Seufzer auszustoßen, bald einem jeden sich anzuempfehlen und, indem er Briefe an verschiedene Freunde sandte, Fürsprecher für die Vergebung seiner Sünden zu gewinnen. [v. 905–911]

XXXI. Schließlich, als die abendliche Dämmerung des folgenden Tages der Nacht gewichen war, verkündete er den versammelten Brüdern, daß auf der Bahn des gegenwärtigen Lebens für ihn nun das Ziel erreicht sei, und bat sie deshalb eindringlich, den Psalmengesang anzustimmen. Alle Antiphonen und Eingangsverse der Psalmen bestimmte er wie ein Vorsänger und ließ sie für sich singen. Nach dem Ende dieses Psalmengesangs atmete er ein wenig auf, und während die Brüder zu ihrem Lager zurückkehrten, ging er umher, bald hierhin, bald dorthin. Fiebernd, da nun sein Tod rasch herankam, fiel er auf sein Lager nieder, empfing die Wegzehrung und beschloß die letzte Stunde dieses vergänglichen Lebens. [v. 931–945]

* * *

VISIO WETTINI WALAHFRIDI

DOMINO PATRI VEREQUE FELICI
ET PURISSIMA SINCERITATE
VENERANDO GRIMALDO CAPELLANO
STRABUS WALAHFRIDUS AETERNAE BEATITUDINIS
IN SALVATORE MUNDI SALUTEM.

Ex quo, pater beatissime, familiari quadam pietate exiguitatem meam dignati estis agnoscere, sedulo tenaci memoria amplexabar, cuius praesentiam summo ardore sitiebam, sicut et hactenus ago. Licet enim longa interiectae telluris spatia sequestrent, vasti montium et saltuum dirimant anfractus, animo tamen spiritali igne aestuans, quamvis absens assidue vestros quasi quoddam speculum intueor obtutus. Denique iussu Adalgisi venerandi patris in domino visionem Wettini propinqui vestri, quam beatus pater Heito urbanae facundiae mellifluis floribus adornans prosaicis verbis doctissime composuit, versibus exametris furtim exemplare coactus sum. Ideo nulli hoc ut placeat exhibeo, tantum illius voluntati satisfeci, et maior erat oboedientia quam facultas. Sciebam etenim, quia qui spiritalibus viris obtemperat, numquam errat. Et si in pedum mensuris et synalipharum positione fefelli, contra nullum luctamen inibo, quia ad rumusculos spargendos non egi, sed potius ob propositi mei conservationem, quippe cui nec aetas ad talia competit nec scientia suppetit. Scintilla quaedam inest et eget fomite. In hoc autem primitivo carmine nec tempus morosum ad cautelam concessum est nec proprii sermonis habui potestatem. Arbitror autem, quod, si per campos darentur vagandi indutiae, quivissem fortasse ramusculos aliquos decerpere, quibus mea rusticitas aliquantisper tegeretur. Unam itaque ob causam

WALAHFRID STRABO: DIE VISION WETTIS

SEINEM HERRN UND VATER,
DEM WAHRHAFT GESEGNETEN
UND MIT REINSTER AUFRICHTIGKEIT
ZU VEREHRENDEN KAPELLAN GRIMALD[1],
WÜNSCHT WALAHFRID STRABO
DAS HEIL EWIGER GLÜCKSELIGKEIT IM HERRN,
DEM ERLÖSER DER WELT.

Seit der Zeit, da ihr, gesegneter Vater, mit freundlicher Zuneigung meine Wenigkeit anzuerkennen geruht habt, bewahrte ich die Erinnerung an den, dessen Gegenwart ich mit höchstem Verlangen ersehnte, fest im Gedächtnis, wie ich es auch jetzt noch tue. Wenn mich auch die weiten Strecken der zwischen uns liegenden Länder und die endlosen Windungen der Wege über Berg und Tal von euch trennen, so sehe ich doch in glühendem Verlangen des Geistes trotz der Entfernung euer Antlitz gleichsam wie ein Spiegelbild[2] ständig vor mir. Auf Geheiß von Adalgis[3], dem ehrwürdigen Vater im Herrn, wurde ich gedrängt, die Vision eures Verwandten Wetti, die der gesegnete Vater Heito mit den honigreichen Blüten gewandter Beredsamkeit geschmückt und in Prosa aufs gelehrteste niedergeschrieben hat, heimlich in Hexametern nachzugestalten. So lege ich nun dieses Werk niemandem vor, um Gefallen zu finden; ich habe lediglich Adalgis' Willen erfüllt, und mein Gehorsam war größer als mein Talent. Ich wußte ja, daß man nie in die Irre geht, wenn man Männern gehorcht, die vom Geiste erfüllt sind[4]. Und wenn ich bei der Quantität der Versfüße und der Verwendung von Synaloiphen[5] Fehler gemacht habe, werde ich mich mit keinem auf einen Streit einlassen, weil ich die Arbeit nicht getan habe, damit die Leute ein wenig über mich reden, sondern vielmehr, um die mir gestellte Aufgabe auszuführen, habe ich doch zu so etwas weder das hinreichende Alter noch ausreichende Kenntnisse. Ein Funke[6] ist in mir und braucht seinen Zunder. Bei diesem Erstlingsgedicht aber ließ man mir weder Muße zu bedachtsamer Ausarbeitung, noch beherrschte ich die angemessene Sprache. Ich glaube jedoch, wenn ich noch eine Frist bekommen hätte, um durch die Gefilde[7] zu streifen, hätte ich wohl noch einige Zweiglein brechen können, um damit meine bäurische Plumpheit ein bißchen zu bedecken. So hat nur aus

inpossibilitatem superavit voluntas: comperimus etenim quosdam esse, qui hoc nil amplius vanis somniis diiudicantes nec habere vel credere aut audire dignantur. Hanc autem praesumptionem ut audierint, turgentes assumunt in manus avidique vitia, quibus redundat, rimantes, velint nolint, ipsum quod oderunt invenient, dum quod sitiunt quaesierint. Conpulsum tamen me sciant in hoc prorupisse et quasi stimulis plerumque inpulsum scriptitasse. Sed propter amorem eius, qui haec vidit, et iste fieri desideravit et me haec fiducia animavit. Quapropter, beatissime pater, quaeso sanctitatem vestram, ut emendare dignemini, quicquid in hoc pittacio censura vestra aptum correctioni vel a vero discordans deliberaverit. Necesse enim est, ut Erlebaldum dominum et Tattonem praeceptorem meum haec res non lateat, quia fas non est monacho suum quicquam celare abbatem. Si itaque considerantes nimiis nacti fuerint sordere mendaciis, statim pungent, non palpabunt et, ut vereor, qui paene octavum decimum iam annum transegi, dignis verberibus vapulabo. Optime enim hac arte sicut et aliis imbuti sunt, sed minus diligunt. Ideo defendere dignemini vilitatem meam et huius scedulae infirma tueri. Quaedam etiam nomina in contextu occultata, qui diligenter investigaverit, istis versibus impressa repperiet. Bene valentem et Strabi memorem te deus omnipotens in aeterna felicitate conservare dignetur, sanctissime pater. Amen.

einem Grund der Wille über die Ohnmacht gesiegt: wir haben nämlich erfahren, es gebe gewisse Leute, die diese Vision für nichts weiter als leere Traumgebilde hielten und sie weder haben noch glauben oder hören wollten. Wenn sie aber von diesem meinem gewagten Werk hören, nehmen sie es voller Zorn zur Hand, durchstöbern es begierig nach den Fehlern, die sich reichlich darin finden, und werden so wohl oder übel gerade auf das stoßen, was sie ablehnen, wenn sie suchen, wonach sie verlangen. Doch sollen sie wissen, daß ich mich nur auf Drängen hin zu dieser Arbeit durchgerungen und meistens geschrieben habe, als würde ich mit der Stachelpeitsche angetrieben. Aber aus Liebe zu dem, der diese Vision geschaut hat, hat Adalgis die Übertragung in Verse gewünscht, und ebendarum hat mich dieses Selbstvertrauen beseelt. Deshalb, gesegneter Vater, bitte ich eure Heiligkeit, erweist mir die Güte, zu verbessern, was eure Zensur auf diesen Blättern als verbesserungsbedürftig oder von der Wahrheit abweichend erkennt. Dem Herrn Erlebald und meinem Lehrer Tatto darf dieses Werk ja nicht verborgen bleiben, weil ein Mönch vor seinem Abt kein Geheimnis haben darf. Wenn sie daher beim Durchsehen finden, daß das Gedicht durch zu viele Fehler entstellt ist, werden sie gleich zuschlagen und mich nicht tätscheln, und ich, der ich beinahe schon das achtzehnte Jahr[8] hinter mir habe, werde, fürchte ich, die verdienten Prügel[9] von ihnen beziehen. Sie verstehen sich nämlich hervorragend auf diese Kunst[10], genauso wie auch auf andere, lieben sie aber weniger. Seid deshalb so gütig und verteidigt meine Wenigkeit und nehmt euch der Schwächen dieser Blätter an. Wer sorgfältig nachliest, wird auch einige im Text selbst nicht genannte Namen in diese Verse eingearbeitet finden.[11] Lebe wohl und vergiß Strabo nicht, und so möge dich Gott der Allmächtige in beständigem Glück und Segen bewahren, heiligster Vater! Amen.

Christe, novum qui pascha mihi concedis agendum,
Suscipe dona precum laudisque salubria nostrae
Vota, voluntatem potius quam dona requirens.
Quantum posse dabis, tantum sum velle paratus,
Cum tua maiestas velle atque valere ministret.
Te precor, alme deus, pueriles dissice ludos,
Et fermenta tui placida insere dogmatis, ut sit
Blanda mihi dulcisque patris sententia, cuius
Iussa sequor, ne dorsa fero lacerare flagello
Incipiat carmenque animo reprobare citato.
Non aliunde quidem primum componere carmen
Disposui, quam sancta sequens praecepta priorum
Primitias deferre deo, cui cordis in ara
Fertur adeps sanctae cum laudis odore litatus.
Iesu Christe, crucis rogo per merita alma sacratae
Atque resurgentis per maxima festa leonis,
Cuius adest hodie festum venerabile cunctis,
Ut me digneris vitiis mundare nefandis,
Ne, quod voce probo, hoc nostro damnetur in actu.
Quid loquar ulterius? Mundi, miserere, redemptor,
Perque potestatis numen succurre triformis.

Rhenus ab Ausoniis quo ducitur Alpibus, aequor
Miscet in occiduis diffusus partibus ingens.
Illius in medio suspenditur insula fluctu
Augia nomen habens, iacet hanc Germania circa.
Haec solet egregias monachorum gignere turmas.
Primus in hac sanctus construxit moenia praesul
Pirminius ternisque gregem protexerat annis.
Huius quisque velit sanctam cognoscere vitam,
Ipsa sepulchra petat, satis ipse probabit in Hornbach.
Postea septenis praesedit cursibus Eto;
Tum sequitur binis laudandus Geba sacerdos.
Bina Ermenfredus tum lustra peregerat abba,
Sidonius ternis denisque ibi praefuit annis;
Vicenos binosque receperat inde Iohannes.
Quinque Petrus sortitur item venerabilis annos,
Quattuor inde tulit Waldonis lustra potestas.

Christus, du schenkst mir von neuem die Gnade, Ostern zu feiern;
Nimm der Gebete Gaben an und unseres Loblieds
Heilsames Flehn! Schau mehr auf den Willen als auf die Gaben!
Was du an Können mir gibst, das bin ich bereit auch zu wollen,
Da deine Majestät uns schenkt das Wollen und Können.
Gütiger Gott, dich bitt' ich, vertreibe die kindlichen Spiele
Und mische bei den milden Sauerteig göttlicher Lehre,
Daß mir gewogen und freundlich sei das Urteil des Vaters,
Dessen Befehl ich gehorche, damit er nicht hart meinen Rücken
Auspeitscht und mit zornigem Sinn meine Verse zurückweist.
Anders will ich nicht meine erste Dichtung beginnen,
Als daß ich, hierin der heiligen Weisung der Älteren folgend,
Gott die Erstlinge bringe dar; auf des Herzens Altare
Wird das Fett ihm geweiht mit dem Dufte heiligen Lobes.
Christus, durch deine Erlösungstat am heiligen Kreuze
Und durch das höchste Fest des auferstandenen Löwen –
Heute ja ist sein Fest, bei allen in Ehren gehalten –
Reinige gnädig mich vom ruchlosen Frevel der Sünden,
Daß, was mein Wort hier lobt, durch mein Tun nicht werde zuschanden.
Was soll weiter ich sagen? Erlöser der Welt, hab' Erbarmen,
Und durch deiner Dreifaltigkeit Macht gewähre mir Hilfe!

Dort, wo der Rhein von den Höhn der ausonischen Alpen herabfließt,
Weitet er sich gegen Westen und wird zum gewaltigen Meere.
Mitten in dieses Meeres Flut erhebt sich die Insel,
Aue wird sie genannt, ringsum liegen Deutschlands Gebiete;
Sie aber bringt hervor der Mönche treffliche Scharen.
Erstmals baute auf ihr ein Kloster der heilige Bischof
Pirmin und hütete dort drei Jahre hindurch seine Herde.
Wer auch immer den Wunsch hat, sein heiliges Leben zu kennen,
Pilgre zu seinem Grab; genug wird er zeigen in Hornbach.
Sieben Jahre hatte nach ihm dann Eddo die Führung,
Für deren zwei folgte Geba, ein Priester, würdig des Lobes.
Arnefrid hatte das Amt des Abts zwei Lustren lang inne;
Dreizehn Jahre stand dort an erster Stelle Sidonius,
Zweiundzwanzig Jahre sodann übernahm sie Johannes,
Und für fünf erlangte das Amt der würdige Petrus;
Drauf, vier Lustren lang, hielt Waldo die Macht in den Händen.

Tempore sub quorum iuvenis velut aurea surgit
Stella tenebrosum citius vulganda per orbem,
Coenobium quinquennis enim Insulanense petivit.
Nec latet urbs homines in vertice structa levato,
Sed neque testa subit modium: per regna volando
Tanti fama viri regales verberat aures.
Post rapitur non sponte foras de carcere caro,
Et qui liber erat, fit libertate soluta
Pastor ovile tuens, cuius pars magna profanis
Actibus insistens Christi de calle viavit.
Provida quippe dei talem sapientia patrem
Constituit, qui cuncta sacris sub legibus arcens
Rure tenus destructa novat geminamque ruinam
Elevat inque dei varium transmutat honorem,
Interiora medens atque exteriora reformans.
Cuius ad ingenium nullus mihi sermo redundat
Narrandum, quoniam specialis in orbe refulsit
Doctor, in incultis iaciens sacra semina sulcis,
Largus in auxilio, vita probus, aptus amori,
Iustus in arbitrio, arte sagax, perfectior actu:
Quid moror ista canens, cum possim iure fateri
Me nescire alium, qui compensetur ad istum?
Cogitur interea monachorum pastor haberi,
Discipulus dudum disponitur ipse magister;
Carceris ipse fuit custos, quo saepe cupivit
Finitimum expectare diem, tum morte revicta
Perpetuaque frui Christo donante corona.
Vocibus in septem si promat verba palatus,
Non erit ulla tamen narrandi cuncta facultas,
In quibus immensum perfecerit ille laborem.
Quicquid erat Christi per ovilia iure regendum,
Fecit et assidua constanter pace salutem
Christicolis statuit, regali munere fultus.
Dirigiturque maris trans aequora vasta profundi
Graecorum ad proceres, scopulisque illisa carina
Fudit onus cunctumque virum, sed praesul ab undis
Seque suosque manum domino praebente recepit.
Nulla maris post haec rabidi discrimina passus,

Als diese Männer regierten, erschien, einem goldenen Stern gleich,
Um bald hell zu erstrahlen im Dunkel der Erde, ein Jüngling;
Fünfjährig war er erst, als er kam zum Kloster der Insel.
Keine Stadt, auf dem Berge erbaut, bleibt den Menschen verborgen,
Noch stellt man unter den Scheffel ein Licht: Im Flug durch die Lande
Drang auch der Ruf eines solchen Mannes zum Ohre des Königs.
Da entführte man Heito – sein Wille war's nicht – aus dem lieben
Kerker, und er, der frei war zuvor, gab hin seine Freiheit,
Ward zum Hirten der Schafe bestellt, von denen so viele
Christi Weg verließen, in irdischem Treiben verharrend.
Gottes Vorsehung war es ja, die solch einen Vater
Setzte ein, der, nach heilgen Gesetzen alles regierend,
Neu läßt erstehn, was von Grund auf zerstört, und den doppelten
Wieder behebt und zu Gottes Preis und Ehre verwandelt, [Einsturz
Denn er konnte das Innere heilen, das Äußre erneuern.
Seines Geistes Größe zu schildern, versagen die Worte;
Hell auf dem Erdkreis erstrahlte sein Licht, als begnadeter Lehrer
War er berühmt, streute heilige Saat in verwilderte Furchen,
Großzügig bot er Hilfe, war liebenswürdig und edel,
Redlich im Urteil, im Denken scharf, noch bewährter im Handeln.
Was soll ein noch längeres Lob, da mit Recht ich gestehe,
Daß ich niemanden weiß, um ihn diesem zur Seite zu stellen?
Dann aber ward er gedrängt, der Mönche Hirte zu werden;
Er, der vor kurzem noch Schüler gewesen, wurde nun Meister,
Selbst der Wächter des Kerkers; und dort, so war sein Verlangen,
Wollte den letzten Tag er erwarten, den Tod dann bezwingen
Und sich der ewigen Krone durch Christi Gnade erfreuen.
Strömten aus meinem Munde in sieben Stimmen die Worte,
Wäre mir doch nicht gegeben, von all den Taten zu reden,
Die dieser Mann in unendlicher Mühe und Arbeit vollbracht hat.
Galt es, nach Recht und Gesetz in Christi Hürden zu lenken,
Tat er es, förderte auch beharrlich des christlichen Volkes
Heil, in beständigem Frieden, gestützt auf die Hilfe des Königs.
Über das endlose, tiefe Meer zu den Fürsten der Griechen
Ward er gesandt; da warf das Schiff, an den Klippen zerschellend,
Männer und Last über Bord, doch es rettete sich und die Seinen
aus den Wellen der Bischof, da Gott ihm die schützende Hand bot.
Nicht mehr erlitt er hierauf des wütenden Meeres Gefahren,

Sed potius recto cursu fatisque secundis
Argivum responsa rato tulit ordine Francis.
Denique longa tulit postquam fastidia, coepit
Mente sub obscura refugus tractare recessum
Ordine de tanto, ne captus amore tenendi
Linqueret aeternum cui semper munus inhaesit.
Anno igitur decimo Hludowici Caesaris – atque
Bis cessere novem illius tunc ordinis anni,
Sexaginta quoque aetatis iam tempora clausit –
Morbus in exitium traxit loetale patronum.
Ille dolor dilectus erat, carissima febris,
Mors contempta, fugae haec occasio prima patebat.
Venit adoptivum redeundi in carceris antrum
Tempus, ut alterius contemplans ora iubentis,
Quod prius iniunxit, iam tunc servaret agendo.
Solvitur ex onere atque sibi subiecta refutat
Perfruiturque quiete silens feliciter exin.
Fare, precor, quicumque velis, quaesitor honoris,
Quod tibi munus erit, cuius mala fama cerebrum
Turbat et hanc famam dirissima poena sequetur.
Conspicis ecce meum dulci rumore refertum
Pro nihilo duxisse volans et inane favoris
Molle decus multumque viris miserabile iustis.
O ne magna dies damnans inhonoret, honores
Spernite, per normamque sacri resipiscite patris!
Versibus in paucis Heitonis gesta parumper
Depinxi, brevitate tamen maiora potestis
Nosse, sub invidia si mens non vestra gravatur.
Musa soror, maiora refer celerique volatu
Pange melos laudisque facem generisque latebras,
Cuius ab exortu Heitoni traditur heres!
Est famosa tribus, quae legum docta per artes
Promeruit primo populi sedisse senatu
Iudicioque bonas iusto discernere leges;
Illius e medio surgit generamine proles.
Dicitur Erbaldus, verso sermone ‹vir audax›.
Post septem denosque petit venerabilis annos
Insulanense salum, sociatur fratribus illis

Brachte dafür in glücklicher Fahrt, vom Schicksal begünstigt,
Seinem Auftrag gemäß der Griechen Antwort den Franken.
Schließlich, als er die Last der Verantwortung lange getragen,
Wollte er, innerlich schon der Welt entrückt, sich zurückziehn
Von solch hohem Amt, um aus Liebe zu irdischen Ehren
Nicht den ewigen Lohn, an dem er hing, zu verlieren.
Damals, als Kaiser Ludwig im zehnten Jahre regierte –
Achtzehn Jahre hindurch war Heito im Amte gewesen
Und vollendete nun das sechzigste Jahr seines Lebens –
Riß eine Krankheit den würdigen Abt an den Abgrund des Todes.
Jener Schmerz war ihm lieb, willkommen das Fieber, das Sterben
Hatte für ihn keinen Schrecken; zum erstenmal bot sich die Flucht ihm.
So kam für ihn die Zeit seiner Rückkehr in des erwählten
Kerkers Grotte, um jetzt, dem Befehl eines andern sich beugend,
In Gehorsam zu tun, was ehedem selbst er befohlen.
Frei war er nun von der Bürde, gab ab, was ihm einst untergeben,
Und er genoß hierauf seine Ruhe in glücklichem Schweigen.
Sage mir doch, wer immer du bist, der den Ehren du nachjagst: [sucht
Was wird der Lohn sein für dich, dessen Geist von verderblicher Ruhm-
Ständig bedrängt wird? Es folgt diesem Ruhm die schrecklichste Strafe.
Sieh, unser Mann, dem von überallher der verlockende Ruhm kam,
Schätzte die flüchtige, leere, verführende Ehre der Volksgunst
Nicht, diese Gunst, den Gerechten ein Grund zu bitterer Klage.
Drum verschmäht diese Ehren, damit nicht der Tag des Gerichtes
Euch entehre! Kehrt um nach dem Vorbild des heiligen Vaters!
Kurz hab' ich Heitos Wirken hier nur und in wenigen Versen
Euch beschrieben, doch könnt ihr auch größere Taten erkennen
Trotz dieser Kürze, wofern euer Herz nicht vom Neide beschwert wird.
Muse, Schwester, sing Höheres nun, und in eiligem Fluge
Künde dein Lied, schwing die Fackel des Ruhms und löse das Rätsel
Jenes Geschlechtes, aus dem ein Erbe für Heito entsprossen!
Ruhmvoll lebt ein Geschlecht, das, kundig der Kunst der Gesetze,
Wohl verdient hat, im ersten Senat des Volkes zu sitzen
Und mit gerechtem Urteil ihm gute Gesetze zu geben.
Jenes Geschlecht also ist's, aus dem als Sproß er hervorging;
Erbald nannte man ihn, das heißt übertragen «der Kühne».
Siebzehnjährig kam er zum See, wo unsere Insel
Liegt, dieser achtbare Mann, und gesellte sich dort zu den Brüdern;

Atque magisterio Heitonis traditur almi,
Quo monstrante sacris non parva ex parte libellis
Imbuitur; variaeque vetant ne traderet artes
Septenas curae, antiqui quas auribus indunt
Nobilium. Namque illa refert scriptura Iohannis
Ante retroque animalia sancta oculata fuisse.
Sensus adest: sic doctus homo ex ratione biformi
Ante superna videt, retro terrena cavetque.
Hac ex parte foret ne clauso lumine caecus,
Mittitur ad quendam socio comitatus abinde,
Cuius multa viret sapientia dogmate, Scottum.
Quem dixi socium carmen perquirit abundans,
Nam vitam meta et vires in morte triumphat.
   Nunc incoepta sequar, post pauca parabor ad illud.
Denique post reditum luxit perfectior actus,
Moribus ardor inest, sermone fidelis amor stat,
Fulget in ingenio verax, probus, aptus, honestus,
Norma boni, aequa fides, dilectio sancta sub illo,
Innumerisque bonis nituit, quae cuncta sub ista
Non possum brevitate sequi, ne audire recuses.
Haec Heitonis erant postquam iactata per aures,
Approbat ipse suo passim moderamine vera
Esse satis, secumque vehit per terga liquentum
Camporum, fluctusque secant Argosque penetrant,
Diximus ut supra, redeuntque Augense sub antrum.
Ergo ubi Heitonis silet argumenta potestas
Per multa alteriusque licet dum iura levare,
Iam precis arte patet curritque per ora vicissim
Erbaldo debere dari his in moenibus arcem.
Annuit ipse deus, cunctos qui mente sub una
Hoc voluisse dedit, pastori mandat alendas
In tellure, ferax quae gaudet fruge, bidentes.
Tum perfecta magis domino servire voluntas
Incubat, insignemque virum vota optima produnt.
Mentis in occulto quantum prius esse benignus
Vellet, in adiecta poteris bonitate probare.
   Dicam equidem, quid in antiquis donasse figuris
Huic agnosco deum, veteres recolendo prophetas.

Man übergab ihn der Führung des gütigen Heito, durch dessen
Weisung er große Vertrautheit gewann mit den heiligen Büchern.
Mancherlei Sorgen indes verwehrten es Heito, die Sieben
Künste zu lehren, die einst die Alten dem Ohre der Edlen
Anvertraut. Es berichtet ja jene Schrift des Johannes
Uns von heiligen Wesen mit Augen vorne und hinten.
Klar ist der Sinn: es sieht der Gelehrte durch zweifache Bildung
Himmlisches vor sich, doch Irdisches hinter sich, um es zu meiden.
Daß er auch hierfür blind nicht sei und verschlossenen Auges,
Sandte mit einem Gefährten man Erlebald hin zu dem Manne,
Dessen tiefe Weisheit durch Bildung glänzt, einem Iren.
Von dem Gefährten kündet mein wortreiches Lied: er bezwang ja
An der Wende das Leben und seine Kräfte im Tode.
  Jetzt will ich weiterfahren, doch bald mit dem Liede beginnen.
Erlebald kehrte zurück, noch heller erstrahlte sein Wirken;
Heiliger Eifer beseelte sein Tun, sein Wort treue Liebe;
Redlich war sein Sinn, er war rechtschaffen, fähig und edel,
Leitbild zum Guten, im Glauben fest, voll heiliger Liebe;
Zahllose Tugenden leuchteten auf in ihm, die so kurz ich
Alle nicht nennen kann – der Hörer würde sich weigern.
Als diese Tugenden Heito nun zu Ohren gekommen,
Fand der erfahrene Abt sie mit kundigem Blicke bestätigt
Zur Genüge; er nahm durch die Wogen der Wassergefilde
Ihn daher mit; sie durchfuhren die Fluten bis hin zu den Griechen,
Wie wir berichtet, und kehrten zurück zur Grotte der Aue.
Als dann aus mancherlei Grund die Führung Heitos ihr Ende
Fand und ein anderer Mann dieses Amt beanspruchen durfte,
War schon in aller Mund, durch die Macht des Gebetes erwiesen,
Erlebald stehe es zu, in diesen Mauern zu herrschen.
Gott selbst hat es gewollt, der es fügte, daß einmütig alle
Dies gewünscht; und er gab dem Hirten die Schafe zur Weide
Auf einer reich gesegneten Flur, die sich freut ihrer Früchte.
Da ergriff ihn noch mehr der Wille, dem Herren zu dienen,
Und sein lauteres Streben erwies des Mannes Bedeutung.
Wie im verborgenen Innern er gut sein wollte zuvor schon,
Kannst du daraus ersehn, wieviel mehr nun an Güte er zeigte.
  Künden will ich, was ihm Gott nach altem Vorbild bereitet,
Wie ich erkenne – ich greife zurück auf die alten Propheten:

Heliae successit enim venerabilis ille
Heliseus vectumque leves affatur in auras:
«Spiritus, oro, tuus mecum duplicetur», at ille:
«Grandia, nate, petis, fiet tamen ipsa voluntas.»
Maxima Heitonis nituerunt facta per orbem;
Si quid adesse potest, tamen exsuperatur ab isto,
Qui solita virtute potens pariterque benignus,
Virtutum custos, vitiis saevissimus hostis
Ex aetate fuit puerili ipsam usque senectam.
Quam pulchre et digne multumque insigniter haec res:
Vernat uterque pater vitaque graduque beatus.
Hic pater ante fuit, modo filius adstat, obaudit,
Per natumque regi proprium vult corde paterno;
Filius iste prius ductor patris esse iubetur,
Et tamen intendit, qua se sententia docti
Iam senioris agat, sequiturque per omnia pacis
Congeries, iungitque gregem concordia praepes
Pastorum, nullumque dolus, nullum ira lacessit:
Res laudanda quidem paucisque innata magistris.
Omnipotens vitae, pacis lucisque repertor
Ambobus vitam per saecula multa ministret.

Spiritus alme, veni nostraeque adiungere Musae,
Unius ut vitam praestanti fine capessam!
Perge, Camena, virum, quem supra, tolle, reliqui!
Nam Wettinus erat celebri rumore magister
Artibus instructus septem de more priorum,
Cui fortuna dedit scolis adnectier illis,
Quis gaudere solet nitida et lasciva iuventus.
Sed tamen, exterius quantum discernere nostrum est,
Moribus in castis vitam mediocriter egit
Laudibus ex hominum multas vulgatus ad aures.
Hic igitur, postquam dominus descendit ab alto
Carnis in hospitium, sexto quater atque peracto
Octingentesimo rapidis discursibus anno
Undecimoque pii Hludowici Caesaris, et dum
Sexies Octimber declinat quinque diebus –
Adfuit illa dies, quae septima in ordine constat –,

Denn nach Elias trat auf Elisäus, würdig der Ehren;
Er sprach zu dem, der empor in die leichten Lüfte entschwebte:
«Möge, so bitt' ich, dein Geist in mir sich verdoppeln!» Drauf jener:
«Großes begehrst du, mein Sohn, doch wird dein Wille geschehen.»
Heitos ruhmvolle Taten erglänzten über den Erdkreis,
Aber er wird, wenn es möglich, von Erlebald noch übertroffen,
Der durch gewohnte Tugend stark, zugleich voller Güte,
Wächter der Tugenden war, der grimmigste Feind aller Laster
Schon von der Zeit seiner Jugend an bis hinauf in sein Alter.
Und wie schön und würdig und außergewöhnlich ist dieses:
Beide Väter erstrahlen im Glück ihres Lebens und Ranges!
Dieser war Vater zuvor, nun ist er Sohn und gehorsam,
Will sich väterlich leiten lassen vom eigenen Sohne;
Jener, zuvor der Sohn, wird bestellt zum Führer des Vaters;
Dennoch strebt er dorthin, wohin ihn das Urteil des Weisen,
Des schon Älteren führt; und es folgt in allem des Friedens
Fülle, und da vereint die Herde die glückliche Eintracht
Ihrer Hirten, lockt keinen die List, reißt keinen der Zorn hin:
Lobenswert ist dies, nur wenigen Führern gegeben.
Gott, der allmächtige Schöpfer des Lebens, des Friedens, des Lichtes,
Möge beiden ein Leben durch viele Jahrhunderte schenken!

Komm, o Heiliger Geist, steh unserer Muse zur Seite,
Eines Mannes Leben und rühmliches Ende zu schildern!
Komm nun, Muse, auf den zurück, den ich vorhin verlassen!
Wetti war, wie bekannt, ein Lehrer von glänzendem Rufe,
War in den Sieben Künsten bewandert nach Sitte der Alten.
Ihn traf das glückliche Los, die Schulen zu leiten, in denen
Gern sich versammelt die feine, die ausgelassene Jugend.
Dennoch führte er, wenn nach dem Äußern wir urteilen dürfen,
Dort ein Leben mit reinen Sitten, besonnen und maßvoll,
Und der Menschen Lob über ihn kam vielen zu Ohren.
Wetti also – seit unser Herr vom Himmel herabstieg
In die Wohnung unseres Fleisches, waren vergangen
Achthundertvierundzwanzig Jahre in eiligem Laufe,
Damals regierte im elften Jahr Kaiser Ludwig der Fromme,
Schon ging mit dreißig Tagen der Monat Oktober zur Neige,
Und es war jener Tag, der als siebter die Woche beendet –

Ut sibi moris erat, quendam pro corporis haustum
Prosperitate tulit, quod tunc non solus agebat,
Adduntur socii, reliquisque salubriter actis
Ipse nova ingentes patitur gravitate dolores,
Indigesta vomens, dapibusque in corporis usus
Sumendis fastidit ali. Iam venit ab ortu
Prima dies multusque parum discesserat angor;
Tum reficit non coepta tamen fastidia linquens,
Nec tractavit in hoc ullum se ferre periclum
Mortis, ad hanc vitam quoniam cibus ille animavit.
Tertia lux oritur noctisque rotam Hesperus affert,
Colligitur mixtura virum, residetur ad escas.
Tum frater: «Non mensa placet, non pabula prosunt;
Cedo locum, compellor enim feritate doloris
Strata videre mea; haec aliam portate sub umbram.»
Tolluntur stramenta aliamque feruntur in aedem
Contiguam cellae, quam cenatum ante petivit.
   Ergo ubi membra suo componit languida lecto,
Conclausis oculis penitus dormire nequibat,
Spiritus ecce doli foribus processit apertis,
Clericus in specie, frontis latuere fenestrae,
Ut nec signa quidem parvi videantur ocelli.
In manibus tormenta gerens capitique propinquans
Magna sub ardenti complectens gaudia corde:
«Cras torqueris», ait, «meritumque rependitur omne.»
O mens orba hominum, quo te deducere caecum
Expetis et, cuius retinentur sidera septem
In palma, hunc inimicitia aversaris amara
Et, cum luce cares, tenebris circumdaris atris!
Ille feroxque rapaxque, minax, mendaxque sagaxque
Finibus insidians fundo te tinguit Averni,
At dominus si ductor erit, transmittit Olimpo.
Ille igitur dum tanta minans promittit inermi,
Turba catervatim piceum comitata magistrum
Affluxit totumque locum tetro agmine supplet,
Armati velut in bellum, curruntque per aulam
Structuri angustum poenalis carceris antrum,
Nulla relinquentes fugiendi dona pavorem.

Nahm, wie es seine Gewohnheit war, für des Leibes Gesundheit
Einen stärkenden Trunk; dies tat er jedoch nicht alleine;
Brüder waren bei ihm, und den andern bracht' es Gesundheit,
Er aber spürte wie nie zuvor gewaltige Schmerzen,
Und er erbrach sich, weigerte sich zudem voller Ekel,
Etwas zur Stärkung zu nehmen. Schon nahte von Osten der Woche
Erster Tag, die bedrängende Angst war nur wenig gewichen.
Aß er auch nun, so verließ ihn doch nicht der vorige Ekel.
Aber noch dachte er nicht, er trage des Todes Bedrohung
Schon in sich; denn es gab ihm die Speise noch Kräfte zum Leben.
So kam der dritte Tag, und der Abendstern brachte die Nacht, da
Sammelte sich der Männer Schar, man setzt sich zum Mahle. [Speise;
Wetti sprach: «Nicht schmeckt mir das Mahl, nicht bekommt mir die
Laßt mich gehn; denn es treiben mich heftige Schmerzen, mein Lager
Aufzusuchen; richtet es her unter anderem Dache!»
Also trug man die Decken weg in ein anderes Zimmer
Neben dem Raum, in den zum Essen er eben gekommen.
Als er dann den geschwächten Leib aufs Lager gebreitet,
Schloß er die Augen, doch konnte auf keine Weise er schlafen.
Siehe, der Geist des Trugs erschien bei geöffneten Türen,
Sah wie ein Kleriker aus; verborgen waren die Fenster
Seiner Stirn, nicht war zu sehn die Spur eines Auges.
In seiner Hand trug er Foltergerät, und dem Haupte sich nähernd
Sprach er, das haßerfüllte Herz voll maßloser Freude:
«Morgen wirst du gepeinigt; vergolten wird, wie du's verdient hast!»
Blinder Menschenverstand, wohin nur läßt du dich führen!
Den aber weisest du ab von dir in bitterer Feindschaft,
Der der Sterne sieben umfaßt mit der Macht seiner Rechten,
Stürzest, bedürftig des Lichts, dich selbst in gräßliches Dunkel!
Jener jedoch, voll Wut, voll Gier, voller Trug, voller Tücke,
Lauert am Ende dir auf und stößt dich hinab zum Avernus.
Doch ist der Herr dein Führer, wird er zum Olymp dich geleiten.
Wie nun jener mit solchem Drohn den Wehrlosen schreckte,
Sieh, eine Schar Dämonen, den schwarzen Meister begleitend,
Strömte herbei und füllte den Raum mit grausem Gedränge;
Waffen trugen sie wie zum Krieg, durcheilten die Halle,
Um ein enges Verlies als Kerker der Strafe zu bauen;
Keine Hoffnung ließen sie mehr, der Angst zu entrinnen.

Hic locus insinuat, Solimae quod dixit Iesus:
«Ecce dies venient et tu circumdata vallo
Laberis usque solum, gladio mactabitur infans,
Et lapis esse super lapidem hac strage vetatur.»
Urbs animam, lapides tractatus nempe figurant,
Vallus in angorem positus dinoscitur esse;
Destructor nam daemon erit, destructio finis.
Evenit hoc illi, qui notum spernit Iesum.
His actis timor ora premit, pavor occupat artus;
Spes iam nulla fuit nigram vitare catervam.
Sed divina cito advenit clementia cursu:
Viderat in cella monachos sedisse nitentes,
Forma quibus radians habitusque ignotus in arvis.
Unus ait, media quem fors in sede locavit:
«Res iniusta patet, fugite his e sedibus, hostes!
Hic homo sumet adhuc huius compendia vitae.»
His dictis, velut in vallem cum lympha minatur,
Fertur ab aspectu subitis discessibus agmen,
Cessit et anxietas, tandemque decorus in aulam
Angelus ingreditur fulgens in veste rubenti,
Gressibus assistens sermone acclamat amico:
«Te, dilecta anima, hoc momento visere veni.»
Talia dicenti recubans sermone Latino
Subdidit: «Omnipotens nostris si ignoscere culpis
Dignatur, pietatis opus perfectius auget,
Sin alias, pugno concludimur illius omnes:
Impendat, quodcumque placet, sequimurque libenter.
Nam prima sancti patriarchae fronte statuti,
Inde prophetarum collectio sancta priorum,
Sanctus apostolici demum globus ordinis omnis:
Hi genus humanum multo vexere labore;
Nunc etiam maiora petit solamina praesens
Tempus, ab hac fragili quoniam plus carne gravamur.»
Colloquio in medio rumpuntur visa duorum;
Nondum verborum, sed visus finis habetur.
Evigilat, si quisque sibi, quaesivit, adesset:
Vidit adesse duos, cunctis qui ad strata reversis
Forte domum intrabant, quorum tunc unus in ipso

Hier fällt mir ein jenes Wort, das der Herr zu der heiligen Stadt sprach:
«Einst wird kommen die Zeit, da du, eingeschlossen von Wällen,
Stürzest zu Boden, es wird dein Kind mit dem Schwerte getötet;
Keinen Stein auf dem andern wird diese Zerstörung dir lassen.»
‹Stadt› bedeutet die Seele, die Steine ihr Denken und Handeln,
Und der Wall ringsum ist Bild ihrer Angst und Bedrängnis;
Der, der zerstört, wird der Teufel sein, die Zerstörung ihr Ende.
Dies wird jenem zuteil, der Jesus kennt und verachtet.
Angst befiel Wettis Antlitz, Entsetzen lähmte die Glieder;
Jegliche Hoffnung schwand, der schwarzen Schar zu entfliehen.
Aber da nahte alsbald die Hilfe der göttlichen Gnade:
Sitzen sah er bei sich eine leuchtende Reihe von Mönchen,
Strahlend war ihre Gestalt, und fremdartig ihre Gewandung.
Einer von ihnen sprach, der Platz in der Mitte genommen:
«Unrecht habt ihr getan, ihr Feinde; fliehet von hinnen!
Diesem Manne wird noch gewährt eine Frist für sein Leben!»
Auf dieses Wort hin wich, so rasch, wie Wasser zu Tal stürzt,
Und entfloh aus den Augen die Rotte in plötzlicher Eile,
Wich auch die Angst, und nun erschien ein herrlicher Engel,
Leuchtend im Purpurgewand schritt er herein in die Halle,
Trat zu den Füßen des Mönchs und rief mit freundlichen Worten:
«Dich zu sehn bin ich jetzt, o geliebte Seele, gekommen!»
Ihm entgegnete drauf in lateinischer Sprache der Kranke:
«Wenn der Allmächtige mir die Sünden, die ich begangen,
Gnädig verzeiht, so wird er mir größtes Erbarmen erweisen;
Will er es nicht, so sei's; in seiner Hand sind wir alle.
Schicke er uns, was ihm immer gefällt; wir fügen uns willig!
Heilige Patriarchen schon in den ältesten Zeiten
Und danach die heilige Schar der alten Propheten,
Schließlich die Reihe der Männer, die zu den Aposteln gehörten,
Haben das Menschengeschlecht mit großer Mühe gefördert;
Aber unsere Zeit bedarf noch größerer Hilfe,
Werden wir ja vom schwachen Fleische mehr noch belastet.»
Mitten in ihrem Gespräch zerbrach die Schau dieses Traumes;
Worte vernahm er noch, doch das Bild entschwand seinen Blicken.
Wetti erwachte und sah sich um, ob jemand ihm beistand;
Alle waren derweil zu ihrem Lager gegangen.
Doch erblickte er zwei, die eben ins Haus zu ihm traten;

Coenobio praepostus erat, meus ipse magister,
Praecipua bonitate vigens et moribus omnes
Praecellens, latitare volens, sed notus ubique.
Repperit hunc aliumque domo consistere fratrem,
Accitisque cavas visum iaculavit in aures,
Quicquid in angusto cognovit temporis artu.
Palluit ac timuit carnisque dolore remoto
Surgit ab excubitu pronus tellure recumbens,
In patulaeque crucis distendens membra figuram,
«Iam tota virtute, viri, prece posco frequenti»,
Inquit, «adorantes veniam deposcite nobis,
Intentas formate preces, clementia magna est.»
Conspiciunt igitur tanto terrore gementem,
Cantibus insistunt palmasque ad sidera tendunt,
Cantantur septem lacrimantum carmina, necnon
Plurima psalmorum modulamina firmiter addunt,
Quae tanta anxietas sibi continuare requirit.
Tunc surrexit humo lectoque resedit anhelus,
Exposcitque legi sibi verba novissima sancti
Gregorii in scripto, quod noscitur illius esse
Dialogus, quo multa bonis documenta ministris
Construxit mortisque situs per multa serebat.
Grandis in hoc libro perlecta est lectio fratri,
Tunc ait: «Oro, patres, componite corpora terrae
Atque quiete gravem placida relevate laborem,
Et mihi quod restat spatium concedite noctis,
Corpus ut invalidum somno pascatur inani.»
    Postquam lassa suo prosternunt membra papiro
Ipseque tam diros animae carnisque labores
Dum recreare cupit, caelorum e culmine missus
Angelus albato vestitu venit amictus,
Assistens capiti, qui visum in veste priorem
Purpurea ostendit iuxta vestigia stando,
Blandaque dictorum praemittit verba suorum,
Laudat et hoc studium, quod confugisset ad almum
In precibus dominum, quod lectio sancta placebat,
Tempore quo graviter terrens angustia pressit.
«Hoc servabis», ait, «nec praetermiseris exhinc.

Einer davon war mein Lehrer selbst, der Prior des Klosters,
Der durch Tugend und reinen Wandel allen voransteht;
Will er verborgen auch sein, ist sein Ruhm doch weithin verbreitet.
Ihn sah Wetti im Hause und einen anderen Bruder,
Rief sie herbei und schüttete aus in offene Ohren,
Was in der kurzen Spanne der Zeit er erlebt und erfahren.
Bleich wurde er vor Angst, vergaß die Schmerzen des Leibes,
Raffte sich auf vom Lager und warf sich nieder zu Boden,
Breitete aus die Glieder sodann in Form eines Kreuzes.
«Betet mit ganzer Kraft, ihr Männer, und betet beständig,
Flehet», sprach er, «zu Gott, daß er mir Verzeihung gewähre;
Unaufhörlich rufet ihn an! Ist doch groß sein Erbarmen.»
Als die Brüder ihn seufzen sahen in solcher Bedrängnis,
Stimmten sie an den Gesang und erhoben die Hände zum Himmel,
Sangen zunächst die sieben Psalmen, die Lieder der Büßer,
Fügten kraftvoll hinzu noch manche Psalmmelodien,
Die solche Todesangst verlangt fortwährend zu hören.
Dann stand er auf vom Boden und setzte sich keuchend aufs Lager,
Bat, man solle ihm lesen die letzten Kapitel des Werkes,
Das als die «Zwiegespräche» des heiligen Gregor bekannt ist;
Dort hat jener manch Beispiel für Gottesdiener gesammelt,
Hat auch vieles darin vom Tod des Menschen geschrieben.
Daraus lasen sie ihm nun vor einen längeren Abschnitt,
Drauf sprach er: «Meine Brüder, jetzt geht zur Ruhe! Ihr müßt euch
Von der schweren Mühe durch sanften Schlummer erholen;
Laßt mir den restlichen Teil der Nacht, der nun noch verblieben,
Um den geschwächten Leib in traumlosem Schlaf zu erquicken!»
Als sie die müden Glieder aufs Stroh ihres Lagers gebreitet,
Wetti auch selbst nach so schrecklicher Qual für Körper und Seele
Ruhe zu finden hoffte, erschien, von den Höhen des Himmels
Hergesandt zu ihm, in weißen Gewändern der Engel,
Trat zu seinen Häupten – derselbe, der purpurbekleidet
Vorher zu Füßen gestanden und ihm die Schau eines Traumes
Hatte gebracht – jetzt sprach er ihn an mit freundlichen Worten,
Lobte auch seinen Eifer, daß er seine Zuflucht genommen
Im Gebet zum gütigen Herrn und fromme Lektüre
Sich gewählt in den Stunden, da schreckliche Angst ihn bedrängte.
«Daran halte fest», sprach der Engel, «tu künftig es immer!

Inter multa quoque est psalmus perfectior unus,
Cui virtus moralis inest, post carmina constans
Septena atque decem centumque; hunc saepe reflectes.
Lectio quo legitur psalmique canuntur aperta
Veracique fide, iocundum munus habetur,
Talis et ad dominum utiliter devotio fumat
Atque serenatum hoc placat certamine Christum.»
His igitur dictis assumens angelus idem
Infirmum duxitque via praecessor amoena.
Dum vadunt, montana vident, quae sidera tangunt,
Marmoris in specie pulchro commixta colore,
Quaeque in circuitu praecingens igneus amnis
Ambit inexhaustos tribuens intrantibus ignes.
In quo multa nimis monstrata est turba reorum,
Inque locis aliis diversas facta sequentes
Agnovit poenas multosque recumbere, dudum
Quos habuit notos; ibi maior et alter in undis
Ordo sacerdotum praefixo stipite vinctus
Terga dedit vinclis, quae curis carne superbis.
Contra quemque stetit mulier pro crimine stupri:
Fomes adulterii est consors poenalis Averni.
Tertia cum radios semper produxerit aura,
Dicuntur caedi genitalibus artubus ambo;
E quibus ille aliquos sese cognosse ferebat.
«Magna sacerdotum numero pars», angelus inquit,
«Lucra petunt terrena quibusque inhianter adhaerent,
Atque palatinis pereuntia praemia quaerunt
Obsequiis ornantque magis se veste polita
Quam radiis vitae, pomposis fercula mensis
Glorificare parant, animarum lucra relinquunt,
Deliciis ducti per scorta ruendo volutant.
Hac ratione alios neque se defendere possunt.
Peste fameque inopem possent solarier orbem,
Si tota virtute deo sua lucra referrent.
Hanc summam mercedis habent, qui talibus instant
Rebus, ut aeternam capiant in finibus iram.»
O patres, si pauca addam, ne spernite, quaeso!
Quid facit antistes? In ovile lupus ruit ullo

Unter der Psalmen Zahl ist einer besonders vollkommen,
Der eine stärkende Kraft besitzt – er folgt in der Reihe
Auf Psalm Hundertundsiebzehn – ihn überdenke du oftmals!
Wo man solches liest und in wahrem, redlichem Glauben
Anstimmt den Psalmengesang, ist Gott die Gabe gefällig;
Uns zum Heile steigen empor zum Herrn diese Bitten,
Und solch eifriges Flehn stimmt Christus milde und gnädig.»
Also sprach der Engel und nahm dann mit sich den Kranken,
Ging als Geleiter voran und führt' ihn auf lieblichem Pfade.
Berge erblickten sie auf ihrem Weg, die die Sterne berühren
Und nach Art des Marmors schimmern in herrlichem Glanze;
Rings umströmt sie ein feuriger Fluß und umschließt sie im Kreise;
Jedem, der ihn betritt, bringt er nie erlöschende Gluten.
Eine gewaltige Schar von Sündern zeigte sich drinnen,
Und bald hier, bald dort sah Wetti mancherlei Strafen
Je nach begangener Tat, und daß viele hier lagen, die lange
Er schon kannte. Auch sah er Geistliche jeglichen Ranges
Dort in den Wellen stehn; sie boten, an Pfähle gebunden,
Ihren Rücken der Fessel, die quält die Sünder des Fleisches.
Jedem vor Augen stand die Frau, die teilhat am Laster,
Zunder zu schändlicher Glut, Gefährtin der Pein in der Hölle.
Immer jedoch, wenn der dritte Tag seine Strahlen heraufführt,
Werden, so heißt es, beide gepeitscht an ihrem Geschlechte.
Einige habe er deutlich erkannt, berichtete Wetti.
«Ein beträchtlicher Teil der Geistlichen», sagte der Engel,
«Strebt nach irdischem Hab und Gut und hängt daran gierig,
Und sie suchen vergänglichen Lohn in Diensten am Hofe,
Schmücken sich mehr mit feinen Gewändern, statt leuchtendes Vorbild
Frommen Lebens zu sein; die Gänge der üppigen Tafel
Rühmen sie und vergessen, die Seelen für Gott zu gewinnen,
Fallen und wälzen, von Dirnen verführt, sich im Schlamm ihrer Lüste:
So kann keiner mehr Fürsprecher sein für sich und die andern.
Helfen könnten sie doch der Welt in Krankheit und Hunger,
Wollten sie Gott nur bringen Gewinn mit all ihren Kräften.
Den Lohn haben am Ende die, die nach solcherlei Dingen
Trachten: sie fallen zuletzt anheim dem ewigen Zorne.»
Väter, füg' ich ein Wort noch hinzu, so laßt mich gewähren!
Was tut solch ein Bischof? Der Wolf bricht ein in den Schafstall,

Non claudente fores, iacet ebrietate sepultus
Pastor. Adulterium in domini committere sponsam
Qualiter audebis? Thalamum usque inducere debes
Regis, et ipse torum prior invasisse nec horres?
Miror avaritiam sacratum pectus habere.
Cui servas? Resipisce, precor, non nascitur heres.
Quid cumulas? Non quippe tuo sub iure tulisti,
Sed sunt dona dei, quae dispensare iuberis.
Nemo bono obsistit, si rectum velle tenebis.
Quid rapis et vendis Solimorum more columbas?
Valde cave, expulsum dominus ne torqueat acris
Verberibus pompasque truci condemnet Averno!
Cur tibi magnus eris? Numerum si forte bidentum
Te recolis debere deo signare potenti,
Crebra sub occultum claudis suspiria pectus.
Si non damna doles, vercundia ducat ab igne.
Cumque videbis oves dextra – tu parte sinistra –
Esse tuas, nuper ductor nec terga sequeris
Pro cunctisque lues patiens incendia poenas.
Nolo tibi ille canat, praesul sacrate, propheta:
«Plebis erit similis stultae peccando sacerdos.»
Laus gregis esse stude et caelestia regna mereris.
   Vidit et horrendum ligni lapidisque opus illic
Materia exstructum, castelli more locatum
Ordine confuso, fumo atque vapore repletum.
Territus his frater quaerens, quis mansor inesset,
Audiit inclusam monachum pro sorte catervam
Purgandi variis patriisque locisque manentum.
Hos inter speciale tenet discrimen et unus
Frater, in inlicitum cecidit qui crimen habendi,
Secretas cumulans iniusto pondere gazas.
Roboream ille habuit, quem plumbea possidet arca
Iudicii usque diem dubio sub fine vomendum.
Hac se fraude duo primo armavere iugales
Saffira et Annanias, communis vasa pericli.
   De quo fratre prius cuidam, dum peste laborat,
Annos ante decem similis sententia visa est,
Dum raperetur in excessu, iamque illa vetustas

Keiner schließt die Tür; von Trunkenheit überwältigt
Liegt der Hirte da. Wie ein Buhler der Braut deines Herren
Frevlerisch wagst du zu nahn? Du sollst in des Königs Gemach sie
Führen und wagst es, selbst vor ihm zu besteigen das Lager?
Seltsam, daß Habgier ergreift ein Herz, das Gott sich geweiht hat!
Schätze hüten – für wen? Bedenke, du hast keinen Erben!
Schätze häufen? Doch nicht für dich hast du sie erhalten;
Gaben sind es von Gott; dein Auftrag ist, sie zu verwalten.
Wer steht dem Guten im Weg, wenn am rechten Wollen du festhältst?
Wozu fängst und verkaufst du nach Art der Händler die Tauben?
Hüte dich wohl, daß nicht mit harten Hieben dich forttreibt
Unser Herr und bestraft deinen Prunk mit den Schrecken der Hölle!
Weshalb willst du groß sein für dich? Bedenkst du nur, daß du
Vorweisen mußt dem allmächtigen Gott die Zahl deiner Schafe,
Tief wirst du dann im Herzen die vielen Seufzer verschließen.
Schmerzt die Verdammnis dich nicht, soll Scham vor dem Feuer dich retten!
Wenn du – zur Linken stehend – zur Rechten wirst sehn deine Schafe,
Kannst du ihnen, zuvor ihr Führer, nicht einmal folgen
Und mußt, duldend im Feuer, für alle die Strafen verbüßen.
Möge, geweihter Bischof, nicht jener Prophet von dir sagen:
«Gleichen wird törichtem Volk durch seine Sünden der Priester.»
Sei deiner Herde Zier, so wird der Himmel dein Lohn sein!
    Auch einen schaudererregenden Bau aus Holz und aus Steinen
Sah er dort aufgeführt, nach Art von Burgen errichtet,
Ohne Ordnung gefügt; er quoll über von Rauch und von Dämpfen.
Angstvoll fragte der Bruder, wer diese Mauern bewohne.
Eingeschlossen sei drin eine Schar von Mönchen, vernahm er,
Sich zu reinigen hier, aus vielerlei Ländern und Orten.
Dort fällt auf ein Bruder durch seine besondere Strafe:
Er war nämlich dem Laster verbot'nen Besitzes verfallen,
Häufte für sich die sündige Last seiner heimlichen Schätze.
Hatte er einst einen Kasten aus Holz, so umschließt ihn jetzt selber
Einer aus Blei bis zum Tag des Gerichts, zu fraglichem Ende.
Griff doch zu derlei Betrug zuerst jenes Paar, Ananias
Und Sapphira, Gefäß der Gefahr für die Christengemeinde.
    Schon zehn Jahre zuvor hat jemand ein ähnliches Urteil,
Als die Pest ihn befiel, über diesen Bruder vernommen,
Vor seinem Tod in Ekstase entrückt; doch längst war vergessen

Delituit, donec memores revocentur ab isto.
Ille etiam, cui nunc patuit, non audiit ante.
Indicat iste locus vitium, quod saepe notatur,
Saepius hoc monachis magis ac magis esse cavendum,
Succidique iuvat, quod tantum pondus adauget.
O monache, esse cupis, quod te iam velle negasti,
Dives opum, cui nulla patrum hoc documenta dederunt,
Sed paupertatem, cuius pars Christus habetur.
Si vendis Christum, maneat quae, cerne, gehenna!
Liquisti commune bonum furtumque peculi
Eligis: haud capies communi sorte coronam.
Tu tamen, omnipotens, proprios rege, ductor, alumnos!
His visis celsum caelo montemque propinquum
Aspiciunt; tum ductor ait: «Hac arce tenetur
Abbas, ante decem corpus qui liquerat annos.
Ventorum incursus tempestatumque furores,
Vim pluviae multumque ferens discrimen ibidem
Abluit, incauto quicquid neglexerat actu,
Laetus ut aeterni ducatur regis in aulam
Deliciasque sacrae sanctorum sedis in aevum
Obtineat, poenaque carens ubi vita sequatur.»

Angelus haec addit, quidam quod praesul eundem
Deberet precibus factisque iuvare benignis,
Ante dies multos ceu demandaverat ipsi
Legato ostensus, quem tunc per somnia ferre
Hortatur sibi dicta patri; sed episcopus ille
Esse ratus soliti mendacia inania somni
Ludendo excepit dispecto fratris amore,
Mente piger, nec corde sagax, succurrere tardus.
Vi tormentorum iam nunc succumbit amare
Sortiturque suas proprio pro crimine poenas.

Ad quem frater: «Ubi, quem dicis, clauditur?» inquit;
Dixerat: «Ex alia montis male parte tenetur.»
At nos quae paucis dedimus iam somnia verbis,
Monstramus per verba viri, qui haec ipse videbat.

Jene Warnung, die jetzt erneut ins Gedächtnis gebracht ward.
Wetti, der das nun vernahm, hatte nie zuvor es erfahren.
Dies besagt: Es müssen, da oft dieses Laster gerügt wird,
Öfter noch, mehr und mehr, davor sich hüten die Mönche,
Und es ist gut, zu beschneiden, was solche Last ihnen anhäuft.
Mönch, du begehrst zu sein – worauf Verzicht du gelobt hast –
Reich an Besitz; doch das ist nicht die Lehre der Väter;
Armut lehrten sie dich und Christus selbst als ihr Erbteil.
Wenn du Christus verkaufst, sieh nur, welche Pein dich erwartet!
Läßt du gemeinsames Gut und wählst des Eigenbesitzes
Diebstahl, so wirst du nie in Gemeinschaft die Krone erlangen.
Du aber leite, allmächtiger Herr, die Jünger, die dein sind!
Dann erblickten sie dort einen hohen Berg, der zum Himmel
Ragte empor. Der Geleiter sprach: «Auf dem Gipfel des Berges
Ist gefangen ein Abt, zehn Jahre schon fern seinem Leibe.
Wut der Winde erleidet er nun und das Tosen der Stürme,
Auch die Gewalt des Regens und mancherlei Qual; denn da oben
Läutert er sich von der Schuld, die er unbedacht hatte begangen,
Daß er freudig zum Hof des ewigen Königs gelange,
Ohne Ende dereinst die Wonnen der himmlischen Wohnung
Schauen darf, wo ein Leben, das Leid nicht kennt, ihn erwartet.»

Außerdem fügte der Engel hinzu, es hätte ein Bischof
Durch sein Gebet ihm helfen sollen, durch Taten der Liebe;
Anempfohlen hatte er dies ihm schon durch ein Traumbild
Lange zuvor, in dem er einst einem Boten erschienen,
Hieß ihn dem Vater die Worte berichten, doch sah jener Bischof
Eines gewöhnlichen Traumes Hirngespinste in all dem;
Lachend nahm er es auf, mißachtet die Liebe zum Bruder,
Matt im Geiste, im Herzen ein Tor, zu träge zum Helfen.
Unerträgliche, bittere Qualen erleidet er jetzt schon;
So erhält er die Strafe, die eigene Schuld ihm bereitet.

«**A**n welchem Ort», so fragte der Bruder, «ist jener gefangen?»
Drauf der Engel: «Er büßt an anderer Stelle des Berges.»
Aber wir, die wir kurz des Traumbilds Weisung erwähnten,
Melden sie nun nach dem Wort des Mannes, der selbst es gesehen.

«Orsus», ait, «dormire casa squalente videbam
Disposito sedisse loco, quem diximus ante,
Abbatem surasque et crura cruore fluentes.
Labitur in vocem: ‹Fili, fer dicta patrono.
Respicis hanc aedem; bini coluisse iubemur
Informem socii; duo namque lavare suescunt
His comites sese nantes in gurgite thermis

Resperguntque domum hanc loetalis pestis odore,
Ut miseri citius pellamur ab aede coloni.
Ad loca sanctorum, pete, mittat ut ille virorum,
Deposcens, quod gratis agunt, solatia ferre,
Reprimere ut possit, paries ubi nullus habetur,
Inmensum foetoris onus relevetque dolores.
Haec, mi nate, precor, non oblivisceris haec tu›.»

Post haec antistes dum cuncta ex ore ferentis
Audiit, «Haec», inquit, «fantasmata credo fuisse,
Idcircoque fidem verbis non commodo fictis.»
Credere quae renuit, haec angelus iste resignat,
Quippe quod admonitus functis incredulus extans
Auxilium conferre precis tardaret egenti,
Atque ideo propriis fruitur sine munere poenis.
Denique quod paucis visum percurrimus odis,
Ante nec audivit, qui nunc renovata revexit
Et velut ad superos imo devexit abysso.
Annuit iste locus multum pia vota mereri,
Fidere sed noli post vitae tempora solvi
Alterius per verba focos, quos colligis ipse
Actibus ex pravis. Licet intercessio purget
Crimina multorum, tamen hac securus haberi
Nemo potest, quia quo nescit sua pondere facta
Pensentur. Quapropter ego esse mihi utile dico,
Quod gessi, purgare prius; sua quemque sequentur.
Contemplatur item quendam lustrata per arva,
Ausoniae quondam qui regna tenebat et altae
Romanae gentis, fixo consistere gressu
Oppositumque animal lacerare virilia stantis;

Und er berichtet: «Ich sah im Traum eine schmutzige Hütte,
Drinnen auf seinem Platze den Abt, den zuvor schon genannten;
An den Schenkeln und Beinen gewahrt' ich, wie Blut ihm herabfloß.
Laut rief er aus: ‹Mein Sohn, überbring deinem Herrn diese Botschaft;
Richte ihm aus, daß hier – du siehst ja den Ort – wir zu zweien
In diesem Schmutz müssen wohnen, weil auch zwei Grafen gewöhnlich
Hier im heißen Bade sich waschen und schwimmen im Strudel;

Rings bespritzen die beiden das Haus mit giftigem Pesthauch,
Um uns arme Bewohner von ihrem Sitz zu vertreiben.
An die Stätten heiliger Männer soll er sich wenden,
Dort erbitten die Hilfe, die gern umsonst ihm gewährt wird;
Retten kann er uns so, wo keine Wände uns schützen,
In der Bedrängnis und lindern den schlimmen Gestank und die Leiden.
Halte dies fest, mein Sohn, laß es nicht dem Gedächtnis entschwinden!›»

Als der Bischof danach all dies aus dem Munde des Boten
Hörte, da sprach er: «Trugbilder, meine ich, sind es gewesen;
Glauben vermag ich nicht solchen Hirngespinsten zu schenken.»
Wieder enthüllte der Engel jetzt, was der Bischof verworfen,
Daß er ungläubig blieb, wiewohl die Toten ihn mahnten,
Seines Gebetes Hilfe verweigerte dem, der in Not war;
Ohne Gnade verbüßt er dafür die gebührende Strafe.
Von der Erscheinung, die wir in wenigen Versen durcheilten,
Hatte noch nie gehört, der sie nun von neuem berichtet
Und aus der Tiefe des Abgrunds empor sie gleichsam ans Licht hob.
Hier sei gesagt: Groß ist die Wirkung frommen Gebetes;
Darauf aber verlaß dich nicht, daß nach Ende des Lebens
Eines andern Gebet dir löscht den Brand, den du selber
Dir durch die Sünden entfachst! Mag auch die Fürbitte sühnen
Mancher Vergehen, so kann doch keiner sicher und sorglos
Deshalb sein: weiß doch niemand, mit welchem Gewicht seine Taten
Einst gewogen werden. Drum ist's, so meine ich, heilsam,
Vorher die Sünden zu büßen; es folgt seine Schuld einem jeden.
Nun sah Wetti auf jenen Gefilden einen, der einstmals
König Italiens war, des erhabenen römischen Volkes,
An seinem Platze stehn – er wich keinen Schritt von der Stelle –;
Ihm gegenüber ein Tier, das das männliche Glied ihm zerfleischte;

Laetaque per reliquum corpus lue membra carebant.
Viderat haec, magnoque stupens terrore profatur:
«Sortibus hic hominum, dum vitam in corpore gessit,
Iustitiae nutritor erat saecloque moderno
Maxima pro domino fecit documenta vigere
Protexitque pio sacram tutamine plebem
Et velut in mundo sumpsit speciale cacumen,
Recta volens dulcique volans per regna favore.
Ast hic quam saeva sub conditione tenetur,
Tam tristique notam sustentat peste severam,
Oro, refer!» Tum ductor: «In his cruciatibus», inquit,
«Restat ob hoc, quoniam bona facta libidine turpi
Foedavit, ratus inlecebras sub mole bonorum
Absumi et vitam voluit finire suetis
Sordibus. Ipse tamen vitam captabit opimam,
Dispositum a domino gaudens invadet honorem.»
Admonet hic hominem, qui dignis moribus horas
Has servare cupit, ne quodam crimine cuncta
Perdat et omne probum fundat vastante ruina.
Talis aquas haurit pertuso vase receptans,
Quodque diu inmisit, sorbente foramine linquit.
Est labor iste gravis, malus atque miserrimus, ex quo
Semper habet damnum, numquam mercedis honorem.
Omnibus in rebus vitam moderetur in arvis,
Qui cupit in caelis regnum retinere perenne.
Illic magnificis conspexit munera pompis
Daemonis in manibus iam praesentanda parari,
Pallia et in vasis auri argentique metallum;
Et lini obsequitur candentia fila caballus
Plurimus, hunc ornat species fulgentis habenae.
Tum rogat, haec cuius hominum de parte venirent
Quidque figurarent. Tali sermone rependit
Angelus: «Haec comitum sunt per diversa manentum
Regna soli, iniuste legalia iura regentum,
Quatenus huc ducti inspiciant, quod cuncta rapinis
Collegere avidoque minores ore vorabant.»
Nomina quorundam manifeste protulit ex his,
Dixit et haec numquam finiri dona, priusquam

Sonst aber war sein strahlender Leib verschont von der Seuche.
Ehe er dies begriff, sprach Wetti voller Entsetzen:
«**R**echt und Gerechtigkeit hat dieser Herrscher gemäß seiner Stellung
Kraftvoll, solange er lebte, gefördert, in unseren Zeiten
Auch gestärkt im Dienste des Herrn die Lehre des Glaubens;
Redlich und fromm gewährte er Schutz dem heiligen Volke,
Leuchtend stand er in dieser Welt auf ragendem Gipfel;
Recht war sein Ziel, beglückender Ruhm aber trug seinen Namen
Überall hin. Doch hier, welch schweres Los drückt ihn nieder!
Und so gräßlich leidend muß harte Strafe er dulden!
Sag mir, weshalb!» Der Geleiter sprach: «Diese Qual muß er leiden,
Weil er durch schändliche Wollust die guten Taten besudelt
Und geglaubt hat, es tilge die Menge des Guten die Lüste;
Deshalb gedachte er so in gewohnter Sünde zu leben
Bis an sein Ende. Doch wird er das selige Leben erlangen;
Freudig wird er empfangen die Ehre, die Gott ihm bestimmt hat.»
Mahnung ist er für den, der unversehrt dieses Leben
Will durch geziemenden Wandel bewahren, nicht zu verlieren
Alles durch *eine* Schuld und das Gute im Sturz zu vernichten.
Wasser schöpft ein solcher mit einem lecken Gefäße,
Alles rinnt durch das Loch, was in langer Zeit er hineinfüllt.
Mühselig ist dieses Tun, ist schlecht und elend; von ihm hat
Schaden er nur, aber nie die Ehre einer Belohnung.
Drum soll maßvoll in allem sein Leben führen auf Erden,
Wer im Himmel dereinst das ewige Reich will erlangen.
Wetti erblickte an jenem Ort in den Händen des Teufels
Reiche, prunkvolle Gaben, bestimmt für staunende Blicke:
Prächtig verzierte Tücher und Silber und Gold in Gefäßen;
Pferde, unzählige, trugen die schimmernden Decken aus Linnen,
Und sie waren geschmückt mit dem Glanz ihrer funkelnden Zügel.
Wetti fragte, aus welchen Mannes Besitze sie kämen
Und was ihre Bedeutung sei. Da erwidert der Engel:
«All das ist der Besitz von Grafen aus mancherlei Gauen,
Welche die ihnen verliehene Macht mißbrauchten durch Unrecht;
Hierher müssen sie kommen und sehn, daß durch Raub sie dies alles
Sammelten und die Schwächeren fraßen mit gierigem Maule.»
Namen brachte er vor von manchen und nannte sie offen,
Fügte hinzu, nie würden die Gaben verderben und ausgehn,

Quisque sinum in proprium praeventus morte receptet,
Quicquid ad hospitium aeternae transmiserat aulae.
Quam vero horrendo comitum sermone profanam
Intulerit vitam, nullus narrare redundat.
«Non scelerum ultores, Satanae sed habentur amici.
Illorum quidam multis stringendo periclis
Afficiunt homines, iustos damnare reosque
Iustificare viros contempta lege solentes,
Furibus adnexi vitiumque per omne sodales,
Muneribus capti, qui pro mercede futura
Nil faciunt, sed cum quaedam sub lege coercent
Debita iustitiae, furiunt pietate carentes.
Ardor avaritiae nescit concedere quicquam,
Sed totum extorquet totumque ad Tartara mittit,
Accumulans iram, cum venerit hora furoris.
Iustitiam numquam vitam quaerendo beatam
Impendunt, et quam gratis praebere iubentur,
Venalem portant, animam pro pignore dantes.»
Iudicio quosdam iam nunc succumbere dixit,
Dixerat ut dominus de non credentibus olim:
«Iudicium sumpsit, quicumque incredulus extat.»
Iam satis est dictum; felix, qui corde reservat:
Ne sit amor nummi maior quam mansio caeli.
Grandis abundantes subito comprendet egestas.
O comites, cuius comites perpendite sitis!
Christus ait: «Quicumque polum conscendere quaerit,
Debet in angusto gressum configere calle.»
Servus item mortis vestigia lata sequendo
Vergit in aeternum miseris ploratibus ignem.
Omnia mutantur, nunc tristes laeta tenebunt;
Quos gaudere libet, tristes trudentur in umbras.
Quod placet, ingredere; est melius tunc laeta tenere.
Vidit et innumeras diversa sorte phalanges
De monachis gradibusque aliis populique senatu,
De variisque locis longe patriisque remotis,
Hos gaudere hilares, illos frendere gementes:
Hos paradisus habet, discindit Tartarus illos.
His visis multisque aliis, quae scribere longum est

Ehe nicht jeder, vom Tode ereilt, selbst komme und hole,
Was er hierher gesandt zum ewigen Königspalaste.
Doch mit welch schrecklichem Urteil der Engel das sündige Leben
Dieser Grafen bedachte, kann keiner erschöpfend berichten:
«Nicht der Verbrechen Rächer sind sie, nein, Freunde des Satans!
Manche bringen die Menschen durch Zwang in arge Bedrängnis,
Sprechen gar oft Gerechten das Urteil, schuldigen Männern
Aber geben sie Recht und verachten so die Gesetze,
Schließen Dieben sich an, sind Genossen jeglicher Untat,
Durch Geschenke bestochen; für Lohn im Himmel dagegen
Tun sie nichts; doch wenn sie bisweilen Strafen verhängen,
Die das Gesetz verlangt, dann wüten sie ohne Erbarmen.
Leidenschaftliche Habgier vermag auf nichts zu verzichten;
Alles raubt sie für sich und sendet alles zur Hölle,
Wie einen Schatz häuft sie den Zorn für die Stunde des Zornes.
Niemals üben Gerechtigkeit sie, um selig zu werden,
Nein, das Recht, das unentgeltlich sprechen sie müßten,
Käuflich machen sie es und geben die Seele zum Pfande.»
Einige, sprach der Engel, verfielen schon jetzt dem Gerichte,
Wie ja einst unser Herr gesagt über die, die nicht glauben:
«Jeder, der den Glauben nicht hat, der ist schon gerichtet.»
Damit ist alles gesagt; wohl dem, der's im Herzen bewahret:
Niemals locke der Mammon dich mehr als die Wohnung im Himmel!
Unerwartet wird bittere Not die Reichen befallen.
O ihr Grafen, bedenkt, zu wessen Gefolge ihr zählet!
Christus spricht: «Ein jeder, der will zum Himmel gelangen,
Muß den schmalen Pfad mit festem Schritte betreten.»
Wer, dem Tode verfallen, die breite Straße erwählt hat,
Gleitet ins ewige Feuer hinab mit verzweifelten Klagen.
Alles wandelt sich: Wer trauert, wird Freude erfahren,
Wer seine Lust jetzt hat, wird stürzen in trauriges Dunkel.
Wähl deinen Weg! Wohl dir, wenn am Ende die Freuden du findest!
Zahllose Scharen erblickte er dort, verschiedenen Schicksals,
Mönche und Leute anderen Rangs, aus dem Rate des Volkes,
Stammend von vielerlei Orten, aus weit entlegenen Ländern,
Diese in heiterer Freude, doch jene knirschend und stöhnend;
Diese besitzt der Himmel, hinab reißt jene die Hölle.
Nach all dem und vielem, wovon zu berichten zu weit führt,

Quaeque stilus currens stricta brevitate reliquit,
Ducitur ad quaedam praepulchrae moenia sedis,
Quae naturali consistere mole ferebat –
Hoc opus inmenso nituit splendore coruscans,
Arcubus effulgens variisque ornatibus aureis,
Argentique gerens multum structura metallum
Praebuit arte oculis anaglifa pascere mentem –
Moenia, quae tantum latam longamque tenebant
Mensuram pulchrumque statum, mirabile factum,
Altaque per volucres pandebant culmina ventos,
Quantum nulla potest intentio mentis in usum
Claudere tractandi nec quis sermone fateri
Aut operi tanto veracem aptare staturam
Aut decus excellens veris disponere verbis.
Haec cernunt fratrique sacer tunc angelus illi:
«Cras migrabis», ait, «vitae confinia linquens
Terrenae; tamen interea certabimus ambo
Pro pietate preces sanctis prosternere Christi,
Ut vel parva tuis fiat concessio factis.»
Inde beatorum parili venere volatu
Sedes usque sacerdotum, quis fulgidus ordo
Captat onus meriti iugique potitur honore.
Angelus: «Hos», inquit, «secum dominator opimis
Ditavit meritis, ideo enarrare coronam
Nemo potest, qua quisque nitet, cui Christus obumbrat
Et quibus officia ornatas praebetis ad aras.
Hos rogitemus apud dominum intercedere pro te.»
Tunc pedibus venerandorum subnixus uterque
Unius illecebras precibus relevare precatur.
Nec mora, sanctorum pariter consortia surgunt
Aggressique thronum Christum petiere iacentes,
Ut potius laxare velit quam digna referre.
Tum reboat de sancta vox testudine dicens:
«Debuit exemplis multos incendere fratres,
Sed torpore madens desivit ferre laborem.»
Hinc responsa silent vocemque emittere cessant.
Angelus haec inter fraterque in parte steterunt
Eminus, et sancti sedes cum pace revisunt.

Was der eilige Griffel der Kürze halber hier wegläßt,
Ward zu den Mauern er hingeführt eines herrlichen Baues,
Von der Natur, wie er sagte, selbst gefügt und errichtet –
Hell erstrahlte das Werk in unermeßlichem Glanze,
Prachtvoll mit Bogen geziert und reich an goldenem Schmucke;
Auch des Silbers Metall trug dieses Bauwerk in Fülle,
Ließ durch den Anblick der Bildhauerkunst das Herz sich erfreuen –
Mauern, die solch gewaltiges Maß in Höhe und Breite
Zeigten – ein Wunderwerk! –, dazu so herrliche Formen,
Und ihre Giebel so hoch zu den flüchtigen Winden erstreckten,
Daß kein Sinnen des Menschenverstands es je kann erfassen,
Um zu künden davon, und niemand vermag zu beschreiben
Oder zu rühmen die wahre Größe des mächtigen Werkes
Und die erhabene Pracht mit rechten Worten zu schildern.
Als sie dies sahen, erklärte der heilige Engel dem Bruder:
«Morgen wirst du gehn, und die Grenzen des irdischen Lebens
Wirst du verlassen; derweil aber wollen wir beide voll Eifer
Um Erbarmen flehn im Gebet bei den Heiligen Christi,
Daß ein wenig auch nur deinen Taten Vergebung gewährt wird.»
Dann gelangten die beiden in gleichem Flug zu den Stätten
Heiliger Priester hin, deren leuchtende Schar der Verdienste
Reichen Lohn empfängt und unvergängliche Ehre.
«Diese», so sprach der Engel, «hat Gott mit herrlichen Gaben
Hier beschenkt, und niemand vermag zu beschreiben die Krone,
Durch die alle erstrahlen, die Christus schützend beschattet
Und die an festlich geschmücktem Altar ihr in Andacht verehret.
Laß uns diese um Fürsprache nun beim Herrn für dich bitten!»
Beide warfen sich da den Verehrten zu Füßen und baten,
Mittler zu sein, um des einen Sündenlast zu erleichtern.
Rasch erhob sich die Schar der Heiligen, trat zu dem Throne,
Warf sich nieder und wandte sich flehend an Christus, er möge
Wetti eher vergeben als nach Verdienst ihm vergelten.
Da erscholl eine Stimme vom Heiligtum her mit der Kunde:
«Mitzureißen die Brüder durch Beispiel war er verpflichtet,
Doch aus Trägheit gab er es auf, seine Bürde zu tragen.»
Dann verstummte die Stimme, kein Laut war mehr zu vernehmen.
Fern auf der Seite standen derweil der Engel und Wetti;
Und die Heiligen kehrten in Frieden zurück zu den Sitzen.

Abb. 5 Die Anbetung des Lammes und die Mauern der himmlischen Stadt. Im frühen IX. Jahrhundert entstand in der Hofschule Karls des Großen ein Evangeliar, das Ludwig der Fromme später der Kirche Saint-Médard in Soissons schenkte. Die vorliegende Darstellung vereinigt mehrere Motive aus der Apokalypse. Das Lamm mit dem Buch wird von den vierundzwanzig Ältesten angebetet (Apc 5, 8), die den Thronrat Gottes bilden. Unter diesen sieht man das «gläserne Meer, gleich Kristall» (4, 6), das das Firmament des Himmels symbolisiert; darunter in Medaillons die vier Lebewesen in den Gestalten von Engel, Löwe, Stier und Adler (4, 7 nach Ez 1, 10), die seit Hieronymus (Commentaria in evangelium Matthaei, Migne, Patrologia Latina 26, 1845, col. 19; später auch im Ezechielkommentar des Hieronymus I 1,6–8) auf die vier Evangelisten Matthäus, Markus, Lukas und Johannes gedeutet werden. Ihr Ausruf *Sanctus, Sanctus, Sanctus Dominus Deus omnipotens, qui erat et qui est et qui venturus est* findet sich in den Lücken der Architektonik und auf den Stufen unten geschrieben. Den größten Teil des Bildes nehmen die nach Art einer antiken Bühnenwand stilisierten Mauern der heiligen Stadt Jerusalem ein, die «von Gott her aus dem Himmel herabkommt»(21,10); die Phantasie des Künstlers läßt, über die Darstellung einer Stadtmauer hinausgreifend, einen palastähnlichen Bau entstehen, womit wir Walahfrids Beschreibung in den Versen 525–539 vergleichen können. Paris, Bibliothèque Nationale, lat. 8850. Originalgröße ca. 33 × 25 cm.

SCS
SCS
SCS
DNS DS

Ipse Dionisium, Hilarium sanctosque ferebat
Martinum Anianumque suas cognosse fenestras.
Qualiter agnovit, quos numquam corpore vidit?
Sed sperare datur, quod vel sermone beati
Haec ducis audiret vel quae sibi gratia cuncta
Monstrarat, quosdam faceret cognosse silenter.
   Tunc hortante iterum gressum ductore retorquent
Ad sedesque viam nitidas pressere resumptam,
Gloria martyribus quo pollet opima beatis.
Credere non poteris speciem numerumque quot essent.
«Hos», ait, «invictus tulit haec in regna triumphus,
Hos etenim terris caelesti laude tenetis,
Hos precibus commissa suis tua solvere sanctis
Poscamus.» Statimque sacra ad vestigia sese
Proiciunt, citiusque sacer consessus ab inde
Surgit et ante dei auratam prosternitur aulam,
Dimitti peccata rogans. Vox sede recurrit:
«Si, quos prava docens peccati felle fefellit
Deque via in praeceps inlex commisit abire,
Hos iterum revocat, solventur debita gratis.»
Inquiruntque modum, quo crimina solvere possit,
Qualiter ex aliis pravae miserabile virus
Doctrinae eximeret. Tum vox processit ad illos:
«Convocet hos omnes, quorum per inania mentes
Dogmata pervertit, nocuit vel in actibus umquam,
Aut quibus exemplum dicti vel praebuit actus,
Quo vitam moresque suos corrumpere possent.
Et se sternat humo dicatque per omnia sese
Esse reum, gessisse male et docuisse patenter.
Sic veniam exposcat statimque adstantibus addat:
‹Vos precor, o nati, domini per numina summi,
Per sanctosque viros›, addens, ‹animasque beatas
Caelicolasque omnes, repetat ne crimina quisquam
Haec vestrum tradatque alii faciensve docensve›.»
   En patet, alterius quantum qui polluit actus
Desipiat, vel in exemplo seu dogmate pravo.
Qui malus est, multos secum invitare suescit,
Et tamen e cunctis scelerum commercia sumet;

Sankt Dionys, Martinus, Hilarius und Anianus
Habe er dort, sagte Wetti, gesehn mit eigenen Augen.
Wie erkannte er die, die er niemals leiblich erblickt hat?
Doch die Hoffnung besteht, daß er dies durch des heiligen Führers
Worte erfahren hat oder daß im stillen die Gnade,
Die ihm alles gezeigt, die Namen mancher ihm nannte.
Wieder wandten die Schritte sie dann auf Weisung des Engels
Und betraten den Weg, der führt zu den strahlenden Stätten,
Wo den heiligen Märtyrern reiche Ehre zuteil wird.
Glauben wirst du mir nicht ihre Zahl und die Schönheit des Anblicks.
«Sie führte höchster Triumph in dieses Reich», sprach der Engel,
«Sie bedenkt ihr ja auch auf Erden mit himmlischen Ehren,
Sie laß uns nun darum bitten, mit frommem Gebete zu lösen
Deine Schuld!» Und sie fielen sogleich vor den Heiligen nieder.
Und alsbald erhob sich von dort die hehre Versammlung,
Warf sich nieder zu Boden vor Gottes goldnem Palaste,
Um Vergebung bittend. Vom Thron erscholl diese Antwort:
«Ruft er zurück, die er Falsches gelehrt, mit der Galle der Sünde
Hat betrogen und so vom rechten Weg ins Verderben
Lockend geführt, dann wird die Schuld ihm gnädig erlassen.»
Wie er, wollten sie wissen, die Schuld wiedergutmachen könne,
Wie er das elende Gift verkehrter Lehre entfernen
Könne bei andern. Darauf ertönten von drinnen die Worte:
«Alle rufe er her, deren Sinn er durch nichtige Lehren
Irregeführt oder denen er je durch sein Wirken geschadet
Oder in Wort und Tat je hat ein Beispiel gegeben,
Das ihr Leben und ihre Sitten konnte verderben.
Nieder soll er sich werfen und soll erklären, in allem
Sei er schuldig und habe schlecht gelehrt und gehandelt.
So soll er bitten um Nachsicht, sogleich auch allen verkünden:
‹Euch fleh' ich an bei der Macht des höchsten Herrn, meine Söhne,
Bei den heiligen Männern, den seligen Seelen und allen
Himmelsbewohnern: es darf diese Sünden nie wiederholen
Einer von euch und sie weiterführen in Tat oder Lehre!›»
Sieh, dies zeigt dir deutlich, wie töricht ist, wer das Handeln
Seines Nächsten verdirbt durch falsches Wort oder Beispiel.
Jeder, der schlecht ist, pflegt gar viele um sich zu versammeln,
Doch er erhält von allen den Lohn der Sünden; der Arme

Infelix sua ferre nequit, maiora requirens.
Interea a longe bini de parte steterunt;
Ecce Sebastianum magno splendore micantem
Atque Valentinum specie cognovit aperta.
Inde etiam aversi sancto ducente catervas
Virgineas adeunt, ubi splendor luce corusca
Summus adornavit nitidis consessibus ipsas.
«Sunt», ait, «hae sanctae, quarum sub honore tonantis
Nomina divinis colitis famulatibus; ipsas
Pro longa ad dominum vita praemittere praestat.»
Sic ait, et pedibus sese prosternere certant.
Protinus assurgunt citiusque ad limina pergunt
Celsa throni longam fratri deposcere vitam.
Sed prius orantes quam se prosternere possent,
Obvia maiestas Christique inmensa potestas
Elevat inclines miro splendore nitescens,
Qualis ab humanis cerni agnoscique figuris
Numquam posse datur, certant ut bella fidei.
Mitis ad adstantes Christus dat verba puellas:
«Iusta docens si recta gerat dignumque ministret
Omnibus exemplum revocans ad moenia vitae,
Quos adversa docens aeterno prodidit igni,
Tunc vester praestabit honor, quod cuncta remittam.»
O meritum sublime tuum, sanctissima mater,
Virginitas, quae casta poli terraeque supremum
Imperium retines, domino quae proxima Christo
Aeternam super astra domum inviolata locasti!
Sola quidem caelebs tantum cognomen habebit,
Et corrupta tamen si se post crimina saltim
Convertens anima ad dominum summissa recurrit,
Praemia certa manent, sed nomine in aeva carebit.
His igitur gestis facili discedere gressu
Incipiunt, itinerque suum sacer angelus istis
Prosequitur dictis: «Quantis humana volutet
Progenies vitiis, o quis narrare valebit?
Nam licet a domino numerosa peste laborans
Abscedat genus humanum factore relicto
Atque iugo Satanae sua colla gravare suescat,

Trägt seine eigene Bürde nicht, begehrt aber mehr noch!
Unterdessen standen die beiden fern auf der Seite;
Siehe, Sebastian, in lichtem Glanze erstrahlend,
Auch Sankt Valentin erkannt' er in klarer Erscheinung.
Wieder wandten sie sich und gelangten durch Führung des Engels
Hin zu der Jungfrauen Scharen. Es schmückte mit strahlendem Lichte
Hellster Glanz sie dort auf ihren schimmernden Thronen.
«Heilige Frauen», so sprach der Engel, «sind dies, deren Namen
Ihr zu des Höchsten Lob im Gottesdienste verehret.
Senden wir sie zum Herrn, langes Leben dir zu erbitten!»
Sprach's, und eilends warfen sich beide den Frauen zu Füßen.
Gleich erhoben sich diese und schritten rasch zu der hohen
Schwelle des Throns, um für Wetti um langes Leben zu flehen.
Aber noch ehe sie bittend zu Boden werfen sich konnten,
Trat die Hoheit und Allmacht Christi ihnen entgegen,
Richtete auf die Gebeugten, in herrlichem Glanze erstrahlend,
Wie er in menschlichen Bildern nie erkannt und gesehen
Werden kann – um dies wird in Glaubenskämpfen gestritten.
Huldvoll sprach der Herr zu den Jungfraun, die vor ihm standen:
«Wenn er nun richtig lehrt und handelt und allen ein rechtes
Beispiel gibt und sie so zu den Werken des Lebens zurückruft,
Die er durch falsche Lehre dem Feuer, dem ewigen, preisgab,
Wird eure Ehre erwirken, daß ich ihm alles erlasse.»
Dein erhabnes Verdienst sei gepriesen, heiligste Mutter,
Deine Jungfräulichkeit! Du hast, o Reine, im Himmel
Und auf Erden die höchste Macht, die du Christus am nächsten
Über den Sternen unversehrt hast Wohnung genommen.
Nur eine Jungfrau kann diesen Ehrennamen erlangen;
Wenn eine Seele, die sich befleckt hat, nach ihren Vergehen
Demütig sich bekehrt und sucht beim Herrn ihre Zuflucht,
Bleibt ihr sicherer Lohn, doch den Namen verliert sie auf immer.
Als dies nun geschehn, gingen leichten Schritts sie von dannen,
Und es begleitete seinen Gang der heilige Engel
Mit den Worten: «In welcher Zahl von Lastern sich wälzet
Das Geschlecht der Menschen, ach, wer vermag das zu sagen?
Mag sich auch dieses Geschlecht, das an zahllosen Krankheiten leidet,
Noch so sehr von seinem Herrn und Schöpfer entfernen
Und dafür mit des Satans Joch seinen Nacken beschweren,

Nulla tamen tanto peccata furore creator
Vindicat offensus, quam quae contraria constant
Naturae, quod quisque nefas vitare laboret.
Quapropter cunctos nimium certare necesse est,
Ne subeat mater scelerum Sodomita libido
Et templum domini mutetur in horrida nigri
Serpentis delubra, quibus se degere gaudet.
Sordida non tantum hic morbus contagia praebens
Inficit alternas, maribus dum turpiter instat,
Commaculatque animas ardente cupidine stupri,
Verum multiplici thalamum violare iugalem
Adsolet inluvie, rabiem dum quique sequentes
Luxuriae instinctu violenti daemonis acti
Naturae concessa suis stimulante relinquunt
Coniugibus luxu licitumque in stupra calorem
Vertentes Satanae incedunt hostile lupanar.
Unde tibi iubeo auctoris de nomine nostri,
Ista palam referens ut clara voce revolvas
Nec celare velis, quantum discrimen adhaeret
Esse subinductas mulieres pluribus aptas.
Tempore nam quanto tam foedis sordibus instant,
Non capiunt aditus caeli vitamque beatam.»
O quicumque malis cupimus nos subdere tantis,
Incidat in mentem tormenti poena futuri!
Dulcis enim est animo carnique insana voluptas,
Durior heu miseri gravibus plangoribus ignis
Tunc veniet, cum finis erit, qui quemque sequetur.
Quaeso, probare velis, digitum si ferre per ignem
Hunc facilem possis; certe sufferre recusas.
Qualiter aeternum tota cum mole calorem
Corporis incedis, quo vermis et ignis in aevum
Consistunt vitiisque vicem dant omnibus atram?
Tunc Wettinus ait: «Domine, haec proferre pavesco;
Vilis enim persona mihi est nec congruit isti
Indicio, quod ad humanas transmittitur aures.»
Angelus e contra magnam promotus in iram
Incusat: «Quod summa dei sententia iussit,
Non audes proferre pigro torpore retentus?»

Straft doch keine Sünde mit solchem Zorne der Schöpfer,
Wird er vom Menschen gekränkt, wie jene Schuld, die sich richtet
Gegen die Natur; diesen Frevel meide ein jeder!
Deshalb müssen alle mit ganzer Kraft darum ringen,
Daß nicht Sodomie, die Mutter der Laster, sich einschleicht
Und der Tempel des Herrn sich wandelt zur greulichen Stätte
Jener schwarzen Schlange; mit Freuden nimmt sie dort Wohnung.
Diese Krankheit vergiftet nicht nur mit verderblichem Einfluß,
Wenn sie in schändlicher Weise die Männer befällt, ihre Seelen
Und befleckt sie beide durch brennende Gier nach der Unzucht,
Nein, das eh'liche Bett zu entehren in vielfacher Schande
Pflegt sie gar oft, wenn solche, dem geilen Drange nur folgend
Und vom teuflischen Stachel des wilden Dämons getrieben,
Das, was doch der Natur gewährt durch Besitz ihrer Frauen,
In ihrer Gier verschmähn und erlaubte Glut und Erregung
Zuchtlos mißbrauchen und so das Bordell des Teufels betreten.
Drum gebiete ich dir im Namen unseres Herren,
Daß du offen all dies mit lauter Stimme verkündest,
Ebenso nicht verschweigst, mit welcher Gefahr es verbunden,
Wenn einer heimlich die Frauen holt, die für viele bereit sind.
Denn solang man verharrt im häßlichen Schmutz dieses Lasters,
Ist der Zugang zum Himmel verwehrt und das selige Leben.»
Jeder von uns, der sich solchen Lastern will unterwerfen,
Soll die Strafe künftiger Qual im Geiste bedenken!
Süß nämlich ist für das Herz und den Leib die maßlose Wollust;
Ach, nur zu hart wird unter den Klagen des Armen das Feuer
Dann ihm nahn, wenn das Ende kommt, das jeden erwartet.
Bitte, versuche doch nur, ob den Finger du durch das Feuer
Führen kannst leichthin! Es zu dulden wirst du dich sträuben!
Wie wirst du dann mit der ganzen Last deines Leibes betreten
Jene ewige Glut, wo Wurm und Feuer auf immer
währen und jedes Laster mit gräßlicher Strafe verfolgen?
Da sprach Wetti: «O Herr, ich fürchte mich, dies zu verkünden;
Denn gering ist meine Person, nicht reichen die Kräfte,
Um diese Botschaft hin zu den Ohren der Menschen zu bringen.»
Aber der Engel wies, erregt zu mächtigem Zorne,
Wetti zurecht: «Was der Spruch des höchsten Gottes befohlen,
Wagst du nicht zu verkünden, von dumpfer Trägheit gehindert?»

Abb. 6 Die Wiederkunft Christi. Wandmalerei auf der Außenwand der Westapsis im Obergeschoß der Vorhalle von St. Georg in Reichenau-Oberzell; um 1050/60. Dargestellt ist die Wiederkunft Christi (nach Mt 24, 30sq.): In der Mitte thront Christus in der Mandorla und weist voll Hoheit und Erbarmen den Auferstehenden seine Wundmale als Unterpfand der Erlösung. Zu seiner Linken hält ein Engel das Kreuz, gegenüber steht Maria als Fürbitterin. Auf beiden Seiten schweben Engel; die äußeren verkünden mit der Posaune die Endzeit, die mittleren tragen die Leidenswerkzeuge des Erlösers. Es folgt die Reihe der sitzend dargestellten zwölf Apostel. In der unteren Bildzone sind über den beiden sich in die Kirche öffnenden Biforienfenstern die Auferstehenden erkennbar, unter ihnen ein Priester, der mit beiden Händen, die von einem Velum bedeckt sind, den Kelch emporhebt und so dem in Herrlichkeit wiederkehrenden Herrn huldigt.

Abb. 7 Sieg der Pudicitia über die Sodomita Libido. Aus einer um 900 auf der Reichenau entstandenen Handschrift (Burgerbibliothek Bern, Cod. 264, p. 71), die die Psychomachia des Prudentius (IV./V. Jahrh.) enthält, eine allegorische Dichtung über den Kampf zwischen Tugenden und Lastern. Vor der Pudicitia, der Keuschheit, die eine Rüstung nach antiker Art trägt, liegt ihre Gegnerin, die Sodomita Libido, zusammengebrochen am Boden, um sie herum verstreut ihre Fackeln, mit denen sie die Pudicitia angegriffen

hat; sie sind das Sinnbild brennender Gier und zugleich des Brandes von Sodom (cf. Gn 19). Die Bewegung des rechten Armes der Siegerin verdeutlicht, wie sie durch das Schleudern eines Steins die Libido zu Fall gebracht hat. In seinen Versen 635–671 läßt Walahfrid wiederholt die Schilderung dieses Kampfes (Psychomachia v. 40–108) anklingen. – Zur Entstehung der Handschrift auf der Reichenau W. Berschin, *Zeitschrift für die Geschichte des Oberrheins* 155, 2007, p. 8sq.

Tum satis admonuit proprios componere mores
Atque suam radiis vitam inlustrare beatis,
Adiungens: «Ego sum, qui te servare iubebar,
Angelus et custos rerum persisto tuarum.
Quem scriptura vetus Samsonem vulgat in orbem,
Huius in auxilio semper mansisse solebam,
Et miranda favente deo complevimus ambo.
Quem mandante deo primo comitabar ab ortu,
Donec per Dalilam in domini procurreret iram,
Venderet et scorto auctoris sacra munera Christi;
Quo scelere infectus dominumque deumque reliquit.
Tunc ego discessi vitiis offensus ab illo.
Ergo puer bene castus eras, mihi quippe placebas;
Sed postquam propriis coepisti vivere votis,
Displicuit tua vita mihi, nam pravus abisti.
Nunc iterum placido temet complector amore
Merentem lacrimis et toto corde reversum.»
Caelicolas hominum custodes esse sacrata
Scripta ferunt, dominusque docens ostendit Iesus
Ante patris faciem stantes servare fideles,
Atque liber pastoris opem demonstrat eandem.
«Coenobiis etiam monachorum valde monendum est»,
Angelus adiunxit, «vitii ut radicibus omnis
Abscisis vireant virtutum germina pulchre.
Maior enim numerus mundanis rebus adhaeret,
Quam qui se stimulante deo monitisque supernis
Haec ad castra ferant vitamque fideliter ornent.
Nescit enim carnalis homo, quod spiritus almi est.
Viribus idcirco totis certare necesse est,
Carnalis ne turba premat sacra dogmata vitae,
Pondere neu scelerum frigescat pignus amoris
Aeterni, qui plura tenet spe pectora sancta.
Vulnus avaritiae medicamina sancta repellant,
Qua dominante humilis fit nemo in nomine Christi,
Unde polum penetrare potest, cui cura subintrat.
Ingluviem vitare cibi potusque monemus;
Sufficiens et parva quidem sit pensio victus.
Optimus usus aquae, dedit hanc natura bibendam.

Eindringlich mahnt er ihn dann, sein eigenes Leben zu ordnen
Und seinen Wandel im Strahl des himmlischen Lichts zu erleuchten,
Fügte sodann hinzu: «Gesandt bin ich, dich zu behüten,
Und über all deinem Tun steh' ich als schützender Engel.
Einst stand Samson ich bei, dessen Name über den Erdkreis
Machte bekannt die Alte Schrift, als treuer Begleiter,
Und mit Gottes Gnade vollbrachten wir herrliche Taten.
Ihn begleitete ich auf des Herrn Geheiß schon zu Anfang,
Bis er durch Dalilá Gottes Zorn sich zuzog und hingab
Dieser Dirne die heiligen Gaben Christi, des Schöpfers.
So durch Frevel befleckt, hat Gott, seinen Herrn, er verlassen;
Damals ging ich von ihm fort, weil seine Laster mich kränkten.
Du warst als Knabe ja auch von reinen Sitten, gefielst mir;
Aber seitdem du begonnen nach eigenem Willen zu leben,
Stieß dein Wandel mich ab, denn auf Irrwege warst du geraten.
Doch umfasse ich jetzt mit sanfter Liebe dich wieder,
Weil du dich reuig gezeigt und von ganzem Herzen bekehrt hast.»
Himmlische Wesen treten als Schützer den Menschen zur Seite
Nach den Worten der Schrift, und Jesus lehrt, daß die Engel
Vor des Vaters Angesicht stehn und die Frommen behüten;
Gleiches berichtet uns auch das Buch, das «Der Hirte» genannt wird.
«Eindringlich mahnen müssen wir auch die Klöster der Mönche»,
Fügte der Engel hinzu, «die Wurzeln jeglichen Lasters
Auszurotten, auf daß der Tugenden Schößlinge grünen.
Eine größere Zahl nämlich hängt an weltlichen Dingen,
Wenige kommen auf Gottes Ruf und Weisung von oben
Her in dies Lager, ihr Leben zu weihn im Dienste des Glaubens;
Denn der fleischliche Mensch kennt nicht das Wirken des Geistes.
Daher gilt es nun, mit allen Kräften zu kämpfen,
Daß jene Masse nicht die Lehren des Lebens verdränge
Und durch der Laster Gewicht erkalte der ewigen Liebe
Pfand, die viele Herzen erfüllt mit heiliger Hoffnung.
Heil'ge Arznei soll vertreiben die Wunde der Habgier; denn wird sie
Mächtig, dann findet keiner in Christi Namen zur Demut,
Die den Himmel denen erschließt, deren Sinn danach trachtet.
Ungezügelte Gier bei Speise und Trank müßt ihr meiden;
Auch ein kleines Maß an Nahrung mag euch genügen.
Bestes Getränk ist Wasser; das gab die Natur uns zu trinken.

Tegminis ornatus mutetur, ut algida tantum
Frigora depellat nudosque ut contegat artus.
Mens humilis vigeat, studiis non perdita fictis,
Deserat et totam perversa superbia mentem.
Nam quidam flexa placidi cervice videntur,
Erecto sed corde tument falsique probantur.
Pulcher apostolicae vitae pervertitur ordo,
Cum vitiis variis virtutum iura premuntur;
Et dum sub specie pietatis culpa subintrans
Assidue crescens proprio retinetur in usu,
Iam velut ex lege ad iustos describitur actus.
Idcirco occiduis homines in partibus huius
Ordinis instruimus, quos Gallica rura tenere
Novimus, et cunctos, quos haec Germania gignit,
Pauperiem ut veram devota mente sequantur,
Ianua ne caeli contra claudatur eosdem
Indeque depulsi pereant sub faucibus ignis,
Qualiter omnipotens hominum sator atque creator
Per me terribili cunctis sermone remandat.»
Haec satis esse videns illis nihil addere possum,
Qui vitae meritis debent praecellere cunctos,
Qui mundum fixisse sibi mundoque refixi
Famantur, quod quippe deo promisimus omnes.
Scimus enim documenta patrum finesque viasque,
Cottidie crepitant librorum verba per aures.
Inpugnat mundus; felix, qui fugerit illum
Et post terga oculum qui mittere vitat in aevum.
Quantaque femineis nascantur damna catervis,
Quae servire deo monachorum more suescunt,
Angelus exponens: «Quam plurima daemonis», inquit,
«Lucra virent lucrumque dei tepor occupat ingens
Ordine confuso! Mulier dum mortua vivis
Praefertur – quia deliciis viduata marito
Sufficiens functa est, prohibent quam vivere gazae –
Subiectae et vivae mortis confinia sumunt,
Dum factis perversa suis exempla sequuntur.
Sic perduntur opes, quas congessere fideles
Ad conservandum ius virginitatis honestae;

Eurer Gewänder Pracht muß sich ändern! Es soll ja das Kleid nur
Wehren dem eisigen Frost und des Leibes Blöße bedecken.
Demut herrsche bei euch, durch keine Falschheit verdorben,
Ganz muß schwinden aus eurem Sinn der törichte Hochmut!
Denn so manche erscheinen sanft und beugen den Nacken,
Innerlich aufgebläht voller Stolz und als Heuchler befunden.
Denn verfälscht wird die herrliche Ordnung mönchischen Lebens,
Wenn durch vielerlei Laster der Tugenden Rechte bedroht sind;
Und wenn unter dem Schein der Frömmigkeit Sünde sich einschleicht,
Drauf beständig wächst und wird zur festen Gewohnheit,
Wie durch Gesetz wird sie dann zu den guten Taten gerechnet.
Deshalb tun wir kund den Menschen in westlichen Ländern
Dieses Standes, all denen, die Galliens Lande bewohnen,
Sämtlichen Mönchen auch, die von hier, aus Germanien, stammen:
Demütig sollen sie sich um wahre Armut bemühen,
Daß sich nicht die Pforte des Himmels vor ihnen verschließe
Und sie, verstoßen, zugrunde gehn im Schlunde des Feuers!
Solches läßt der allmächtige Vater und Schöpfer der Menschen
Allen hier durch mich mit drohenden Worten verkünden.»
    Dies genügt, und mehr kann ich nicht zu denen noch sagen,
Die durch ihr frommes Leben den andern sollten voraus sein
Und von denen es heißt, sie hätten die Welt sich gekreuzigt
Und von ihr sich gelöst, was wir Gott ja alle versprochen.
Kennen wir doch der Väter Lehren, Ziele und Wege,
Tönt doch täglich an unser Ohr das Wort ihrer Schriften.
Feindlich ist diese Welt; drum selig, wer ihr entflohen
Und für immer es meidet, die Blicke rückwärts zu wenden.
    Welch gewaltiger Schaden entsteht bei den Scharen der Frauen,
Die nach Art der Mönche dem Dienst an Gott sich gewidmet,
Legte der Engel dar: «Es gedeihn die Geschäfte des Teufels
Allzusehr, und Gottes Besitz lähmt schreckliche Lauheit,
Ist die Ordnung gestört; und gilt die Frau, die schon tot ist,
Mehr als die lebende – denn eine Witwe, die den Genüssen
Nachgeht, ist schon tot, zu leben verwehrt ihr der Reichtum –,
Stehn ihre Schützlinge lebend schon im Banne des Todes,
Wenn sie bei ihrem Tun nach verkehrtem Beispiel sich richten.
So werden Güter vertan, die die Gläubigen haben gesammelt,
Um diesen Stand der edlen Jungfräulichkeit zu erhalten;

Accipit has sitiens labentia gaudia mundi
Inque voluptatem fert sobria dona nefandam.»
Vivit enim virgo, mortem scelerosa subibit.
Denique iam viduae capiunt dum iura regendi,
Subvertunt pravo iustam molimine vitam.
Sordibus e solitis paucae se demere possunt,
Sed neque concubitu quaedam cessare probantur:
Sic seducta cohors sequitur per cuncta magistram.
O princeps, qui tale malum iunxisse videris,
Da castis castas, aliud viduata receptet!
Non equidem prodest multorum perdere mores.
Creditur, en, mulier melior quam masculus esse:
Accipit illa gradum; raro est lex ista virorum,
Ut nupto citius dentur loca sancta regenda.
Confusum natura modum discernere poscit.
Frater item quaerit, ubi dogmatis illa moderno
Staret apostolici perfecta in tempore norma.
«Partibus ex aliis salsi maris», inquit, «habetur
Ille rigor veterumque viget constantia patrum,
Qui paupertatem variis sine rebus adepti
Terreni nihil inquirunt, quod vota retardet,
Sicque penetrantes caelorum regna capessunt.»
Felices patriae, quarum de caespite surgunt
Optima gemmarum caelo ornamenta nitentum,
Auxilium patriae, meriti decus, orbis honestas!
His dictis iterum verbum sacer angelus infert
Crimine de veteri, Sodomae quod rura necavit.
Cetera namque semel vitia execranda monebat;
Hunc autem morbum mores animasque nocentem,
Daemonis instinctu naturam perdere promptum
Quinquies admonuit aut amplius esse cavendum.
Tum frater rogitat, numerus cur tantus obiret
Pestis in exitio plebis populique fidelis.
«Haec», ait, «ex factis homines commercia pravis
Accipiunt, damnatque reos sententia grassans
Significatque diem mundo properare futurum,
Terminus ut tandem ponatur in ordine saecli.»
Ecce, dies veniet, nostrum sit quisque paratus;

Sie nimmt die Frau, die nur lechzt nach der Welt vergänglichen Freuden,
Und verschwendet zu gottloser Lust der Enthaltsamkeit Gaben.»
    Denn die Jungfräuliche lebt, die Lasterhafte wird sterben.
Wenn also Frauen, die Witwen sind, die Führung erhalten,
Richten sie frommen Wandel durch sündiges Treiben zugrunde.
Können doch wenige nur von gewohnten Lastern sich lösen,
Manche, so zeigt sich, kann auch nicht den Beischlaf entbehren:
So verführt, wird die Schar in allem der Meisterin folgen!
    O mein Kaiser – bewirkt hast *du* doch wohl diesen Mißstand –,
Gib den Reinen Reine, und andres erhalte die Witwe!
Nutzen bringt es ja nicht, den Sitten vieler zu schaden.
Sieh, da glaubt man, die Frau sei besser noch als die Männer:
Sie erhält diese Würde! Bei Männern gibt es das selten,
Daß trotz Heirat einer regiert an heiligem Orte.
Hier verlangt die Natur, das Gestörte wieder zu ordnen!
    Wo denn, fragte der Bruder den Engel, in unseren Zeiten
Jene Norm apostolischer Lehre wirklich erfüllt sei.
«Dort an des salzigen Meeres anderer Seite, da hält man
Fest noch an jener Härte und gilt noch die Strenge der Väter,
Die sich ohne vielerlei Habe die Armut erkoren,
Die nichts Irdisches suchen, das nur ihrem Ziele im Weg steht,
Und so Einlaß finden im Himmelreich und es besitzen.»
Glücklich sind die Lande, auf deren Auen entspringet
Solcher Knospen herrliche Pracht, eine Zierde des Himmels,
Hilfe dem Land, der Tugenden Glanz, eine Ehre dem Erdkreis!
    Wieder begann danach der heilige Engel zu sprechen
Über die alte Schuld, die Sodoms Land hat vernichtet.
Einmal gelte es nur zu verfluchen die anderen Laster,
Aber vor dieser Krankheit, die Sitten und Seelen verderbe
Und durch teuflischen Trieb die Natur des Menschen zerstöre,
Müsse man, mahnte der Engel, sich fünfmal hüten und öfter.
    Nun aber fragte der Bruder, weshalb so viele im Volke
Und aus der Gläubigen Schar den Tod durch die Seuche erlitten.
«Für ihr sündiges Treiben empfangen», sprach er, «die Menschen
Solchen Lohn; hart trifft und verdammt die Sünder das Urteil,
Kündigt auch an, daß für diese Welt der Tag schon herannaht,
Daß ein Ende werde gesetzt dem Laufe der Zeiten.»
    Sieh, es wird kommen der Tag, ein jeder von uns soll bereit sein,

Ecce, venit dominus, nostros ut congreget actus.
Iam vigilare decet, veniens ut quemque coronet.
Praecipue admonuit divinis laudibus omnes
Conatu servire bono studioque sagaci,
Praecipiens, ut nemo gravi torpore subactus
Neglegat assiduas domino persolvere laudes
Ecclesiaeque decus celebretur ut ordine sancto.
Sollicitus propriam quaerit quicumque salutem,
Haec agat et sese poterit subducere flammis;
Non eget his dominus, sed nos, ut agamus, egemus.
Quin etiam quondam comitem sacer ille Geroldum
Angelus asseruit requiem captasse beatam
Martyribusque parem, quo gloria summa beatis
Civibus aeternae reddit dulcedinis haustum.
Et «Quoniam zelum domini conceperat», inquit,
«Gentibus infidis Christi defendere plebem
Congrediens huius sumpsit dispendia vitae,
Aeternis ideo meruit fulgere trophaeis
Munera perpetuae capiens ingentia vitae.»
Hic vir in hac patria summa bonitate nitebat,
Moribus egregius, verax, mansuetus, honestus;
Cui regina soror Hludowici cara genetrix
Hildigardis erat, parili bonitate venusta,
Viribus ille potens sanctoque potentior actu.
Defuerat soboles, pariterque et defuit heres;
His igitur verbis sese compescere coepit:
«Denegat heredem dominus, manet ipse superstes.
Quod dedit, accipiet: Mariae commendo beatae.»
Sic votum factis sequitur, magis omnibus isti
Profuit ille loco, cuius nitet Augia donis.
Bella movet Karolus duros tum Caesar in Hunos;
Hoc cecidit bello, populo certante, Geroldus.
Tunc dominum famuli lacrimis sumpsere refecti,
Hucque reportatum tam longa per avia corpus
Insulanensis humus contexit in aede Mariae.
Haec et plura videns, numerum quae paene recusant,
Quae festina manus currens intacta reliquit,
Experrectus item, iam caeca silentia noctis

Siehe, es kommt der Herr, um unsere Taten zu sammeln;
Jetzt schon gilt es zu wachen, soll jedem er bringen die Krone!»
Eindringlich mahnte er, alle sollten mit redlichem Eifer,
Mit stets wachem Bemühn dem Preise Gottes sich widmen,
Und er befahl, daß keiner, von dumpfer Trägheit bezwungen,
Je vergesse, dem Herrn ohne Unterlaß Lob zu erweisen,
Auch die Feste der Kirche nach heiliger Ordnung zu feiern.
Wer auch immer von uns um das Heil seiner Seele besorgt ist,
Soll dies tun, denn so kann er sich den Flammen entziehen;
Gott braucht all dies nicht, diese Bräuche brauchen wir Menschen!
Auch erklärte der heilige Engel, daß Gerold, der einstmals
Markgraf gewesen, habe erlangt die selige Ruhe,
Märtyrern gleich, an dem Ort, wo den seligen Himmelsbewohnern
Höchste Ehre gewährt, die ewigen Wonnen zu kosten.
«Dieser erlitt, weil heiliger Eifer für Gott ihn ergriffen,
Christi Volk zu beschützen, im Kampf mit heidnischen Völkern
Seines irdischen Lebens Verlust», erklärte der Engel;
«So verdient er den Glanz eines unvergänglichen Sieges,
Und als reichen Lohn erhielt er das ewige Leben.»
Gerold glänzte durch größte Tugend in unserem Lande,
Stach durch sein Wesen hervor, liebte Redlichkeit, Milde und Ehre;
Ludwigs teure Mutter, die Königin, war seine Schwester,
Hildegard, liebenswert durch gleiche Tugend und Güte.
Er war gewaltig an Kraft, noch stärker durch heilige Taten.
Nachkommen hatte er nicht, es fehlte desgleichen ein Erbe;
Also begann er, in diesen Worten Tröstung zu suchen:
«Einen Erben verweigert mir Gott, doch er selbst bleibt lebendig;
Was er mir gab, sei ihm wiedergeschenkt: ich weih' es Maria!»
Seinem Gelöbnis folgte die Tat: er half mehr als die andern
Dieser Stätte; durch seine Gaben erglänzet die Aue.
Als dann Kaiser Karl die schrecklichen Hunnen bekriegte,
Fiel bei diesem Kampf der Markgraf im streitenden Volke.
Drauf, nach vielen Tränen gefaßt, brachten hierher die Diener
Ihren Herrn auf weitem, beschwerlichem Weg. Seinen Leichnam
Deckt der Boden der Insel nun in der Kirche Mariens. –
Als er dies und mehr noch gesehn, was man kaum könnte zählen,
Was die eilige Hand hat unangetastet gelassen,
Wachte der Bruder auf. Es vertrieb der Bote des Lichtes

Nuntius excussit lucis resonando per aedes.
Fratribus accitis, quos pernoctasse videbat
Excubiis secum, trepidans multoque timore
Permotus cecinit narrans ex ordine visum
Secretumque latens avidas effudit in aures,
Poscit et, ut veniens sermones protinus ipsos
Abbas excipere et scripto mandare iuberet.
Talibus adstantes compescunt verba loquentis:
«Nunc solito fratres meditantur in ordine noctis
Incumbuntque preci, nunc claustra silere necesse est;
Non audemus enim nos haec turbare vel illi.»
«Vos», ait, «interea molli depingite cera,
Ut fulgente die citius manifesta patescant,
Ne lingua torpente palam depromere visa
Non possim, quae tam grandi sub mole minarum
Sunt iniuncta mihi manifesta voce canenda
Et cunctis liquido citius dicenda boatu,
Ut timeam, si forte tacens dimisero quicquam,
Me veniam nec habere gravi stringente reatu.
Ultima virgineae turbae intercessio memet
Liquit in ancipiti positum, nam nescio qualem
Implorasse deo vitam praestante putemus,
Utrum perpetuam vel temporis huius amaram.
Si mihi defuerint praesentis commoda vitae,
Ecce procul dubio mortem cras corpus habebit;
Dux meus haec dixit, cuius mihi sponsio certa est.»
His igitur verbis fratres hortatus eosdem
Expediens iterum iam dicta retexere coepit,
Illi continuo tabulae impressere liquenti.
Laudibus interea domini iam rite peractis
Abbas adveniens aliis comitantibus intrat,
Nam solitus compellit amor refovere iacentem.
Assistunt propius, secretum infirmus adoptat.
Discedunt reliqui, remanent ibi quinque sedentes:
Primus erat Heito, Erlbaldus fuit inde secundus,
De quibus in primis modicas conteximus odas,
Tertius ipse iacens sapienti corde magister.
Quartus erat senior multis provectus in annis,

Schon das finstere Schweigen der Nacht, weit hallte sein Krähen.
Jetzt rief Wetti die Brüder herbei, die diese Nacht bei ihm
Hatten gewacht; durchbebt von gewaltiger Angst und noch zitternd
Kündet er ihnen der Reihe nach die Schau seines Traumes,
Schüttete sein Geheimnis aus in lauschende Ohren,
Wollte auch rufen den Abt, er möge sogleich zu ihm kommen,
Um seine Worte zu hören und niederschreiben zu lassen.
Ihn zu beschwichtigen suchten die Mönche dort mit den Worten:
«Nach der Ordnung der Nacht obliegen jetzt der Betrachtung
Und dem Gebete die Brüder, im Kloster muß Stille nun herrschen;
Wir und auch jene wagen es nicht, diese Ordnung zu stören.»
«Schreibt derweil *ihr*», sprach Wetti, «auf weichem Wachse es nieder,
Daß bei Anbruch des Tags es rascher dargelegt werde;
Könnte ich ja, wenn die Zunge erstarrt ist, niemals mehr kundtun,
Was ich gesehn, was unter der Drohungen lastendem Zwange
Mir ward auferlegt mit deutlichen Worten zu künden
Und mit lautem Rufe es eiligst allen zu sagen;
Fürchte ich doch, wenn ich etwas nur durch Schweigen verhehle,
Werd' ich, beladen von schwerer Schuld, keine Gnade mehr finden.
Was der Jungfrauen Schar als letzte Fürbitte vortrug,
Ließ mich im Zweifel noch: ich weiß nicht, was für ein Leben
Sie für mich von Gott, der Erfüllung gewährt, wohl erfleht hat,
Ob das ewige dort, ob das bittere hier auf der Erde.
Ist mir kein Aufschub vergönnt, noch länger auf Erden zu leben,
Sicher ist morgen dann mein Leib dem Tode verfallen.
So sprach mein Führer zu mir; seine Kunde ist mir Gewißheit.»
Also ermahnte mit solchen Worten Wetti die Brüder;
Wieder begann er, den schon erzählten Traum zu berichten.
Jene schrieben ihn nieder sogleich auf der wächsernen Tafel.
Als man die Laudes, wie es der Brauch, schon hatte gesungen,
Trat der Abt herein, begleitet von anderen Mönchen;
Denn ihn trieb die gewohnte Liebe, den Kranken zu trösten.
Doch ein geheimes Gespräch erbat sich der Kranke; so gingen
All die andern hinaus; nur fünf noch saßen beisammen:
Heito zuerst, als zweiter dann Erlebald – über die beiden
Haben wir oben ein paar bescheidene Verse geschrieben –,
Dritter der Kranke selbst, mein Lehrer, weise im Herzen;
Schon ein Greis war der vierte, in vorgerückteren Jahren,

Theganmar, domini famulus, cui longa senectus
Contulit aeterno venerandos munere canos;
Grandis honor capitis, maior sapientia mentis,
Confessor fratrum, gnarus conferre medelam,
Moribus antiquos sequitur sine crimine patres.
Quintus adest Tatto, cui gratia magna benigno
Contulit eximios vitae perducere mores;
Nempe palatinas puer est translatus ad aulas,
Sed Christi fervore calens mercede sodales
Servitii gaudere suos dimisit et istud
Coenobium ingrediens monachum se lege ligavit,
Hoc recolens, quod prima inibi documenta recepit.
Est hodieque probus, felix, spectabilis, aptus;
Gaudeo, quod tali mereor parere magistro,
Cuius ob auxilium praesens me continet aetas.
His etenim quinis visa atque audita patenter
In verbis scriptoque simul, quod nocte notavit
Veloci currente manu, narrando resignat,
Et surgens prostratus humi commissa remitti
Poscit et orantes dominum placare tonantem,
Commendans arcana dei, si morte fuisset
Raptus, ut in lucem verbo scriptoque tulissent,
Sin alias, prodenda sibi dimittere poscens.
Nam cupiit patulis totum famare per orbem
Faucibus et cunctas hominum vulgare per aures.
Denique vita manens si corpore staret in isto,
Ulterius voluit strictam perducere vitam,
Ut potaret aquam, mergentia pocula numquam,
Pluribus adiectis, quae nunc exponere longum est.
Inspiciunt vultus, nec pallida forma videtur,
Non macies foedat, nec membra dolore rigescunt;
Attrectant venas, vivo quae sanguine gaudent,
Nec signum loetale vident mortisve periclum;
Fidentesque animo vitae compendia spondent
Praesentis mortemque procul discedere dicunt.
Ille quibus responsa dedit, quae protulit ante:
«Crastina namque dies animam de corpore pellet.»
Taliter ergo diem frater consumpserat illam

Theganmar, ein Diener des Herrn; ihm schenkte das Alter
Silbernes Haar – seine ewige Gabe –, wert der Verehrung.
Ehrwürdig ist sein Haupt, noch mehr die Weisheit des Geistes;
Beichtvater ist er bei uns, weiß geistliche Heilung zu bringen,
Folgt in seinem Wandel getreu dem Beispiel der Väter.
Fünfter war Tatto daselbst, der gütige; ihm hatte große
Gnade gewährt, ein ungewöhnliches Leben zu führen:
Ward er als Knabe ja schon an den Hof des Kaisers gegeben,
Ließ jedoch, glühend vor Eifer für Christus, seine Gefährten
Sich am Lohn ihres Dienstes freun, er selbst aber trat dann
Hier in das Kloster ein, band als Mönch sich durch das Gelübde,
Eingedenk, daß er da die ersten Lehren empfangen.
Rechtschaffen ist er heute, erfolgreich, tüchtig, geachtet;
Welche Freude für mich, solchem Lehrer folgen zu dürfen,
Dessen Hilfe den Halt mir gibt für mein jetziges Leben!
Diesen fünf nun erschloß, was er deutlich gehört und gesehen,
Wetti durch seine Erzählung und auch durch das, was er schriftlich
Aufzeichnen ließ mit eiliger Hand zu nächtlicher Stunde,
Stand dann auf, warf sich nieder zu Boden und bat, seine Sünden
Ihm zu vergeben und Gott den Herrn durch Gebet zu versöhnen;
Bat auch, Gottes geheime Weisungen, falls er vom Tode
Werde dahingerafft, in Wort und Schrift zu enthüllen,
Falls er am Leben bleibe, sie selbst verbreiten zu dürfen;
Denn er begehrte, mit weiter Kehle sie über den Erdkreis
Laut zu verkünden und dringen zu lassen ans Ohr aller Menschen.
Schließlich, sollte das Leben in seinem Leibe noch dauern,
Nahm er sich vor, von jetzt an ein strenges Leben zu führen,
Wasser zu trinken und niemals mehr berauschende Becher,
Fügte mehr noch hinzu, was hier zu berichten zu weit führt.
Sah man Wettis Gesicht, erblickte man keinerlei Blässe,
Keine Magerkeit; nicht erstarrten vor Schmerz seine Glieder;
Griff man an seine Adern, so fühlte man munteren Pulsschlag
Und entdeckte keine Gefahr, kein Zeichen des Todes.
Zuversichtlich verhieß man ihm eine weitere Frist noch
Dieses Lebens; der Tod aber, sagte man, weiche von dannen.
Er jedoch gab die Antwort, die schon zuvor er gegeben:
«Nein, der morgige Tag wird scheiden vom Leib meine Seele.»
Jenen Tag also hatte der Bruder verbracht, wie berichtet,

Instantemque rotam noctis dieique sequentis,
Exponendo metum gravida de carne recessus,
Suspirans gemitusque imo de pectore fundens,
Fratribus et cunctis sese committere certans;
Ad multosque breves rogitans direxit amicos,
Ut sanctis precibus veniam implorare studerent.
Has ego conscripsi manibus, quibus ista notavi.
Denique cum primum radios produxerat aura,
Me vocitare iubet residensque infigere cerae
Praecipit atque breves bis quinas dictat eisdem
Sensibus adnectens, quas hic signare studemus,
Ut perfecta fides cunctis lucescere possit.
Nempe decem fuerant, quarum conscriptio talis:

«Venerabillimo in Christo patri illi Wettinus iam devotus vester aeternam in domino salutem. Scripsi vobis in mortis periculo et quia iuventus adhuc floruit. De alio saeculo meam infirmitatem consolare dignemini, ut huius corruptionis mole deposita ibi quoque gravitate poenarum non constringar. Si ad usque centum missas centumque psalteria pervenerit oratio, erit merces certa. Vale, quem iam non mereor videre.»

Hunc finemque breves iussit firmare per omnes;
Quod dum commutans aliter conscribere vellem,
Dixit, ut haud dubiis possem sic dicere verbis.
Nescius hoc scripsi penitusque stupore movebar.
Quippe diem totum soli transegimus illum;
Nunc legimus, nunc membra iuvat componere lecto.
Me sopor oppressit, vigilem non contigit illum;
Orat in excubitu, surgit graditurque valenter.
Vesper adit, tandemque mihi est sic ore locutus:
«Vade, puer, corpusque cibo relevare memento,
Proque labore tuo grates digneris habere.»
Discessi, noctemque minans sol vergit in aequor.
Iamque poli pingunt fulgentia sidera centrum,
Adveniunt fratres sistuntque in domate multi.
«En», ait, «incumbit metam finire supremam
Carnis in exilio, terram terraeque recondi.

Auch den Lauf der kommenden Nacht und des folgenden Tages,
Sprach von der Angst des Scheidens aus diesem beschwerlichen Fleische,
Seufzte dabei und stöhnte auf aus der Tiefe des Herzens
Und verlangte sich sämtlichen Brüdern anzuempfehlen,
Sandte Briefe deshalb an viele Freunde und bat sie,
Durch ihr frommes Gebet für ihn um Gnade zu flehen.

Eigenhändig wie dies hab' ich jene Briefe geschrieben.
Denn als die Morgenröte emporgesandt hatte die Strahlen,
Ließ er mich rufen, setzte sich auf und befahl mir zu schreiben
Auf der Tafeln Wachs und diktierte mir zweimal fünf Briefe
Gleichen Inhalts, die hier wir aufzuzeichnen gedenken;
So können alle erkennen, wie vollkommen war Wettis Glaube.
Briefe also waren es zehn, und ihr Wortlaut war dieser:

«Dem ehrwürdigen Vater in Christo N. N. wünscht Wetti, einst euer ergebener Freund, ewiges Heil im Herrn. Ich schreibe euch in Todesgefahr, obwohl ich bisher im besten Mannesalter gestanden habe. Was das jenseitige Leben betrifft, so erweist mir die Gunst, meiner Schwachheit zu Hilfe zu kommen, damit ich, wenn ich die Last unsrer Vergänglichkeit abgelegt habe, auch dort durch die Schwere der Strafen nicht bedrängt werde. Wenn euer Gebet die Zahl von hundert Messen und hundert Psaltern erreicht hat, wird mir die Gnade gewiß sein. Lebe du wohl, den ich nicht mehr zu sehen verdiene.»

Diesen Schluß befahl er zu setzen an all seine Briefe.
Als ich den Wortlaut ändern und anders hinschreiben wollte,
Meinte er, daß ich es unzweideutig so könne sagen.
Ahnungslos schrieb ich es hin; mich durchdrang ein gewaltiger Schrecken.
Jenen ganzen Tag waren wir alleine beisammen,
Lasen bald, bald tat es auch gut, sich niederzulegen;
Ich ward vom Schlaf überwältigt, doch Wetti fand keine Ruhe;
Wachend betete er, stand auf, ging kraftvoll umher dann.
Abend war's, da sprach er schließlich zu mir diese Worte:
«Geh nun, mein Sohn, und denke daran, dich durch Speise zu stärken,
Und nimm meinen Dank für all deine Mühe und Arbeit!»
Fort ging ich; kündend die Nacht versank die Sonne im Wasser.

Und schon schmückten das Himmelsgewölbe die funkelnden Sterne,
Da kam herbei und betrat das Gemach eine Schar unsrer Brüder.
«Seht», sprach er, «jetzt ist für mich die letzte Wende gekommen
Im Exil des Fleisches, und Erde kehrt wieder zur Erde.

Omnimodis petimus: sacras protendite palmas
Instantesque preci nostrum defendite finem!»
Res perrara quidem: psalmos prior omnibus ille
Antiphonasque velut quidam praecentor adorsus
Principium cuiusque suo depromit ab ore.
Finitis igitur concentibus ille parumper
Respirat pavidus, fratresque ad strata recurrunt.
Surgit et huc illucque viam deflectere temptat,
Aestuat agnoscens, velox quod transitus instet,
Decidit in lectum Christi mysteria sumens,
Clausit et extremam vitae mutabilis horam.

En, venerande pater, calcem compulsus adivi,
Cuius principium horror adire fuit.
Non ignoro quidem vitiis sordere camenam;
Extortos apices protege, si valeas.
Ales enim, quaecumque suas praecurrere pennas
Cogitur, ex superis corruit ima petens.
Nil prodesse scio, tamen est parere necesse;
Hoc potius dominus quam sacra tura cupit.
Vestra sequens humilis famulus mandata peregi,
Aetate et sensu impar ad istud opus.
Ne reputes non posse meum, sed velle videto,
Atque bono vigeas longa per aeva statu.
Amen.

Flehentlich bitte ich euch: Erhebt die geheiligten Hände,
Helft mir bei meinem Tod durch euer beharrliches Beten!
Merkwürdig trug es sich zu: die Antiphonen und Psalmen
Stimmte er wie ein Vorsänger selbst an vor allen andern,
Leitete alle Gesänge ein mit eigenem Munde.
Als nun beendet der Psalmengesang, da holte er angstvoll
Atem; es eilten die Brüder indessen zurück auf ihr Lager.
Wetti erhob sich, versuchte noch hier- und dorthin zu gehen,
Fieberte, da er sah, daß schon der Tod auf ihn warte,
Fiel dann nieder aufs Lager, empfing die Mysterien Christi
Und beschloß die letzte Stunde vergänglichen Lebens.

Sieh, ehrwürdiger Vater, gedrängt hab' das Werk ich vollendet,
Dessen Beginn für mich schreckenerregend war.
Sehr wohl weiß ich, daß meine Muse noch strotzet von Fehlern;
Was ich mir abrang im Vers, fördere du, wenn du kannst!
Denn, muß ein Vogel im Flug seiner Schwingen Kraft überbieten,
Stürzt aus der Höhe er jäh in die Tiefe hinab.
Nutzen bringe ich nicht, doch ist mir Gehorsam Verpflichtung;
Ihn will Gott der Herr lieber als Weihrauchduft.
Als dein ergebener Diener hab' folgsam das Werk ich geschaffen;
Alter und auch Verstand reichen noch nicht dafür aus.
Rechne mir meine Schwachheit nicht an, sondern schau auf mein Wollen!
Lange mögest du dich bester Gesundheit erfreun!
Amen.

temperatū · & publica ac priuata scē ac religiose administra-
ntem · non deēē & in his quae toleranda erant patientiam ·
in his quae agenda prudentiā · uidimus ubi tribuendum ·
ess& plena manu dantem · ubi laborandū pertinacem & ·
obnoxiū · & lassitudinē corporis animo subleuantē · Pret-
ea idem erat semper · & in omni actu par sibi · iā ñ consilio ·
bonus sed more eo perductus · ut non tantū recte facere
poss& · sed nisi recte facere non poss& · intell&imus in illo
perfectā esse uirtutē · Hanc in partes diuisimus · oportebat
cupiditates refrenari · m&us conprimi · facienda ꝓuideri ·
reddenda distribui · conprehendimus temperantiam ·
fortitudinē · prudentiam · iustitiā · & suum cuiq; dedimus
officium · Ex quo ergo uirtutē intell&imus · ostendit illā
nobis · ordo eius & decor · & constantia · & omnium inter se
actionū consortia & magnitudo · supomnia efferens sese
hinc intellecta est illa beata uita secundo defluens cursu ·
arbitrii sui tota · Quomodo ergo hoc ipsū nobis apparuit ·
dicā · Numquā uir ille perfectus adeptusq; uirtutem ·
fortunae maledixit · numquā accidentia tristis &
cepit · ciuem eē se uniuersis & militem credens · labores
uelut imperator subiit · quicquid inciderat ñ tamquā
malum aspernatus est & in se casu delatum · sed quasi de-
legatum sibi · Hoc qualecumq; inquit est meum est · aspe-
rum est durum est · in hoc ipso habemus operam · Necessario
itaq; magnus apparuit qui numquā malis ingemuit ·
numquam de fato suo questus est · multis intellectū sui
& non aliter quā in tenebris lumen effulsit · aduertitq;
in se omnium animos

ZUR TEXTGESTALTUNG

A. ZU HEITOS VISIO WETTINI

Abweichungen vom Text der Ausgabe von E. Dümmler (MGH Poetae Latini Aevi Carolini II, p. 267–275):

Visio, quae fratri nostro Wettino ostensa fuerat pridie ante transitum eius (nach Aug, T, Ashb, Ambr, Ds); Dümmler: *Incipit ipsa visio, quae fratri nostro Wettino revelata est pridie ante transitum eius*
I. *salubriter eam digerentibus* (Aug D Ashb Ambr Ds); Dümmler: *eam salubriter digerentibus* / *ingestam reicere* (Aug Ambr Ds); Dümmler: *indigestam reicere*
II. *stramen* (Aug Ashb); Dümmler: *stramentum* / *efferre* (Aug D Ashb Ambr Ds); Dümmler: *efferri*
IV. *cederent* (Aug D T Ashb Ambr B); Dümmler: *concederent*
V. *iteratione* (Aug T Ashb R P Ds); Dümmler: *iterationis*
VI. *loris ligatos* (Aug Ashb Ds); Dümmler: *loris ligatos viderat*
X. *ibidemque* (Aug T Ashb); Dümmler: *ibidem* / *nec sibi iam subvenire* (Aug Ds); Dümmler: *nec sibi iam, ait, subvenire*
XI. *Qui tamen in sorte electorum, inquit* (Aug Ashb Ambr Ds); Dümmler: *Qui tamen, inquit, in sorte electorum*
XII. *ordinata* (Aug Ashb Ambr Ds); Dümmler: *ornata* / *palleis* (Aug D T Ds); Dümmler: *palliis*
XIII. *intulit* (Aug Ds); Dümmler: *intulerit* / *de incredulis evangelium* (Aug Ambr Ds); Dümmler: *euangelium de incredulis*
XVI. *postulabant misericordiam* (Aug A T Ashb Ambr Ds); Dümmler: *misericordiam postulabant* / *egisse et docuisse* (Aug A Ashb T); Dümmler: *egisse aut docuisse*
XVIII. *nominis domini* (Aug A D T Ashb R Ds); Dümmler: *nominis Christi* / *pro longiturna ei vita* (Aug Ashb R Ds); Dümmler: *pro longiturna eius vita* / *elevans eas dixit eis* (Aug T Ashb Ds); Dümmler: *elevans eas dixit:*
XIX. *me aptum non sentio* (Aug A T Ashb R P Ds); Dümmler: *me aptum non aspitio, non sentio*
XX. *Ego, inquit, sum angelus* (Aug Ashb Ds); Dümmler: *Ego sum, inquit angelus,*

Abb. 8 Walahfrids Schriftzüge? Bernhard Bischoff nimmt an, daß im Codex Sangallensis 878 (aus dem unsere Abbildung p. 350 zeigt) eine Sammelhandschrift Walahfrid Strabos vorliegt; die darin zu findenden Exzerpte aus historischen, komputistischen, exegetischen, liturgiegeschichtlichen und medizinischen Werken habe Walahfrid von seiner Schülerzeit an bis in sein letztes Lebensjahr eingetragen. In dieser Textsammlung, deren Schriftzüge durch Ebenmaß und Feinheit gekennzeichnet sind, liest man einen Auszug aus einem Seneca-Brief (ep. ad Lucilium 120, 1–13), der mit dem Satz schließt: «Wer nie über sein Unglück seufzt, nie über sein Schicksal klagt, muß daher als ein großer Mann erscheinen; viele läßt er sein Wesen erkennen, er leuchtet nicht anders als ein Licht in der Finsternis und lenkt die Gedanken aller auf sich.» Das erinnert an Verse Walahfrids, in denen er den Abt Heito preist (v. 38sqq.).

XXI. *certandum totis viribus est* (Aug A T Ds); Dümmler: *totis viribus est certandum* / *haec terribiliter pronuntiante* (Aug T Ashb R P Ds) Dümmler: *haec tibi terribiliter pronuntiante*
XXV. *a domino denuntiatum* (Aug Ashb Ds); Dümmler: *a domino est denuntiatum*
XXVII. *aeternae est vitae particeps factus* (Aug Ashb Ds); Dümmler: *aeternae vitae est particeps factus*
XXVIII. *expergefactus* (Aug D T Ashb R P Ds); Dümmler: *expergefactus est* / *sermonibus cohortanti* (Aug T A); Dümmler: *sermonibus cohortati*
XXXI. *in noctem verso* (Aug Ashb Ds); Dümmler: *in noctem iam verso* / *ordinans* (Aug Ashb Ds); Dümmler: *ordiens* / *deambulando; aestuans inminente velocitate* (Aug; cf. bei Walahfrid v. 942sq.); Dümmler: *deambulando aestuans. Imminente velocitate …*
Bei Komposita erscheinen entsprechend der Schreibweise der älteren Handschriften zahlreiche Präpositionen nicht assimiliert.

B. ZU WALAHFRIDS VISIO WETTINI

In Anlehnung an die Ausgabe von Traill bietet unser Text folgende Abweichungen von der Ausgabe E. Dümmlers (MGH Poetae II, p. 301–333):
Praefatio: *interiectae telluris** (statt *telluris interiectae*), *iste fieri desideravit* (statt *ista*); 155 *fiet* (statt *fiat*), 356 *doles** (statt *voles*), 422 *pellamur* (statt *pellantur*), 515 *lata** (statt *late*), 840 *illi* (statt *illum*).
Abweichend von Dümmler folgt unsere Interpunktion der Ausgabe von Traill in den Versen 20sq., 121sq., 128, 180, 223, 260, 297, 353–360, 367, 372, 414, 424, 441, 444sq., 455, 486sq., 492, 505, 671, 711sq., 745–751, 755, 775, 907sq.; sie folgt den Vorschlägen von Orlandi in den Versen 54sq. (mit der Lesart *doctor*), 157, 252, 318, 343, 458–460, 600sq.
Anders als Dümmler und Traill interpungiert unsere Ausgabe in v. 188, 407, 525–539 (cf. hierzu Erläuterungen), 656sq., 755.

* * *

Der Aufbau der Visio Wettini Walahfrids

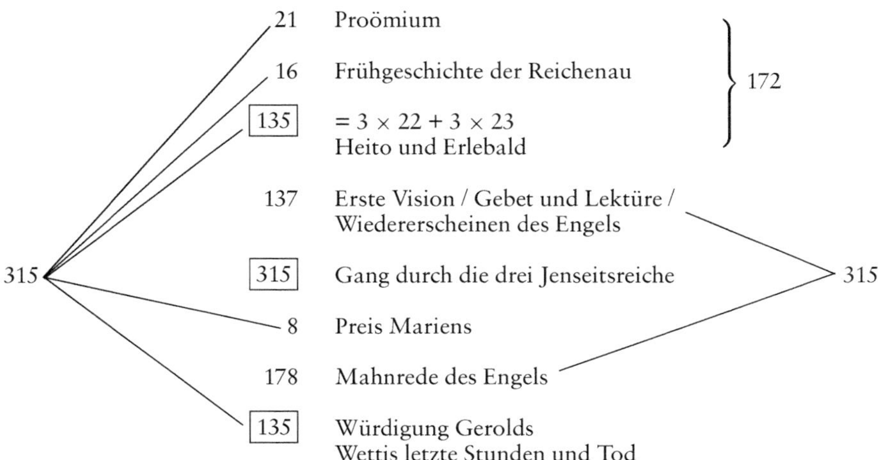

* Da die wichtigen Handschriften G und D diese Lesart bieten und Dümmler hierzu keine Varianten anführt, liegen in seiner Ausgabe offenbar Errata vor.

ERLÄUTERUNGEN ZU DEN TEXTEN

Die Anmerkungen berücksichtigen auch Heitos Visio Wettini; in deren Übersetzung wird daher nach jedem Kapitel auf die entsprechenden Verse Walahfrids hingewiesen. Zu Abkürzungen für öfter zitierte Literatur siehe in der Bibliographie. Psalmstellen werden nach der Zählung der Vulgata angegeben; die hebräische Zählung ist in Klammern beigefügt.

Zu Walahfrids Brief an Grimald:

[1] Grimald: Der aus einer hochadligen Familie des Saar-Mosel-Gebiets stammende Grimald hatte seine Bildung an der Hofschule Karls des Großen erhalten und war dann – was durch seine Verwandtschaft mit Abt Waldo und Wetti nahelag – auf die Reichenau gekommen, zunächst als Schüler, bald als Lehrer an der dortigen Schule. Mönch der Reichenau wurde er nicht, sondern blieb, auch als Abt dreier Klöster, zeitlebens Weltpriester. Im Jahre 824, als Walahfrid ihm seine poetische Epistel mit der Nachricht vom Tode Wettis sandte (MGH Poetae II, p. 334, c. IIIa), war Grimald Kapellan am Hof Ludwigs des Frommen. 834 erscheint er als Vorsteher der Kanzlei Ludwigs des Deutschen und wurde fortan zum wichtigsten Berater dieses Herrschers; 848 übernahm er das Amt des Erzkapellans und wirkte auch wiederholt zugleich als Oberkanzler an der Spitze der Kanzlei. Er war «eine der profiliertesten Gestalten am Hofe Ludwigs des Deutschen, ein gewandter Hofmann mit überlegenen diplomatischen Gaben, dabei ein echter Kirchenfürst und eine Persönlichkeit, die auch Gegner für sich einzunehmen wußte» (J. Fleckenstein). Ludwig der Fromme hatte Grimald aufgrund seiner Verdienste die Abtei Weißenburg verliehen; Ludwig der Deutsche übertrug ihm 841 die Leitung der Abtei St. Gallen, die er zu hoher Blüte führte; dort starb er im Jahre 870. – Für Walahfrids Werdegang blieb Grimald von großer Bedeutung: Sicher auf seine Empfehlung hin wurde Walahfrid an den Hof in Aachen berufen; seinem Einfluß war auch zu verdanken, daß Walahfrid 842 endgültig Abt der Reichenau wurde. In seinem Gedicht «De imagine Tetrici», das in Aachen entstand, rühmt Walahfrid seinen Gönner als «Homer»; diesen Beinamen im dortigen Kreis der Gelehrten verdankte Grimald offensichtlich Versen, von denen leider nichts erhalten ist. Dankbar hat ihm Walahfrid auch sein Gedicht über den Gartenbau gewidmet. – Zu Grimald: D. Geuenich, Beobachtungen zu Grimald von St. Gallen, Erzkapellan und Oberkanzler Ludwig des Deutschen, in: M. Borgolte und H. Spilling, Litterae Medii Aevi, Festschrift für Johanne Autenrieth, Sigmaringen 1988; J. Duft, Die Abtei St. Gallen, t. 2, Sigmaringen 1991, p. 63–68.

[2] Önnerfors (Phil. zu W. S., p. 88) vermutet, daß der Vergleich mit dem Spiegelbild auf die Paulusstelle I Cor 13, 12 zurückgeht; allerdings soll der Vergleich bei Paulus die Unschärfe der Erkenntnis verdeutlichen, während er bei Walahfrid die Klarheit der Erinnerung betont.

[3] Zu Adalgis s. o. in der Einleitung.

[4] Der Hinweis auf die eigene Unvollkommenheit und auf die Erfüllung der Gehorsamspflicht gehört zur Topik der Widmungsbriefe mittelalterlicher Geschichtsschreiber; hierzu G. Simon in: Archiv für Diplomatik 4, 1958, p. 52sqq., spec. p. 85. Umfassend zur Topik solcher Einleitungen: T. Janson: Latin Prose Prefaces. Studies in literary conventions (Studia Latina Stockholmiensia 13), Stockholm 1964. – Zur Annahme eines Befehls auch bei Überforderung cf. Benediktusregel c. 68.

[5] Synaloiphe: Die beim Lesen von Versen übliche Verschmelzung eines Endvokals mit dem Anfangsvokal des folgenden Wortes.

[6] Mit dem Bild von Funken und Zunder greift Walahfrid auf Sedulius (Widmungsbrief zum Carmen paschale, ed. Huemer, p. 3sq., nach Äneis I, 174–176) zurück; der Funke bezeichnet sein poetisches Talent, das nach einer angemessenen Aufgabe verlangt; cf. hierzu Önnerfors, Phil. zu W. S., p. 75sq.
[7] Allegorisch für Walahfrids Vorbilder in der klassischen Dichtung. Traill (p. 81sq.) weist auf Parallelen bei Alkuin (MGH Poetae I, p. 297) und Hrabanus Maurus (MGH Poetae II, p. 169) hin.
[8] Da Walahfrid, der aller Wahrscheinlichkeit nach im Jahr 825 an Ostern mit der Arbeit an diesem Werk begonnen und es nach eigenen Worten rasch vollendet hat, hier sein Alter mit siebzehn Jahren genauer angibt, muß er in der zweiten Jahreshälfte 807 geboren sein; er starb 41- oder 42jährig am 18. August 849 (W. Berschin, W. S., p. 14).
[9] Der junge, gerade in seinen literarischen Interessen von seinen Vorgesetzten nicht immer verstandene Walahfrid verspürt den Widerspruch zwischen seiner frühreifen geistigen Selbständigkeit und Überlegenheit und der ihn manchmal einengenden Gehorsamspflicht; in ironischer Zuspitzung deutet er an, wie sich der Konflikt in der Prügelstrafe entladen könnte (die nach der Benediktusregel als Strafe für Knaben und Jugendliche vorgesehen war und auch sonst nur in schwereren Fällen verhängt wurde). Cf. auch v. 9sq. des Proömiums.
[10] Gemeint ist die Dichtkunst, der Erlebald und Tatto offensichtlich reserviert gegenüberstanden; cf. Önnerfors, AR 98; Phil. zu W. S., p. 48sq. n. 33.
[11] In den akrostichischen Versen 394–427 und 446–461.

Zu den Versen:
1: Zum Osterfest als dem Tag, an dem der Dichter sein Werk beginnt, s. o. in der Einleitung.
3: Nach II Cor 8, 12; cf. auch I Sm 15, 22 und v. 11 des Epilogs.
5: Nach Phil 2, 13.
6: Vielleicht nach I Cor 13, 11.
7: Zum Bild des Sauerteigs cf. Mt 13, 33; Benediktregel 2, 5: *iussio eius vel doctrina fermentum divinae iustitiae in discipulorum mentibus conspargatur*: «Sein (sc. des Abtes) Befehl und seine Lehre sollen wie Sauerteig göttlicher Heilsgerechtigkeit die Herzen seiner Jünger durchdringen.»
8: Der *pater* ist Adalgis, der den Auftrag gegeben hat, wie auch das Vorwort an Grimald berichtet.
11–14: Das Opfer aus den Erstlingen, das Fett auf dem Altar, der aufsteigende Wohlgeruch: Ex 23, 19; Gn 4, 4; Lv 3, 3–5. – Ähnlich wie Sedulius sein *Carmen paschale* als Osterlamm bezeichnet, versteht Walahfrid sein Gedicht als Darbringung eines Opfers, seines «Erstlingsopfers».
16: Das Bild des Löwen für Christus, den Erlöser: Apc 5, 5; Gregor, Dialogi IV, 44, 2–3; Alkuin, De Christo Salvatore, MGH Poetae I, p. 346sq.
19: Nach I Cor 9, 27 (*ne forte cum aliis praedicaverim, ipse reprobus efficiar*), angeregt vielleicht durch Benediktusregel c. 2, 13 (*ne aliis praedicans ipse reprobus inveniatur*); da dasselbe Kapitel der Regel auch das Bild vom Sauerteig der Lehre (2, 5) und den Hinweis auf körperliche Züchtigung (2, 28) enthält, könnte es auch den Anstoß zu v. 7 und v. 9sq. gegeben haben.
22: «ausonisch», ein poetisches Wort, gleichbedeutend mit «italisch»; im erhabenen Stil des Epos setzt die Beschreibung des Sees und der Insel ein.
25: *Augia*, althochdeutsch *Auwa*, *Ouwa*, bedeutet «Land am Wasser, Land im Wasser, Insel» (AR 74); *suspenditur* eigtl. «schwebt», wohl in Anlehnung an Äneis VII, 810.

Ähnlich beschrieb Walahfrid bald darauf in seiner Vita des Martyrers Blathmac die Klosterinsel Hy: *fluctivago suspensa salo* (v. 96). Für die antike Literatur war das Urbild einer in der Mitte des Meeres liegenden Insel das Eiland der Kalypso in der Odyssee: «die ringsumflossene Insel, der Nabel des Meeres» (I, 50). Die toposartige Schilderung der Insel (Lage in der Mitte der Fluten, Heiligkeit, Fruchtbarkeit, hier in geistlichem Sinn verstanden) dürfte von Vergils Versen über Delos (Äneis III, 73–77) und Kreta (Äneis III, 104–109) beeinflußt sein; die nachher von Walahfrid für das Inselkloster verwendeten Metaphern *antrum*, *carcer* und *arx* (v. 44, 62, 88, 138, cf. auch 142) machen zudem die Nachwirkung von Vergils Beschreibung der Insel des Äolus (Äneis I, 52–63) wahrscheinlich. Die Lage der Reichenau in der Mitte Deutschlands war auch auf der «Ebstorfer Weltkarte» aus dem XIII. Jahrhundert, der vielleicht eine alte Reichenauer Karte zugrundelag, zu sehen (EI 92). – Man vergleiche die Beschreibung der Insel in einem Brief an Papst Gregor IV., der in einer Reichenauer Sammlung von Musterbriefen enthalten ist: *Igitur Hereno* (= Rhenus) *ab Alpibus Eois occidentem versus nimio currentem* (currens?) *fragore, eundem loci habitum per mare undisonum circumluens insulam omni ornatu novorum aedificiorum comptam mediam reddit* (MGH Formulae Merovingici et Karolini aevi, ed. K. Zeumer, Hannover 1886, p. 377).

28sq.: Zu Pirmin cf. zuletzt R. Antoni in seiner Ausgabe der karolingischen Vita des Heiligen (spec. p. 9sq.) und A. Angenendt, Monachi peregrini. Pirmin, dessen Herkunft ungeklärt ist, gründete neben der Reichenau mehrere Klöster (nur Urkunden zu den Anfängen des Klosters Murbach aus den Jahren 727/728 sind unverfälscht überliefert), andere ordnete er neu; er starb wahrscheinlich am 3. November 753 in seiner Gründung Hornbach. – In *primus* und *moenia* liegt ein Anklang an das Proömium der Äneis und die *altae moenia Romae* vor (Äneis I, 1 und 7).

29sq.: Diese Verse sind wohl so zu verstehen: Jeder, der (*quisque* = *quisquis*) erkennen will, daß Pirmin ein heiliges Leben geführt hat, soll sich zu seinem Grab begeben; in Hornbach wird ihm der Heilige selbst (durch die große Verehrung, die ihm dort zuteil wird) genügend Beweise dafür liefern (cf. KAR 40). Aufgrund der Mehrdeutigkeit von *probare* und des Bezugs von *ipse* könnte die Stelle auch anders verstanden werden: Wer Pirmins Grab in Hornbach aufsucht, wird sich dort selbst von der Heiligkeit dieses Lebens überzeugen können.

31–37: Zu den Äbten von Eddo bis Waldo sei der Kürze halber auf die Zusammenfassungen und weiterführenden Angaben in RZ 237–241, 293–295 (und passim) sowie auf die grundlegende Darstellung in KAR 55–71 verwiesen, zu den Daten der Frühzeit des Inselklosters auf die Einleitung zu dieser Ausgabe. Man datiert heute die Sedenzzeiten der Äbte, zum Teil in Abweichung von den Angaben Walahfrids und Hermanns folgendermaßen: Pirmin 724–727, Eddo 727–734, Geba 734–736, Arnefrid 736–746, Sidonius 746–760, Johannes 760–782, Petrus 782–786, Waldo 786–806. Eddo war nach seinem Weggang von der Reichenau Bischof von Straßburg (bis 765; zu den Datierungen cf. auch: H. Drös, Das Wappenbuch des Gallus Öhem, RTB 5, p. 30). In den Jahren 736–782 war das Kloster Reichenau eng mit dem Bistum Konstanz verbunden; dessen Bischöfe Arnefrid, Sidonius und Johannes waren zugleich Äbte der Reichenau, der letztgenannte auch Abt von St. Gallen. Waldo, der in enger Verbindung mit den Karolingern dem Inselkloster zu großer Bedeutung verhalf, war vor seiner Reichenauer Zeit Abt von St. Gallen, von 806–814 Abt von St. Denis. – Ein *lustrum* (v. 33 und 37) ist ein Zeitraum von fünf Jahren.

38–103: Preis des Abtes Heito. Der Dichter betrachtet es als seine Aufgabe, die Taten Heitos zu rühmen; daß der Leser die Fakten kennt, wird vorausgesetzt; auch die antike Rhetorik vermied in epideiktischen Reden die nochmalige Schilderung bekannter Geschehnisse. Gegliedert sind die Ausführungen in drei Abschnitte zu je 22 Versen: Die

Verse 38–60 behandeln Heitos Jugend, die Entdeckung seines Talents und seine Tätigkeit als Bischof von Basel, 60–81 sein Wirken als Abt der Reichenau, seine Gesandtschaftsreise nach Konstantinopel im Auftrag des Kaisers und sein Verlangen nach Rückkehr in sein Kloster, 82–103 seine Krankheit und den Verzicht auf alle Ämter und Ehren.
41–42: nach Mt 5, 14sq.; cf. auch Sedulius, Carmen paschale III, 275sqq.; vielleicht hat der dortige Zusammenhang den Vergleich mit dem Stern (v. 38sq.) angeregt.
50–53: Zeugnisse dafür sind Verse über die Neuerrichtung des Basler Münsters durch Heito und die Stiftung eines Ciboriums (MGH Poetae II, p. 425sq.; hierzu: Johannes Egon, De viris illustribus ed. Pez, Augsburg 1721, col. 728; Chr. Wilsdorf, L'évêque Haito reconstructeur de la cathédrale de Bâle, in: Bulletin monumental 133, 1975, p. 175–184); ferner die sogenannten Basler Kapitel, in denen Heito Anweisungen für den Klerus seiner Diözese erließ (MGH Capitula episcoporum I, ed. P. Brommer, Hannover 1984, p. 210–219; hierzu KAR 72; 323sq.; 703).
55: Mit Dümmler und Orlandi (p. 195sq.; dort auch zur Interpunktion) wird hier die Lesart *doctor* bevorzugt gegenüber *doctus*, das die Handschriften G, D V, B und Traill (p. 97) bieten.
60sq.: In die Zeit des Abtes Heito fällt die Weiterführung der Klosterreform unter dem Einfluß der Synode von Aachen (ob die *Statuta Murbacensia* als Zusammenfassung der Reformbeschlüsse ein Werk Heitos sind, ist umstritten); die Zahl der Mönche seines Klosters nahm unter ihm auf 80–100 zu. Im Jahre 816 wurde auf der Reichenau Heitos Kreuzbasilika geweiht. Gefördert wurden weiterhin Schule und Bibliothek: Wetti wurde der erste Leiter der Klosterschule, der Bestand an Büchern wuchs, vor allem durch das Verdienst des Schreibers Reginbert. In jenen Jahren entstand auf der Reichenau, die in der Bautätigkeit führend war, auf Bitten des Abtes von St. Gallen der berühmte karolingische Klosterplan.
71–77: Im Auftrag Karls der Großen unternahm Heito 811 zusammen mit den Grafen Hugo von Tours und Ajo von Friaul eine Gesandschaftsreise nach Konstantinopel zu Kaiser Michael I. Es ging vor allem um die Anerkennung von Karls Kaiserwürde durch Ostrom. Die Gesandtschaft kehrte, obwohl sie zunächst eine demütigende Behandlung erfuhr, mit einigem Erfolg und der Zusage einer Gegengesandtschaft im Jahr darauf zurück; 812 begrüßten die byzantinischen Gesandten Karl den Großen in Aachen als Basileus. Heitos Reisebericht mit dem Titel *Odoeporicon*, worin er seine Eindrücke und den Schiffbruch schilderte, ist leider verloren; Details daraus sind in Notkers Gesta Karoli (II, 6) erhalten (cf. W. Berschin, Die Ost-West-Gesandtschaften am Hof Karls des Großen und Ludwigs des Frommen [768–840], Mittellateinische Studien, p. 105–117; W. Berschin, Griechisch-lateinisches Mittelalter. Von Hieronymus zu Nikolaus von Kues, Bern/München, 1980, p. 140–145).
Statt der Verse 74–77 bringt die in Reims entstandene Handschrift (V) eine Interpolation:

Caesareum retulit Francis sine pondere nomen:
Non etenim sine consensu potuere Pelasgo
Nomine Caesareo, quoniam de gente Latina
Argivum surrexit honor, cum pace potiri.

(Dümmler verbesserte das in V überlieferte *fraccissime* in *Francis sine*).
Die Verse 71–77 lauten nach dieser Version übersetzt:

Über das endlose, tiefe Meer zu den Fürsten der Griechen
Ward er gesandt, und das Schiff, an felsigen Klippen zerschellend,
Schüttete aus seine Last, doch es bracht' aus den Wellen der Bischof,
Wenn auch ohne Bedeutung, den Franken den Titel des Kaisers;
Denn sie konnten ja nicht in Frieden gegen der Griechen

Willen den Namen «Kaiser» erlangen, da der Argiver
Ehrentitel ein Erbe war vom Geschlecht der Latiner.

Traill vermutet, daß der Interpolator dieser Verse, die die Gesandtschaftsreise als Mißerfolg werten, der Erzbischof Hinkmar von Reims selbst gewesen sei (p. 98sqq.).
82–85: Als Jahr der Resignation Heitos gibt Walahfrid eindeutig 823 an, das zehnte Jahr der Regierung Ludwigs des Frommen (in v. 184–186 ist 824 dementsprechend als dessen elftes Regierungsjahr verzeichnet; cf. Beyerle in KAR p. 209sq., Anm. 41); an dem zwei Jahre danach niedergeschriebenen Zeugnis des Zeitgenossen ist nicht zu rütteln. Mit der erwähnten Krankheit Heitos läßt sich auch in Verbindung bringen, daß die Annales Einhardi für 823 eine verheerende Pest bezeugen (cf. v. 785sqq. und K. Schmid, Bemerkungen zum Verbrüderungsbuch p. 527sq.). Denkbar ist indes, daß Walahfrids Verse 82–90 speziell Heitos Rücktritt als Bischof von Basel erläutern (v. 88sq. ist von einer Rückkehr ins Kloster die Rede), daß Erlebald aber davor schon als Nachfolger auf der Reichenau vorgesehen war (cf. v. 139–142) und Amtsgeschäfte für Heito übernahm, so daß Hermanns des Lahmen Jahresangabe 822, die die neuere Forschung aufgreift (RZ p. 296 unter Berufung auf H. Löwe, DA 38, 1982, p. 343sq.; M. Wiech, Das Amt des Abtes im Konflikt, Siegburg 1999, p. 147sq.), für den Wechsel im Abbatiat akzeptabel erscheint. Betrachten wir Walahfrids Angabe einer achtzehnjährigen Dauer von Heitos Amtszeit (v. 83), müssen damit entweder für dessen Abbatiat die Jahre 806 bis 823 (in diesem Fall beide Jahre einschließlich; denn Waldo trat 806 zurück) gemeint sein oder für seine Zeit als Bischof von Basel (wo er seit 805 nachweisbar ist) die Jahre 805 bis 823. Wenn Heito 823, im Jahr seiner schweren Krankheit und des endgültigen Rücktritts von seinen Ämtern, sein sechzigstes Lebensjahr vollendete (v. 84), also sechzig Jahre alt wurde, muß er 763 geboren und im Alter von fünf Jahren 768 ins Kloster gekommen sein (wohl richtiger als 762 bzw. 767, wie K. Beyerle in KAR p. 71 und A. Zettler in RZ p. 209 annehmen). Wann Heito seine Profeß ablegte, ist nicht bekannt. Nach seiner Resignation lebte er noch über ein Jahrzehnt als Mönch in seinem Kloster; er starb am 17. März 836.
96: Wörtlich: «der Meine», womit der Dichter seine Verbundenheit mit seinem Helden ausdrückt.
100: Wahrscheinlich ist mit der *norma sacri patris* das den Reichenauern wohlbekannte Werk Cassians *De institutis coenobiorum* gemeint, speziell Buch XI, das sich gegen die Ruhmsucht wendet.
104–172: Im folgenden rühmt Walahfrid den Abt Erlebald, bestätigt ihm Eigenschaften, wie sie die Benediktusregel (c. 2 und 64) vom Abt verlangt, und stellt ihn, wie es auch die Zahl der Verse zeigt, noch über seinen Vorgänger Heito. Da Erlebald sein Amt eben erst angetreten hatte, gab es allerdings noch nicht viel über ihn zu berichten. Ähnliches gilt für die Regierungsjahre dieses Abtes (823–838) insgesamt: «Bisher traten die Figuren der großen Äbte in den Vordergrund, dagegen blieben die Gestalten ihrer Mönche im Halbdunkel. Jetzt ist es umgekehrt. Aus keiner anderen Zeit des Klosters wissen wir soviel über Leben und Wirken der hervorragenderen Brüder, während uns aus Erlebalds Mund kaum ein Wort überliefert ist und die Schilderung seines Wesens aus den Äußerungen seiner Umgebung gewonnen werden muß. Das Wertvollste über Erlebald, weil aus persönlichstem Erleben geschöpft, teilt uns der jugendliche Walahfrid mit ...» (K. Beyerle in KAR 85). Die dem neuen Abt gewidmeten Ausführungen sind in 3 × 23 Verse gegliedert und behandeln zunächst Erlebalds Herkunft, seinen Namen und seinen Bildungsgang (v. 104–126), darauf – nach einem Preis seiner Tugenden – die Teilnahme an Heitos Gesandtschaftsreise und die Wahl zum Abt (v. 127–149); sie gipfeln schließlich in

der Darstellung der für das Kloster segensreichen Eintracht zwischen Heito und seinem Nachfolger (v. 150–172). Zu Heito und Erlebald cf. H. Maurer, Reichenau, p. 510sq.

104sq.: H. Haffter (Walahfrid Strabo und Vergil, in: Schweizer Beiträge zur allgemeinen Geschichte 16, 1958, p. 221sqq.; nachgedruckt in: H. H., Et in Arcadia ego, Baden 1981, p. 182sqq.) vergleicht dieses Binnenproömium mit Äneis VII, 37–45, wo für die zweite Hälfte des Epos Größeres angekündigt wird, und weist auf eine Parallele im Hortulus (v. 235–238) hin. Nicht zu übersehen ist indes der Anklang an Vergils vierte Ekloge, die ein neues Zeitalter verheißt: *Sicelides Musae, paulo maiora canamus*!

107–109: Nach dieser Beschreibung stammte Erlebald aus einer Grafenfamilie; die einzige sichere Nachricht aus den alten Quellen ist dazu das von der Meinradvita bezeugte, aber nicht näher beschriebene Verwandtschaftsverhältnis von Erlebald zu St. Meinrad.

111: Ob man wie Walahfrid *Erbaldus* schreibt (vielleicht verstanden als *hêr-bald*) oder *Erlebaldus* (*erl-bald*): in beiden Fällen ergibt sich die Bedeutung «kühner Mann».

112sq.: Um 790 (cf. KAR 86).

118–121: Eine Rechtfertigung des Studiums der Freien Künste anhand einer allegorischen Deutung von Apc 4, 6, die vielleicht Walahfrid selbst zuzuschreiben ist (Traill p. 104).

122–124: Der Gefährte Erlebalds beim auswärtigen Studium war Wetti. Es ist weder geklärt, wer der iro-schottische Gelehrte war, noch wohin Wetti und Erlebald gesandt wurden; man hat an die Hofschule in Aachen gedacht, auch an die Klöster Fulda oder Tours.

125: *perquirit* «behandelt»; hierzu Orlandi p. 196.

126: Der Vers bereitet Schwierigkeiten. Die Glossen der Handschriften R und O erklären zunächst *meta* durch *in fine*; zu *vires* (dem rätselhaftesten Wort des Verses) erläutern sie: *id est in sua extasi*; im Anschluß an *triumphat* folgt die Interpretation: *quia ad aeternam requiem post mortem pervenit et post revelationem vixit*. Traill (p. 105) vermutet, daß in diesem Vers dasselbe zweimal gesagt sei, und übersetzt (p. 43): «for he triumphed over life by its end and over vigor by death»; Erläuterungen zu dem bis zuletzt bestehenden *vigor* seien die Verse 897–899. – Zum Triumph über den Tod cf. I Cor 15, 54sq.; zum Bild der *meta* (Zielsäule in der Rennbahn) Heitos Text cap. 31, bei Walahfrid v. 933.

139–145: Es war die erste freie Abtswahl im Reichenauer Kloster; die Voraussetzung dazu hatte ein Privileg Ludwigs des Frommen aus dem Jahre 815 geschaffen (KAR 86 und Anm. 43). *arx* bedeutet in v. 142 «Regierung, Führung, oberster Rang».

150–155: Cf. hierzu IV Rg 2, 9–11. Das Verhältnis von Heito und Erlebald wird durch biblische Typologie gedeutet: Die beiden Propheten sind «Vorbilder» (*figura* oder *typus*), die beiden Äbte jeweils der *antitypus* dazu. Daß Elias und Elisäus zugeschrieben wurde, schon im Alten Bund den Grund zum klösterlichen Leben gelegt zu haben (Cassian, De institutis coenobiorum I, 2), legte den Vergleich mit den Äbten besonders nahe. Daß der junge Dichter dem neuen Abt ein größeres Lob ausspricht als seinem Vorgänger, war sicher durch entsprechende Äußerungen Heitos selbst autorisiert.

169: *dolus* (Arglist) und *ira* bzw. *iracundia* werden als Laster nebeneinander in der Benediktusregel (c. 4, 22–24) aufgeführt.

173–175: *Musa* und *Camena* bezeichnen die poetische Kunst, über die der Dichter verfügt, und das Gedicht selbst. Die als Quellnymphen verehrten *Camenae* wurden in der römischen Dichtung früh mit den Musen identifiziert. Wie in den Proömien berühmter Epen wird Wetti als der Held, dem das Gedicht gewidmet ist, in einer Periphrase eingeführt.

176–182: Würdigung Wettis. Wetti, geboren wohl gegen 780, war mit Waldo und Grimald verwandt. Heito, dem die Förderung des jungen Mönches anvertraut war, schickte ihn zusammen mit Erlebald nach auswärts zum Studium der Sieben Freien Künste (cf. v. 122–124); danach (wahrscheinlich nach 806, als Heito schon Abt des Inselklosters war)

wurde Wetti auf der Reichenau der erste hauptamtlich zu Unterricht und Leitung der Schule berufene Klosterlehrer und trug somit dazu bei, eine Aufgabe zu erfüllen, die Karl den Klöstern zugedacht hatte; er tat es offensichtlich mit ganzem Einsatz; in diesem Sinn wird auch *scolis adnectier* («mit Schule und Unterricht eng verbunden sein», v. 178) zu verstehen sein. Für St. Gallen verfaßte er zwischen 816 und 824 auf der Grundlage der alten Gallusvita eine neue Lebensbeschreibung des Heiligen. – Zur Klosterschule siehe W. Berschin, Die Schule der Reichenau (IX.–XI. Jahrhundert), Mittellateinische Studien, p. 229–235. Zu Wettis Gallusvita, die nur in einer St. Galler Handschrift (Stiftsbibliothek 553, gedruckt in MGH Scriptores rer. Merov. t. IV, 1902, p. 256–280) überliefert, ist: W. Berschin, Biographie und Epochenstil im lateinischen Mittelalter, Teil 3, Stuttgart 1991, p. 273 und 279sqq.; J. Duft, Die Abtei St. Gallen, t. 2, Stuttgart 1991, p. 15–18; Übersetzungen in: J. Duft, Die Lebensgeschichten der Heiligen Gallus und Otmar, St. Gallen und Sigmaringen 1988, [2]1990; K. S. Frank, Frühes Mönchtum im Abendland, t. 2, Zürich/München 1975, p. 231–266; Th. M. Huber, Sprachliche und inhaltliche Reminiszenzen an Wettis «Vita sancti Galli» bei Walahfrid Strabo, in: Variorum munera florum, Festschrift für Hans F. Haefele, edd. A. Reinle, L. Schmugge und P. Stotz. Sigmaringen 1985, p. 37–44. Zu Wetti auch KAR 87sqq. und 626sq.; F. J. Worstbrock, Wetti von Reichenau OSB, in: Die deutsche Literatur des Mittelalters, Verfasserlexikon, t. 10 (1999), p. 972–975.

180–182: *mediocriter* kann hier nicht als «mittelmäßig» verstanden werden, sondern nur als «maßvoll» im Sinne von *moderatio* und Besonnenheit; es bezeichnet, verdeutlicht durch *moribus in castis*, den Gegensatz zu *lascivus* (v. 179), worauf auch *tamen* hindeutet; ohne Hinweis auf irgendeinen Widerspruch schließt sich die Erwähnung von Wettis Ruhm an. Es ist auch schwer vorstellbar, daß Walahfrid über seinen verehrten Meister ein abschätziges Urteil gefällt hätte. Zwar wird *mediocriter* (besonders in der Litotes *non mediocriter*) vielfach pejorativ gebraucht; hier aber ist es auf *mediocritas* bezogen; cf. etwa in den Libri Carolini: *in omnibus igitur rebus moderatio sive mediocritas habenda est* (IV, 8) oder *relicto mediocritatis et rectitudinis calle* (I, 19). Der unbekannte Verfasser dagegen, der in der zweiten Hälfte des neunten Jahrhunderts eine Einleitung und die Kapiteleinteilung zu Heitos Visio Wettini verfaßte, verstand dieses *mediocriter* als «mittelmäßig» und das in der Visionserzählung berichtete Sündenbekenntnis Wettis als Bestätigung hierzu; damit legte er den Grund zu dem verbreiteten Urteil über Wetti, das die Anerkennung des Gelehrten mit dem Tadel am Lebenswandel des Mönches verbindet. Freilich könnte auch Walahfrids vorsichtige Bemerkung in v. 180 («soweit wir nach dem Äußeren urteilen dürfen») dazu verleitet haben.

187: Bei diesem Datum liegt ein Versehen Walahfrids vor, worauf A. Borst aufmerksam gemacht hat (in: Deutsches Archiv 44, 1988, p. 22 n. 59): Der Samstag, an dem Wetti erkrankte, war in Wirklichkeit der 29. Oktober 824. Nach den Angaben der Wochentage in Heitos Text war ein Samstag der Tag der Erkrankung (c. 1; hier v. 188), die Nacht vom darauffolgenden Dienstag auf den Mittwoch (c. 2) die Zeit der Visionen; den Mittwoch und den Donnerstag verbrachte Wetti in angstvoller Unruhe und schrieb Briefe (c. 30); in der Nacht von Donnerstag auf Freitag starb er (c. 31). Daher galt Freitag, der 4. November, als sein Todestag. Der Fehler in v. 187 könnte m. E. daher kommen, daß Walahfrid, der bei Wettis Tod nicht zugegen war, das im Kloster festgehaltene Todesdatum auf den späten Abend des Donnerstag bezog (cf. auch die Aussage Wettis in v. 904) und infolgedessen falsch zurückrechnete. – Das Vorwort zu Heitos Text, von einem Unbekannten verfaßt, übernimmt Walahfrids Angaben und hält daher ebenso fälschlich den Samstag der Erkrankung für den 30. Oktober, den Mittwoch für den 3. November und den Todestag für Donnerstag, den 4. November.

191sq.: *reliquis* versteht Orlandi (p. 196) als Neutrum und übersetzt: «mentre fino a quel punto tutto era andato liscio». Dem steht entgegen, daß *ipse* zu *reliquis* in Gegensatz tritt und daß Walahfrid hier ja Heitos Formulierung (c. 1: *ceteris salubriter eam digerentibus ipse coepit magna difficultate ingestam reicere*) wiedergeben möchte, die er nicht mißverstanden haben kann. Man wird also *reliquis* auf die anderen Brüder beziehen und an einen Ausdruck wie *salubriter agi* = «sich gesund verhalten, gesund bleiben» denken müssen; es bleibt sprachlich freilich eine Härte.
193: In Heitos Text c. 1 ist *ingestam* (sc. *potionem*) nach dem gemeinsamen Zeugnis von Aug und Ds sicher die richtige Lesart, die in den anderen Handschriften unter dem Einfluß des vorangehenden *digerentibus* geändert worden ist oder nach diesem Vers Walahfrids, der mit *indigesta vomens* beginnt, mit einer vom Hexameter nahegelegten Form an markanter Stelle.
204sq.: A. Zettler hat darauf hingewiesen, daß sich die Ereignisse der Rahmenerzählung der Visio Wettini nicht im Klaustrum, sondern in der seit dem achten Jahrhundert bestehenden Infirmerie, die sich östlich an das Klaustrum anschloß, abgespielt haben müssen (FK 59). Beide Gebäude lagen nördlich der Klosterkirche.
214: Nach Mt 15, 14.
215–217: Apc 1, 16; 2, 1; Io 3, 19.
218: Zu dieser Congeries mit Homoioteleuta cf. Prudentius, Psychomachia v. 295 und Sedulius, Carmen paschale V, 59sqq.; Önnerfors (Phil. zu W. S., p. 54) weist auf eine Parallele bei Aldhelm (Enigmata 93,8) hin.
219sq.: Der Averner See bei Cumae galt in der Antike als Eingang zur Unterwelt; er steht metonymisch für die Unterwelt, hier für die Hölle, entsprechend der Olymp für den Himmel; cf. v. 352.
225–234: Cf. hierzu bei Heito c. 2 und den dortigen Vergleich mit einem italienischen Schrank, der auch Walahfrids Freund Gottschalk beeindruckt hat (Œuvres de Godescalc d'Orbais, ed. C. Lambot, Löwen 1945, p. 170). Ein italienisches, seit der römischen Antike übliches *armarium* war ein Schrank zur Aufnahme verschiedener Gerätschaft, auch von Büchern (so daß später auch Bibliothek und Archiv mit diesem Begriff bezeichnet wurden); er bestand aus Untersatz, Schrankkasten und Aufsatz und hatte einfache oder doppelte Türen. Auf dem bekannten Laurentius-Mosaik im Mausoleum der Galla Placidia in Ravenna (V. Jahrhundert) ist ein kleines Bücherschränkchen dieser Art abgebildet; cf. J. W. Clark, The Care of Books, London 1975, p. 41sqq. und Abb. 14 und 15. – *armarium Italicum* fügt sich nicht in den Hexameter; doch vielleicht will Walahfrid ein realistisches Detail vermeiden, das banal erscheinen könnte. Stattdessen gibt er in den folgenden Versen eine theologische Deutung des Geschehens. In Gregors des Großen und Bedas Auslegungen des Lukasevangeliums fand sich die allegorische Deutung der Lukasstelle 19, 43sq. auf die Bedrängnis der sündigen Seele (Gregor, Homiliae in Evangelia 39, 3–5, Corpus Christianorum Series Latina 141, p. 382–385; Beda, In Lucae evangelium expositio, Corpus Christianorum Series Latina 120, p. 347–349). Walahfrid hatte diese Gedanken in Anlehnung an Gregor und Beda in seinem Traktat *De subversione Hierusalem* ausgeführt (Migne, PL 114, col. 965–974; Neuausgabe Mittellateinisches Jahrbuch 41, 2006, p. 357–400) und greift auch an weiteren Stellen seines Gedichts auf seine frühere Arbeit zurück (in den Versen 308; 327–332; 350–352; 357–359, 503–505). Die Vermutung von Önnerfors (Phil. zu W. S., p. 69sq.), die Verse 214–220 seien hinter v. 234 gestanden, ist nicht nachvollziehbar: Dieser Abschnitt setzt die Beschreibung des Teufels und seiner Gier fort, und die Erscheinung des augenlosen Dämons findet eine Entsprechung in der Blindheit des Menschenverstandes.
242: *compendium vitae* bedeutet «noch eine kurze Zeit des Lebens» und korrigiert *homo spassat* («der Mann wird gesund, erholt sich wieder») in Heitos c. 2.

246: Die Handschrift R erklärt die purpurne Farbe des Gewandes als Zeichen des Zornes über das Auftreten der bösen Geister: *quod dicit in veste rubenti significat, quod iratus fuerat, quia diabolos ibi invenerat.* Vergleichbar sind indes auch frühe Darstellungen des Weltgerichts, in denen ein roter Engel dem Dämon gegenübergestellt ist und dieses Rot als Farbe des Feuers und des Lichts das Gute versinnbildlicht (B. Brenk, Tradition und Neuerung in der christlichen Kunst des ersten Jahrtausends, Wien 1966, p. 42). Vielfach aber erscheint die Farbe Rot als Symbol der *caritas*, was sich mit der Anrede in Vers 248 gut vereinbaren läßt.
254: *prima fronte statuti* («in der ersten Reihe aufgestellt») läßt an eine Heeresordnung denken; die hier gegebene Übersetzung greift die Erklärung von R und O auf: *in primo mundi initio*.
261: Hier hat Walahfrid den Text Heitos mißverstanden: das dort stehende *prior* (am Ende von c. 3) meint die frühere, also die erste Vision, nicht aber – was aufgrund des Bezugs von *quam* und der Satzkonstruktion auszuschließen ist – daß die Vision früher endete als das Gespräch mit dem Engel.
265: Zu dieser Zeit war Tatto Prior des Klosters; in der Benediktusregel (c. 65) und bis ins zehnte Jahrhundert ist für dieses Amt der Titel *praepositus* gebräuchlich. Tatto wurde dann Wettis Nachfolger in der Leitung der Schule; über ihn cf. Walahfrids Vorwort und die Verse 873–882.
279: Die sieben Bußpsalmen, seit dem christlichen Altertum so genannt, sind die Psalmen 6, 31, 37, 50, 101, 129 und 142 [6, 32, 38, 51, 102, 130 und 143].
283–286: Es handelt sich um die *Dialogi* Gregors des Großen (entstanden um 594), aus deren viertem Buch sich Wetti vorlesen ließ; Walahfrid faßt deren Inhalt in v. 285sq. kurz zusammen. In den ersten drei Büchern des Werkes, das als Zwiegespräch mit einem Freund angelegt ist, werden Heilige und Wundertäter behandelt, wobei das ganze zweite Buch St. Benedikt gewidmet ist; das letzte Buch berichtet über Erscheinungen, die das Fortleben der Seele nach dem Tod und ihre Aufnahme in den Himmel, das Fegfeuer oder die Hölle beweisen sollen. Da die drei Bände, in denen die Reichenau dieses Werk besaß (Nr. 104–106 des Katalogs von Reginbert; siehe Holder, t. 3, p. 73), verloren sind, läßt sich nicht mehr feststellen, wieviele Kapitel die neun oder zehn Blätter enthielten, die man nach Heitos Zeugnis dem Kranken vorlas; doch rief die Lektüre der wenigen Seiten ohnehin die Erinnerung an den ganzen Inhalt des wohlbekannten Werkes wach. Siehe hierzu auch in der Einführung.
304: *virtus moralis*: Die besondere Hochschätzung des Psalms 118 [119] geht vor allem auf Ambrosius zurück, der von der darin enthaltenen *moralitas* spricht und in ihm die *christianae perfectionis consummatio* sieht. Auch die Benediktusregel (c. 18, 11) räumt ihm eine besondere Stellung ein. Eine später fälschlich Alkuin († 804) zugeschriebene Abhandlung *De psalmorum usu* nimmt Bezug auf diese Stelle von Heitos Visio Wettini (c. 5) und bestätigt deren Verbreitung: *Legi praeterea in cuiusdam monachi visione, quod ab angelo lucis sollicite sit admonitus, ut psalmum centesimum octavum decimum, id est, Beati immaculati, in quo moralis virtus describitur, saepe in oratione repeteret* (Migne, PL 101, col. 484). Diese Schrift, von der lediglich der Anfang Alkuin zugewiesen wird, kann also erst einige Zeit nach 825 zusammengestellt worden sein.
306–307: Man wird, auch anhand des Vergleichs mit Heitos Text, *quo* hier mit R und O wie *ubi* verstehen müssen; cf. *quo* in v. 22, 62 und 572 (anders Orlandi p. 196: Bezug auf *munus* oder Änderung in *quod*).
308: *fumat* = «raucht»: Das Gebet steigt wie der Rauch eines Brandopfers zu Gott auf; cf. Ps 140 [141], 2.
312: *quae sidera tangunt*: Heitos *montes inmensae altitudinis* gibt Walahfrid mit einer poetischen Hyperbel wieder; cf. Äneis I, 103 und 162.

314sq.: *amnis ambit* und die Häufung von Alliterationen zeigen, daß diese Stelle Vergils Schilderung des Feuerflusses Phlegethon (Äneis VI, 550sq.) zum Vorbild hat.
318sq.: Hier ist die von Orlandi (p. 198) vorgeschlagene Interpunktion vorzuziehen: Komma vor *dudum*, nicht danach.
319sq.: Mit *sacerdos* (in Heitos VW c. 6, 7, 16, 17; in Walahfrids VW v. 32, 320, 327, 361, 546) ist der gesamte geistliche Stand mit seiner Vollmacht zur Spendung der Sakramente und seiner Verantwortung für das Seelenheil der Gläubigen gemeint. Selbstverständlich haben Mahnreden und die Wahl von Beispielen (v. 564sq.) vorwiegend die höheren Vertreter des Standes, Bischöfe und Äbte, im Blick.
321: Wörtlich: «den Fesseln, die den auf ihr Fleisch Stolzen zu Qualen werden» (doppelter Dativ; siehe Traill p. 128); zu «Fleisch» cf z. B. Rm 8; Gal 5; Cassian, Collationes 4, 11). – Kleriker, die wegen ihrer Unzucht im Feuer der Hölle leiden, kennt auch die Visio Baronti (c. 17).
324: *Uno die tantum intermisso* («mit nur einem Tag Unterbrechung») steht, von Walahfrid nicht übernommen, zusätzlich in Heitos Text; wahrscheinlich ist damit, da dieser *eine Tag* besonders hervorgehoben wird, nicht der Tag vor dem dritten, sondern ein besonderer Tag wie der Sonntag gemeint (cf. Traill p. 128 mit einem Hinweis auf die Visio Pauli).
327–336: Nicht Streben nach irdischem Gewinn (*lucra terrena*), verbunden mit Gier nach Macht und Genuß, sondern das Gewinnen von Seelen für Gott (*lucrum animarum*) ist die Aufgabe des Priesters. Diese Gegenüberstellung, die von Walahfrid auch in seinem Traktat *De subversione Hierusalem* ausgeführt wird, berührt Gedanken des Neuen Testamentes zur Nichtigkeit von irdischem Gewinn (Mc 8, 36: *Quid enim proderit homini, si lucretur mundum totum et detrimentum animae suae faciat?*), zum Verzicht der Inhaber eines geistlichen Amtes auf Gewinnstreben (z. B. I Tim 3, 8: *non turpe lucrum sectantes*) und das Gleichnis vom treuen Diener, der seinem Herrn fünf hinzugewonnene Talente bringt (Mt 25, 20: *Domine, quinque talenta tradidisti mihi, ecce alia quinque superlucratus sum*).
329sq.: Gegen die politische und diplomatische Karriere von Geistlichen am Hof, die auch Benedikt von Aniane verurteilt hatte, erhob sich zunehmend Kritik; es gab den Vorwurf der Reformer, daß es den Hofkapellänen nicht nur um kirchliche Würden, sondern ebenso um weltlichen Gewinn zu tun sei. Obwohl Walahfrids Gönner Grimald selbst *capellanus* am Hof war, mildert Walahfrid den Vorwurf nicht (Traill p. 129).
330sq.: Wörtlich: «Sie schmücken sich mehr mit feinen Gewändern als mit den Strahlen des Lebens». Die freie Übersetzung berücksichtigt, daß hier mehrere Gedanken zusammenfließen: Das göttliche Licht ist das Leben der Menschen (Io 1, 4; 8, 12); Paulus ruft dazu auf, die Waffen des Lichtes und (als neues Gewand) den Herrn Jesus Christus anzulegen (Rm 13, 12–14); die Jünger sollen das Licht der Welt sein, das vor den Menschen leuchtet (Mt 5, 14–16).
334: *defendere* soll das in Heitos Text stehende *intercessores esse* wiedergeben; darauf greift die Übersetzung zurück.
335: Helfen (*solarier*): sc. durch ihr Gebet, wie aus Heitos Text c. 6 hervorgeht.
340–342: Das Gleichnis vom Guten Hirten (nach Io 10) wird hier eigenwillig verändert: Der Hirte selbst, dessen Trunkenheit Bild seiner Pflichtvergessenheit ist, vermag nicht über seine Herde zu wachen. Sarkastisch läßt Walahfrid in *iacet ebrietate sepultus pastor* Vergils Schilderung des betrunkenen *pastor Polyphemus* anklingen: *expletus dapibus vinoque sepultus cervicem inflexam posuit iacuitque per antrum immensus*: «Randvoll vom Essen und Wein begraben legte er den gebeugten Nacken hin und lag riesenhaft ausgestreckt in der Höhle» (Aeneis III, 630–632 und 657).

342sq.: Mißbrauch der geistlichen Gewalt wurde als Unzucht und als *adulterium* verstanden. Zur Bedeutung von «Unzucht» in übertragenem Sinn cf. Cassian, Collationes 14, 11. Das Bild von der Kirche als der Braut Christi geht vor allem auf die Deutung des Hohenlieds durch die Kirchenväter zurück.

345: Anklang an den berühmten Vergilvers *Quid non mortalia pectora cogis, auri sacra fames?* (Äneis III, 56).

347–349: Cf. I Cor 4, 1: Der Apostel und seine Mitarbeiter sind Verwalter der Geheimnisse Gottes (*dispensatores mysteriorum Dei*); in Act 8, 21 verurteilt Petrus den Simon, der geistliche Vollmacht mit Geld kaufen will: er habe kein Recht darauf, und sein Herz sei nicht «gerecht» (*rectum*) vor Gott.

350–352: Die Taube ist Bild des Heiligen Geistes; daher wird der Verkauf von Tauben im Tempel (Io 2, 13–16) allegorisch als Geldnahme für die Erteilung geistlicher Weihen und Handlungen (die Handauflegung zum Empfang des Heiligen Geistes) gedeutet. Walahfrid kannte diese Auslegung vor allem aus Homilien Gregors des Großen (Hom. 17, 13 und 39, 2 nach Augustinus, Tractatus in Iohannem 10, 6) und hatte das Thema schon in *De subversione Hierusalem* (s. o. Anm. zu v. 225–234) behandelt. Die Vertreibung der Händler mit Geißelhieben entspricht der Verdammung solcher Geistlicher. *Solimi* oder *Solymi*, der Name für die Bewohner Jerusalems, steht hier für die Händler beim Tempel.

353–359: Der Priester muß für die ihm anvertrauten Seelen Rechenschaft ablegen und soll dies ohne Seufzen tun können (Hbr 13, 17). Verfehlt er seine Aufgabe, büßt er nach dem Weltgericht (cf. Mt 25, 31sqq.) stellvertretend für alle (*pro cunctis*, v. 359; Önnerfors, der in Phil. zu W. S., p. 63, die Interpunktion der Verse 357–359 geklärt hat, versteht *cunctis* als Neutrum). Cf. auch Benediktregel 2, 6–7: «Die Schuld trifft den Hirten (beim Gericht Gottes), wenn der Hausvater an seinen Schafen zu wenig Ertrag feststellen kann.» Zur Interpunktion in v. 353–356 siehe Traill p. 131.

361: In Anlehnung an Gregor d. Gr. (Homilie 17, 14) wird hier die Quelle Os 4, 9 zitiert.

363–365: Der rohe und ungefüge Bau, Zerrbild eines wohlgefügten Klosterbaus, versinnbildlicht die gestörte Ordnung dieser Mönchsgemeinschaft, die die Regel mißachtet hat. Das Bild findet sich wieder in der von Heitos Visio Wettini beeinflußten Visio Rotcharii (Carozzi p. 335 und 343; Traill p. 133; cf. Anm. zu v. 458sqq.).

371: *secretus* in doppeltem Sinn: von dem der Gemeinschaft gehörenden Besitz abgesondert und verheimlicht.

372: Blei deutet auf die Sünde der Habgier hin, die wie Blei den Geist nach unten zieht: *per plumbum namque … peccatum avaritiae specialiter designatur, quod mentem, quam infecerit, ita gravem reddit, ut ad appetenda sublimia attolli nequaquam possit* (Gregor, Moralia 14, 53; Önnerfors, Phil. zu W. S., p. 59; Traill p. 134).

373: wörtlich: «um ihn mit ungewissem Ende auszuspeien» (*sub* zur Bezeichnung des Umstands). Der Übersetzung Traills «at the worlds uncertain end» (p. 52) bzw. «just before the end of the world» (p. 135) kann ich mich nicht anschließen, da das Weltende nicht als *dubius* betrachtet werden kann. Fraglich aber scheint für Walahfrid (der diese Bemerkung hinzugefügt hat) zu sein, ob dieser Mönch unter die Seligen gelangen wird. – Die Vermutung, es könne sich um einen verstorbenen Mönch der Reichenau handeln, dessen Name noch bekannt war (Carozzi p. 336), ist nicht von der Hand zu weisen. Enthalten die Anfangsbuchstaben der Verse 372–374 (R-I-H) einen Teil seines Namens? Cf. die Akrosticha in den Versen 418–420 und 425–427.

374sq.: Ananias und Saphira, die einen Teil des der Gemeinde versprochenen Erlöses aus ihrem Besitz heimlich zurückbehielten und im Angesicht des Apostels Petrus tot zusammenbrachen (Act 5, 1–11), sind Urbild für die Sünde der Habgier eines Mönchs, der Eigenbesitz behalten will. Streng verbietet dies die Benediktusregel (c. 33) und gibt sogar die Anweisung: «Der Abt durchsuche häufig die Betten, ob sich dort nicht Eigen-

besitz (*opus peculiare*) finde» (c. 55, 16; cf. dort auch c. 57, 5 sowie Cassian, De institutis coenobiorum VII, 14 und 25). Einem Mönch seines Klosters, der Goldstücke für sich behalten hatte, versagte Gregor bei dessen Tod den Beistand der klösterlichen Gemeinschaft (Gregor, Dialogi IV, 57, 9sqq.). – Zu der von Walahfrid eingefügten Bezeichnung von Ananias und Saphira als «Gefäße der Gefahr» cf. Act 9, 15, Rm 9, 22sq. und II Tim 2, 20sq.

376: *dum peste laborat* bringt eine zusätzliche Information zu Heitos Bericht.

386: Der Mönch, der die Armut gewählt hat, wird dafür als Erbteil Christus erhalten: cf. Lc 6, 20; Ps 72 [73], 26; Dt 10, 9.

387: In *si vendis Christum* liegt ein Vergleich mit der Tat des Judas vor (Lc 22, 3–6); cf. Traill p. 136sq.

389: Cf. I Pt 5, 4; Apc 2, 10.

391–399: Aus Walahfrids Akrostichon der Verse 394–399 geht hervor, daß es sich um Abt Waldo handelt, der die Klöster St. Gallen (782–783), Reichenau (786–806) und St. Denis (806–813 oder 814) leitete und zeitweise die Verwaltung der Diözesen Pavia und Basel innehatte; er stammte aus dem engsten Umkreis der Karolinger und war Vertrauter und Berater Karls des Großen, Kapellan an dessen Hof und eine Stütze der kaiserlichen Italienpolitik. Ihm wird von der Reichenauer Mönchsgemeinschaft, seinem Verwandten Wetti und seinem Nachfolger Heito der Vorwurf gemacht worden sein, sich – im Gegensatz zum Bestreben Heitos und später Erlebalds – zu sehr politischen und kirchlichen Aufgaben außerhalb seines Klosters gewidmet zu haben (cf. M. Wiech, Das Amt des Abtes im Konflikt, Siegburg 1999, p. 142sq.). Waldos Reichenauer Abbatiat aber ist gekennzeichnet durch die steigende Bedeutung seines Klosters, durch Fortschritte in der wissenschaftlichen Bildung der Mönche (so daß die Reichenau Aufgaben übernehmen konnte, wie Karl sie den Klöstern zugedacht hatte), durch eine zunehmende Zahl von Mönchen und einen erstaunlichen Ausbau der Bibliothek, auch durch die Verbindungen mit anderen Klöstern im Geiste der Gebetsverbrüderung. Die Übernahme der Leitung des Klosters St. Denis 806 war dann der Höhepunkt in der Karriere dieses Abtes. Umfassende Darstellung: E. Munding, Abt-Bischof Waldo, Begründer des Goldenen Zeitalters der Reichenau, Beuron 1924; zusammenfassend H. Maurer, Reichenau, p. 510.

400–409: Obwohl der Name des Bischofs Adalhelm, den Walahfrid hier wiederum durch ein Akrostichon überliefert, in mehreren Einträgen der Reichenauer und St. Galler Gedenkbücher auftaucht, konnte bisher nicht geklärt werden, um wen es sich dabei handelt. Adalhelm könnte, so vermutet Karl Schmid, ein Reichenauer Mönch gewesen sein, der im Westfrankenreich einen Bischofssitz bestieg; er wird sich wohl längere Zeit auf der Insel aufgehalten haben. Höchstwahrscheinlich ist sein Todestag der 27. 1. 824 (in Heitos Visio Wettini wird er c. 10 als *nuper defunctus* erwähnt); da er im Verbrüderungsbuch als Lebender eingetragen wurde, folgt daraus, daß mit der Anlage des Buches vor diesem Zeitpunkt begonnen worden ist. Cf. hierzu RZ 392.

403: Der Bote ist der in den Versen 410–413 akrostichisch genannte Kleriker Adam, dessen Traum in den Versen 414–427 erzählt wird.

408: *vi* ist hier als Dativ gebraucht.

414–427: M. Borgolte (in: Die Grafen Alemanniens in merowingischer und karolingischer Zeit, Sigmaringen 1986, p. 253) läßt offen, ob es sich bei dem akrostichisch in v. 414–420 genannten Odalrich um den Grafen Udalrich handelt, der ein Bruder von Hildegard (der Gemahlin Karls des Großen) und Gerold (dem Präfekten von Bayern) war, oder um den gleichnamigen Sohn dieses Grafen. Ein Graf aus dieser Zeit mit Namen Ruadrich (Akrostichon v. 421–427) dagegen ist nicht nachzuweisen. So ist zu vermuten, daß bei Walahfrid ein Irrtum vorliegt (was wiederum auf eine nur gelegentliche Verständigung mit Heito hinwiese) und daß einer der Grafen mit dem Namen Ruadbert gemeint sein

könnte, von denen der ältere ein Onkel von Udalrich (I), der jüngere ein Sohn dieses Udalrich war. Die Grafengewalt im Westen und Norden des Bodensees ist, wie Borgolte darlegt, als Familienherrschaft der Angehörigen Hildegards organisiert gewesen. Nach 805 sind im Linz- und Argengau für einige Zeit nebeneinander ein Udalrich und ein Ruadbert belegt; möglicherweise ist der jüngere Ruadbert (II) als Nachfolger des älteren in der Verwaltung des Comitats neben seinen Vater Udalrich getreten. Für die Zeit vor 805 käme in diesem Zusammenhang der ältere Ruadrich in Frage. Zu den Genannten cf. Borgolte p. 216–224 und 248–254. Ungeklärt ist auch, welche Umstände zu der offensichtlichen Feindschaft zwischen Waldo, der von 786–806 Abt der Reichenau war, und diesen oder anderen Grafen geführt haben. – In dem Bericht vom offenen Haus und dem Bad der Grafen mit seinen drastischen Einzelheiten irdischer Realität liegt ein anderer Typ von Traumgesicht vor, der sich von den Erscheinungen abhebt, wie sie Wetti erfuhr; vergleichbar ist der übelriechende Fluß mit der Fäulnis des Lasters, den Gregor schildert und deutet (Dialogi IV, 37, 8sq.). Heito hat den Traum eingefügt, weil er die Aufforderung zur Hilfe für die Verstorbenen und die Strafe für deren Unterlassung bestätigte. Trotz aller Unterschiede in den Einzelheiten der Jenseitsdarstellungen war man vom Bedeutungsgehalt der Visionen überzeugt und deutete ihn in Übereinstimmung mit der Lehre der Kirche (H. Spilling, Die Visio Tnugdali, Eigenart und Stellung in der mittelalterlichen Visionsliteratur bis zum Ende des 12. Jahrhunderts, München 1975, p. 203sqq.). – Zur Interpunktion in v. 414 cf. Traill p. 141.

422: Die von Traill (p. 142sq.) vorgeschlagene Änderung des überlieferten *pellantur* in *pellamur* wird durch Vergleich mit v. 418 und Heitos Text gestützt.

438–445: Zu dieser von Walahfrid hinzugefügten Mahnung cf. Gregor, Dialogi IV, 41, 3 und 60, 1. Hierzu cf. Angenendt, Beschichte der Religiosität, p. 708–711.

446–448: Die dem Kaiser Karl gewidmeten Verse beginnen in der Wortwahl mit deutlichen Anklängen an Vergils Äneis und sollen damit auch sprachlich an den Bezug zum römischen Reich erinnern: *alta Romana gens* (nach Äneis I, 7 und I, 33), *Ausonia*, *regna tenere*(*regna* als epischer Plural), *lustrare* (cf. Äneis VI, 887), *arva*, *fixus*, *gressus*.

456: «Und er erreichte in dieser Welt gleichsam einen einzigartigen Gipfel.»

458–460: Da Wetti beim Anblick dieser Strafe erstaunt ist (cf. bei Heito c. 11), zielt seine Frage letztlich nicht auf das Was, sondern das Warum; dies berücksichtigt die Übersetzung. Zur Interpunktion: Orlandi p. 198. – Ein anderes Bild des Kaisers wird Walahfrid in seinem um 840 entstandenen Vorwort zu Einharts Vita Karoli zeichnen: Karl wird dort nicht nur als der ruhmvollste und mächtigste König, sondern vor allem auch als *amator sapientiae*, als Freund der Gelehrten und Förderer von Wissenschaft und Bildung gepriesen. Eigene Einblicke in das Leben am Hof und in die Politik, der Vergleich mit der Schwäche von Karls Nachfolgern und nicht zuletzt der Einfluß der Freundschaft mit dem Biographen Karls haben bei Walahfrid zu dem günstigeren Urteil beigetragen. Einhart selbst berichtet von den Frauen und Nebenfrauen Karls ohne Tadel (c. 18). – Die Vermutung, die Jacques Le Goff äußert (La Naissance du Purgatoire, Paris 1981, p. 161; dort über die Visio Wettini p. 121–131), hier liege einer der ältesten Belege für die im Mittelalter verbreitete Erzählung vom schuldhaften Umgang Karls mit seiner Schwester vor, durch den er Vater Rolands geworden sei, läßt sich bei genauer Betrachtung unserer Stelle nicht halten. – Während in der wohl von Heito redigierten *Visio cuiusdam pauperculae mulieris* Karl ebenfalls als ein in Qualen (*in tormentis*) büßender Sünder erscheint, sieht ihn die *Visio Rotcharii*, deren Verfasser Heitos Visio Wettini gekannt hat (hierzu Carozzi p. 343sq.), durch die Fürbitte der Gläubigen von seinen Sündenstrafen befreit. Die Visio Rotcharii hat W. Wattenbach herausgegeben in: Anzeiger für Kunde der deutschen Vorzeit, Neue Folge XXII, 1875, col. 72–74. – Heitos abschließender Satz

in c. 11 erinnert an Eph 1, 11: *nos sorte vocati sumus praedestinati* («wir sind als Erben vorherbestimmt und eingesetzt»).
466–468: Cf. Iac 2, 10; Ez 33, 13.
469: *vas pertusum*: cf. Lukrez III, 1009. Daß Walahfrid diese Stelle gekannt hat, zeigt die Anspielung auf den darauffolgenden Vers in Dei imagine Tetrici v. 96 (Dümmler hat das von G überlieferte *potestur* zu Unrecht geändert). Nahe liegt auch ein Bezug zu Agg 1,6 *sacculum pertusum*, «löchriger Beutel» (Traill p. 150); P. Orth (DA 61, 2005, p. 707sq.) verweist dazu auf die Erläuterung der Prophetenstelle durch Gregor d. Gr. (Homilia in Hiezechielem IV,10): «Die Unbesonnenen erkennen nicht, wie der durch ein gutes Werk erworbene Lohn durch ein schlechtes Werk verlorengeht.»
475–479: In Heitos Text (c. 12) muß *ordinata* (statt *ornata* wie in den späteren Handschriften und in der Ausgabe Dümmlers) die richtige Lesart sein; sie ist in Aug, Ashb, Ambr und Ds überliefert, und Walahfrids *parari* (v. 476) scheint sie zu bestätigen. Heitos Darstellung legt nahe, daß die Geschenke in verzierten Tüchern (zu *palleum* bzw. *pallium* cf. Niermeyer, Mediae Latinitatis lexicon minus p. 985) und silbernen Gefäßen aufbewahrt werden, während bei Walahfrid die Tücher und die mit Gold und Silber gefüllten Gefäße die Geschenke selbst zu sein scheinen: «Dort sah er, wie Geschenke in prunkvoller Aufmachung vom Teufel (= in den Händen des Teufels) herbeigeschafft wurden, um zur Schau gestellt zu werden: verzierte Tücher und in Gefäßen das Metall Gold und Silber, und überaus viele Pferde tragen [dies muß *obsequi* hier bedeuten] die schimmenden Gewebe aus Linnen, und sie schmückt der Glanz ihrer funkelnden Zügel.» – *pompa* bezeichnet die *vanitas*, «Eitelkeit», das eitle Protzen der Welt (cf. v. 352), ähnlich *pompatice* bei Heito. – *praefiguratio* (bei Heito c. 12) bezeichnet, daß eine Erscheinung in ihrer Bedeutung auf eine andere vorausweist. – Zum Sammeln von Schätzen für das künftige Leben cf. I Tim 6, 19: *thesaurizare sibi fundamentum bonum in futurum, ut apprehendant veram vitam*. Wenn die Grafen die Geschenke an sich nehmen müssen, wird dies für sie zum Eingeständnis des Unrechts und der Strafwürdigkeit.
486–508: Klagen über die Habgier, Bestechlichkeit und Ungerechtigkeit der Richter wurden häufig vorgebracht; man vergleiche Gedanken aus den *Versus contra iudices* des Theodulf von Orléans (MGH Poetae I, 493–517), aus Alkuins Traktat *De virtutibus et vitiis* (Migne, PL 101, 628sq.) und Weisungen der Kapitularien (MGH Capitularia regum Francorum I, nr. 22, p. 58; nr. 141, p. 290sq.).
492: Ab diesem Vers wird die Rede des Engels fortgeführt, von Heito (c. 13) zunächst in indirekter Rede wiedergegeben (*cum … communicando* ist noch Teil des vorangehenden Satzes).
502: Rm 2, 5: *thesaurizas tibi iram in die irae*: «du sammelst (sc. wie deinen Schatz) Zorn gegen dich für den Tag des Zornes»; cf. Iac 5, 3.
508: Io 3, 18. Bei Heito (c. 13) findet sich das wörtliche Zitat.
510: Cf. Mc 10, 21; Lc 16, 9.
511: Cf. Lc 6, 24; Iac 5, 1–6.
512: Mit dieser Besinnung auf die Bedeutung von *comites* vergleichbar sind die an die Grafen gerichteten Ausführungen in der *Admonitio ad omnes regni ordines* Ludwigs des Frommen (erlassen nach 823): *Proinde monemus vestram fidelitatem, ut memores sitis fidei nobis promissae et in parte ministerii nostri vobis commissi, in pace scilicet et iustitia facienda, vosmetipsos coram Deo et coram hominibus tales exhibeatis, ut et nostri veri adiutores et populi conservatores iuste dici et vocari possitis*: «Daher ermahnen wir euch, unsere Getreuen, des uns geleisteten Treueschwurs eingedenk zu sein und in dem Bereich des Dienstes, den wir euch anvertraut haben, nämlich der Schaffung von Frieden und Gerechtigkeit, euch vor Gott und den Menschen so zu bewähren, daß ihr mit Recht unsere wahren Helfer und die Beschützer des Volkes genannt werden könnt.» Auch

dort folgt die Warnung vor Bestechlichkeit durch Geschenke und Beziehungen (MGH Capitularia regum Francorum I, p. 304).

513–516: Nach Mt 7, 13sq.

517f.: Cf. Lc 6, 21 und 25; Mt 5, 4; Io 16, 20.

520sq.: Mit dem *plebeius ordo* bei Heito (c. 14) ist der Stand der Laien schlechthin gemeint; bei Walahfrid wird der «Stand» zum «Rang», und unter *populi senatus* sind wie in v. 108 Adlige aus Regierung und Verwaltung zu verstehen.

525–539: Während Heito (c. 15) wenig anschaulich von *loca* spricht, verdeutlicht Walahfrid durch *moenia* den Eindruck, daß es sich um die gewaltigen Bauten einer Stadt handelt; in einem fünfzehn Verse umfassenden Satzgefüge beschreibt Walahfrid das himmlische Jerusalem. Anregung für die Vorstellungen von der himmlischen Stadt wurde deren Beschreibung im 21. Kapitel der Apokalypse. Zur Bedeutung der Fünfzehn siehe in der Einführung. – In Heitos Bericht folgt hierauf die Erscheinung Gottes, die Walahfrid an dieser Stelle bewußt unterdrückt und bei der Begegnung mit den heiligen Jungfrauen nachholt (cf. Anm. zu v. 615–619 und in der Einführung, oben p. 25). In *rex regum et dominus dominantium* (c. 15) liegt ein Zitat aus Apc 19, 16 bzw. I Tim 6, 15 vor; an der letztgenannten Stelle folgt: *qui solus habet immortalitatem, et lucem inhabitat inaccessibilem: quem nullus hominum vidit, sed nec videre potest*.

528: Cf. bei Heito c. 21:*naturali constructione fundata*; dies bedeutet: «von keines Menschen Hand geschaffen».

550: *obumbrat*: Daß Gott mit seinem Schatten bedeckt, bedeutet Schutz (Ps 90 [91], 4), zugleich Auserwählung (Lc 9, 34). In *nitet ... obumbrat* liegt ein Oxymoron vor.

554: *illecebrae* «Verlockungen», hier im Sinne von «Sünden», d. h. wozu Wetti sich verführen ließ und verführt hat; cf. auch *inlex* in v. 582.

558: In Heitos Darstellung ertönt die Stimme vom Thron (*vox de throno audita est*, c. 16). Walahfrid läßt, vielleicht in Anlehnung an Apc 16, 17 (*exivit vox magna de templo a throno*), die Stimme aus dem Heiligtum erschallen; *testudo* («Schildkrötenform, flache Wölbung») bezeichnet nach Walahfrids eigener Erklärung das Gewölbe eines Heiligtums: *Haec* [sc.*camera*]*etiam a concavitate superiori ad similitudinem cuiusdam animalis testudo nominatur* (De exordiis ... c. 6, in Anlehnung an Isidor, Etymologiae XV, 8, 8; cf. hierzu den Kommentar von A. L. Harting-Correa, p. 220). In diesem Vers klingen Vergil, Äneis I, 505 (*media testudine templi*) und Sedulius, Carmen paschale IV, 233 an.

559sq.: *torpore madens* = «naß triefend vor Trägheit»; mit einem solchen «Zunder» kann man andere nicht zu einem Feuer der Begeisterung entzünden (*incendere*).

562sq.: Der Engel und Wetti bleiben weit hinten stehen wie der schuldbewußte Zöllner (Lc 18, 13).

564sq.: Es sind im karolingischen Reich besonders verehrte Heilige: Dionysius (St. Denis), Bischof von Paris, erlitt Ende des dritten Jahrhunderts vor der Stadt den Märtyrertod. Über seinem Grab entstand die Abtei St. Denis, eines der wichtigsten Heiligtümer des Frankenreichs. Nach seinem Weggang von der Reichenau leitete Abt Waldo dieses Kloster in den Jahren 806–814. – Hilarius, † 367, wahrscheinlich der erste Bischof von Poitiers, Kämpfer gegen den Arianismus, ein wichtiger Vermittler der Theologie des Ostens im Westen, Verfasser von Hymnen. – Martinus, † 397, leistete Kriegsdienst in Gallien und wurde Schüler des Bischofs Hilarius von Poitiers; nach einer Zeit des Einsiedlerlebens wurde er 371 Bischof von Tours, wo er das Kloster Marmoutier gründete. Seine Lebensbeschreibung (ein Werk des Sulpicius Severus) war, wie der Katalog Reginberts überliefert, in der Reichenauer Bibliothek in einem Band mit der Hilariusvita (des Venantius Fortunatus) vereinigt. – Anianus von Orléans, † 453, erwarb sich als Bischof dieser Stadt im fünften Jahrhundert Verdienste bei ihrer Verteidigung gegen Attila. – Berühmte Klöster

bewahrten an den genannten Orten das Andenken ihrer Heiligen, und deren Äbte spielten auch in der Regierungszeit Ludwigs des Frommen eine wichtige Rolle (hierzu Carozzi p. 338sq.).
566–569: Gregor d. Gr. legt dar, daß sich die Auserwählten im Himmel erkennen, auch wenn sie sich auf Erden nie gesehen haben; einem Mönch, der vorbildlich gelebt habe, sei sogar schon in der Todesstunde zuteil geworden, die Erscheinung von Propheten zu sehen und diese zu erkennen (Dialogi IV, 33 und 34). Walahfrid läßt also die Möglichkeit offen, daß auch Wetti diese Gnade erfahren durfte und damit zu den Auserwählten gehörte. Cf. Traill p. 158.
581: Die Galle der Sünde: cf. Act 8, 23. – In *felle fefellit* liegt ein Wortspiel vor; cf. v. 457, 765, 801, 878; Önnerfors, Phil. zu W. S., p. 54.
604sq.: Sebastian: Märtyrer in der Zeit der Diokletianischen Verfolgung. Die im fünften oder frühen sechsten Jahrhundert entstandene Passio S. Sebastiani machte ihn zu einem kaiserlichen Offizier und Anführer der Leibwache des Kaisers; er soll wegen seines den christlichen Glaubensgenossen gewährten Beistands auf Befehl des Kaisers an einen Baum gebunden und mit Pfeilen durchbohrt, nach Heilung der Wunden aber erschlagen worden sein. – Valentin wurde als Märtyrer in Rom und als Bischof von Terni verehrt (möglicherweise handelt es sich um zwei verschiedene Heilige). Angeblich zur Heilung eines spastisch Gelähmten nach Rom gerufen, soll er dort wegen Verweigerung des Opfers für die Götter enthauptet worden sein. – Der Versuch Carozzis (p. 339sq.), die Erwähnung der beiden Heiligen bei Heito mit damaligen Vorgängen zusammenzubringen, stößt auf Schwierigkeiten wegen der Datierung: Die Translation der Gebeine des hl. Sebastian nach Soissons erfolgte 826, der Papst mit dem Namen Valentin wird erst am 1. 9. 827 gewählt; Heitos Visio Wettini aber entstand 824/825. Doch erweisen die von Carozzi genannten Fakten die Bedeutung von Sebastian und Valentin für jene Zeit.
606–632: Vielleicht befand sich in der Infirmerie der Mönche, in der der kranke Wetti lag, eine Kapelle zu Ehren der heiligen Jungfrauen und der Gottesmutter Maria (FK 59 n. 89). – In der *Visio Baronti* erscheinen heilige Jungfrauen bei der zweiten Paradiesespforte, bei der dritten eine Schar von Priestern und die Märtyrer (c. 9–10); die Jungfrauen und die Märtyrer rufen Christus an, die Seele des Barontus vor den Teufeln zu retten.
615–619: Hier fügt Walahfrid das Erscheinen der *maiestas* Christi ein, das er in Abweichung von Heitos Text (c. 15) nach der Beschreibung der himmlischen Stadt weggelassen hatte: Die heiligen Jungfrauen erblicken die Herrlichkeit Christi; Wetti, einem noch in dieser Welt lebenden Menschen, mußte dies verwehrt sein. Christus erscheint den Jungfrauen, «wie er anhand von menschlichen (d. h. von Menschen geschaffenen) Bildern nicht gesehen und erkannt werden kann» (*agnoscere ab* hier wie *agnoscere ex aliqua re*; zu *figura*, «bildliche Darstellung», cf. Walahfrids *De exordiis et incrementis* c. 8). Mit *bella fidei* verweist Walahfrid auf die damals immer noch aktuelle Bilderfrage: Welche Berechtigung und welchen Wert hatten die heiligen Bilder, vor allem Darstellungen Christi, und welche Form von Verehrung gebührte ihnen? Nach dem Jahrzehnte währenden Bilderstreit, in dessen Verlauf Kaiser Leo III. 726 zunächst die Entfernung, dann die Vernichtung aller heiligen Bilder angeordnet hatte, war auf dem zweiten Konzil von Nicaea (787) die *Anbetung* (λατρεία) der Bilder verworfen, deren *Verehrung* (προσκύνησις) aber gutgeheißen worden. Die unbedachte Übersetzung *beider* Begriffe mit *adoratio* rief am Hofe Karls und bei den Franken einen Sturm des Protestes hervor, der seinen Niederschlag in den sog. *Libri Carolini* fand, zur Ablehnung der Konzilsbeschlüsse und zu einer Auseinandersetzung zwischen Karl und dem konzilstreuen Papst Hadrian I. führte. Nur als frommen Schmuck und als Erinnerungszeichen wollten die Franken die Bilder gelten lassen; der theologische Ansatz der Griechen und deren Tradition blieb dem Westen freilich fremd. Auch in der Zeit, als Walahfrids Visio Wettini entstand, versuchte

Ludwig der Fromme noch, den Papst (Eugen II.) in der Bilderfrage umzustimmen; er lud gegen Ende des Jahres 824 eine Reihe von Bischöfen zu einem Treffen nach Paris ein, und am 1. November 825 trat dort eine Reichssynode zum Thema der Bilderverehrung zusammen, blieb aber ohne Auswirkungen. Walahfrid selbst hat in dem erwähnten Kapitel seines liturgiegeschichtlichen Werkes, das nach 840 entstand, den Wert der Bilder im Dienst frommer Belehrung durchaus anerkannt, einen *cultus immodicus* aber abgelehnt. Zu Bilderstreit und Bilderfrage siehe W. Berschin, Griechisch-lateinisches Mittelalter, Bern/München 1980, p. 138–140; A. Freeman in der Einleitung zu MGH Concilia, t. 2, suppl. I (Opus Caroli regis contra synodum), Hannover 1998.
621–624: In v. 622 läßt Walahfrid einen Vers aus dem Widmungsgedicht anklingen, das sein Lehrer Wetti dem St. Galler Abt zusammen mit seiner Neufassung der Gallusvita übersandte: *Vertendo multos exemplo ad moenia vitae* (MGH Poetae t. 2, p. 477); in *moenia* liegt an beiden Stellen wohl eine Variante zu *munia* vor (so P. Orth: in: Deutsches Archiv 61, 2005, p. 707sq.). *Munia* («Aufgaben, Pflichten, Erfüllung der Gebote») weist demnach auf die im Evangelium gestellte Frage hin: Was muß ich tun, um das ewige Leben zu erlangen? (Lc 10, 25; cf. 18, 18; Mc 10, 17; Mt 19, 16); wir übersetzen daher «Werke des Lebens», und die Verse im Gedicht Wettis haben den Sinn: Gallus hat die Wahrheit erfaßt und den wahren Ruhm erlangt, «indem er viele durch sein Beispiel zu den Werken des Lebens bekehrte». – Versteht man *moenia* als «Stadt(mauern)», ergibt sich im weitesten Sinn «recalling to the realm of life» (Traill, p. 62) oder unsere bisherige Übersetzung «zur Stadt des Lebens» (als Gegensatz zum *aeternus ignis*, v. 623). Das Novum Glossarium Mediae Latinitatis (M-N, col. 372) gibt für beide Stellen *moenia vitae* durch «les remparts de la vie» wieder und erklärt den Ausdruck als Metapher für die Tugenden.
635–661: Es werden drei Laster als verwandt betrachtet und verurteilt: 1. Sodomie (in der Bedeutung von Homosexualität) als geschlechtlicher Verkehr zwischen Männern; 2. der allein von leidenschaftlicher Begierde bestimmte Verkehr zwischen Eheleuten; 3. Der Verkehr mit Konkubinen. Zu 1: Für das *scelus sodomiticum* wird auf zwei zentrale Stellen bei Paulus Bezug genommen: Rm 1, 26sq. (Sünde wider die Natur) und I Cor 6, 18sq. (der Leib als Tempel des Heiligen Geistes); cf. auch Gn 13, 13 und 19, 4sqq. – Das *Capitulare missorum generale* von 802 (MGH Capit. I, nr. 33, p. 94–95), zu dem sich in der Rede des Engels noch weitere Parallelen finden, sieht in der Sodomie von Mönchen ein besonders schweres Vergehen und droht strenge Strafe an. – Walahfrids Verse lassen mehrfach (v. 644, 649, 666) die Psychomachia des Prudentius anklingen, wo (in v. 40–108) der Kampf der *virgo Pudicitia* gegen die *Sodomita Libido* geschildert wird. – Zu 2: Der geschlechtliche Verkehr von Verheirateten, der über den natürlichen Zweck der Fortpflanzung hinaus leidenschaftlicher Begierde dient, wurde vor allem von Hieronymus und Augustinus verurteilt (cf. A. Angenendt, Geschichte der Religiosität im Mittelalter, p. 280–282); diese «Krankheit» wird dem *scelus sodomiticum* geradezu gleichgesetzt. – Zu 3: Der *luxus concubinarum*, den Heitos Text beklagt, wird in Walahfrids Formulierung zum Verkehr mit Dirnen (v. 659). Cf. auch Traill p. 161–163.
639: Umkehrung des Bildes vom leichten Joch, das Jesus auferlegt (Mt 11, 29sq.).
655: *lupanar*: Wahrscheinlich gab Prudentius, Psychomachia v. 47 den Anstoß zu dieser Formulierung; dort wird die *Sodomita Libido* als *dira lupa* bezeichnet, was die Glossen durch *meretrix*, bisweilen unter Verweis auf *lupanar*, erklären.
670: Wurm und Feuer: Mc 9, 43–48.
672–674: Zum Versuch des Beauftragten, sich der Aufgabe der Verkündigung zu entziehen, cf. Ex 3, 11; 4, 10; Idc 6, 15; Is 6, 5; Ier 1, 6. – So erklärt auch in der von Heito aufgezeichneten *Visio cuiusdam pauperculae mulieris* die Visionärin: *Domine, vilis sum*

persona, et ista non audeo in medium proferre: «Herr, ich bin eine geringe Person und wage nicht, diese Worte zu verkünden.»
679: *radiis beatis*: cf. v. 331 und Anmerkung zu v. 330sq.
680–689: Ähnlich wie im Buch Tobit (12, 15) gibt sich der Engel erst nach dem langen Weg zu erkennen. Die Erzählung von Samson und Dalila findet sich Idc 13–16. Daß die Gestalt Samsons die Reichenauer beeindruckte, verrät auch eine Äußerung Gottschalks, des Freundes von Walahfrid: Er habe mit Freude bei der Augustinuslektüre *in Alemannia in refectorio* (das muß, wie Lambot erläutert, auf der Reichenau gewesen sein) erfahren, daß Samson zu den Erwählten gehöre (Gottschalk, Œuvres, p. 163, s. o. Anm. zu v. 225sqq.; die Augustinusstelle: De civitate Dei I, 21 und 26).
690–692: «An dich also richte ich jetzt mein Wort, wer immer du bist, wenn du nur dem Eigenwillen widersagst, für Christus, den Herrn und wahren König, kämpfen willst und den starken und glänzenden Schild des Gehorsams ergreifst» heißt es im Prolog der Benediktusregel; immer wieder werden dort die *propriae voluntates* verurteilt. Die Formulierung dieses Vorwufs in Heitos Visio Wettini c. 20 (*tuo arbitrio vivere coepisti*) hält sich an c. 5, 12 der Benediktregel (*suo arbitrio viventes vel desideriis et voluptatibus oboedientes*).
695–697: cf. Mt 18, 10; Ps 33 [34], 8; 90 [91], 11; Hbr 1, 14.
698: *liber pastoris* ist der zu Beginn des zweiten Jahrhunderts entstandene «Hirt des Hermas», der von einer Reihe von Offenbarungen berichtet, die Hermas zuteil werden; die Hauptthemen sind die Buße des Christen und die Bewahrung vor neuen Verfehlungen durch eingehende Belehrung. Walahfrid spielt auf die Stelle an, wo der als Engel der Buße auftretende Hirte dem Hermas erklärt, er sei ihm fortan als Begleiter für alle weiteren Tage seines Lebens mitgegeben (Visio V, c. 25, 2). Unter dem Einfluß dieser Schrift wird in Heitos Bericht nun von *maeror* und *paenitudo*, bei Walahfrid von Reuetränen und der inneren Umkehr Wettis gesprochen (v. 694), während vorher von Schuldbekenntnis und Wiedergutmachung die Rede war; auch die Mahnung des *nuntius poenitentiae* an Hermas, die Gebote und Gleichnisse aufzuschreiben, erfährt Wetti in ähnlicher Weise als Auftrag des Engels, der im Anschluß eine Reihe von Geboten verkündet (Traill p. 164sq.). Ähnlich hat die jenem Buch eigene Zuversicht, daß Reue und Buße nicht erfolglos sind, ihre Entsprechung in Wettis Vision: Der gottgesandte Engel erklärt, daß er sich Wetti wieder liebevoll zugewandt habe, und in der Verkündigung der Lehren des Engels sieht Wetti die Möglichkeit einer Wiedergutmachung seiner Verfehlungen (v. 841–848). Walahfrids Verweis auf das Buch des Hirten könnte von Cassian, Collationes IV, 19 angeregt sein.
704: *castra* (in Heitos Text c. 21: *spiritalia castra*): Das Kloster als Heerlager der Kämpfer für den Glauben und das Gute; cf. Apc 20, 9 *castra sanctorum*. Paulus vergleicht das Leben des Christen mit dem Kampf eines Soldaten (II Cor 10, 4; Eph 6, 10–17); wie öfters bei den Kirchenvätern findet sich der Vergleich auch in der Benediktusregel (Prolog; c. 58, 10 u. a.).
705: Nach I Cor 2, 14. Bei Heito steht in c. 21 das wörtliche Zitat; zum Gegensatz von *carnalis* («irdisch gesinnt») und *spiritualis* («geisterfüllt») cf. I Cor. 3, 1–3. Die alte Kirche warf den Juden und Heiden vor, «fleischlich» zu leben; die Bedeutung der Antithese fleischlich-geistig verschob sich seit der Zeit des frühen Mönchtums und bezog sich nun auf das Leben außerhalb und innerhalb des Klosters (K. S. Frank, Geschichte des christlichen Mönchtums, Darmstadt 1993, p. 48).
706–709: Heitos Text lehnt sich eng an das Vorbild Mt 24, 12 (*et quoniam abundavit iniquitas, refrigescet caritas multorum*) an; Walahfrid läßt mit seiner bei Ovid entlehnten Formulierung «*pignus amoris*» (Ep. I, 113) zugleich ergänzend die Stelle II Cor 1, 22 (cf. Eph 1, 13sq.) anklingen. Bei Heito liest man in diesem Zusammenhang auch die

Warnung vor Lauheit (*ne ... tepescat*), die unter Berufung auf Apc 3, 16 häufig erhoben wird (z. B. MGH Capitularia I, nr. 33, p. 94); Walahfrid vermeidet (aus klanglichen oder inhaltlichen Gründen) die Nähe von *tepescat* zu *refrigescat*, nimmt aber den Gedanken in v. 746 auf, dort unabhängig von der Vorlage.
713: Cf. Benediktusregel c. 39 und 40.
716sq.: Nach Cassian, De institutis coenobiorum I, 3.
718–721: Cf. das wichtige Kapitel 7 der Benediktusregel über die Demut, insbes. 7, 51 gegen die geheuchelte *humilitas*.
722sq.: Mit *vitiis variis virtutum iura premuntur* gibt Walahfrid nur ungenau wieder, was in der Vorlage in c. 21 *virtutes vitiis fucantur* lautet. Diese Formulierung in Heitos Text bereitet allerdings Schwierigkeiten: Was soll in diesem Zusammenhang bedeuten, daß Tugenden durch Laster übertüncht werden? Walahfrid weicht in ähnlicher Weise aus wie die Handschrift Aug. CXI, die *fucantur* in *fugantur* ändert; die Handschriften P und R suchen eine Lösung durch die Konjektur *suffocantur*, Ashb und Ds bieten dafür *fuscantur*. Doch der Gedanke, daß Tugenden durch Laster verdrängt werden, ist in seiner Aussage zu banal, als daß damit die größte Störung des mönchischen (= apostolischen) Lebens charakterisiert werden könnte. Denkbar ist, daß Heito eigentlich *vitia virtutibus fucantur* schreiben wollte: Denn üblicherweise erscheinen Laster als Tugenden aufgeputzt, nicht umgekehrt (cf. Gregor, Regula pastoralis II, 9; Prudentius, Psychomachia 551sqq.; Mt 23, 27); dem entspricht die vorangegangene Anklage gegen geheuchelte Demut ebenso wie die Fortführung des Gedankens im nächsten Satz, daß sich nämlich sündhaftes Verhalten *sub specie pietatis* einschleicht. Die Stelle bestätigt übrigens wiederum, daß Walahfrid seine Übertragung zum größten Teil ohne Gedankenaustausch mit Heito verfaßt hat. – Zur *apostolica vita* (v. 722) cf. die Anmerkung zu v. 769–775.
737: Nach Gal 6, 14.
739sq.: In Anlehnung an Benediktusregel c. 42, 3 und 73, 2–6.
742: Lc 9, 62; Gn 19, 17 und 26.
745–747: Walahfrid ändert durch das eingeschobene *inquit* die Satzkonstruktion der Vorlage in eine direkte Rede des Engels; *quam plurima* leitet dadurch einen Hauptsatz in Form eines Ausrufs ein («Wie viele Gewinne des Teufels gedeihen!»), der allerdings nicht konsequent weitergeführt wird. Mit *ordine confuso* schließt dieser Satz, wie ein Blick auf Heitos Text nahelegt (hierzu Traill p. 170). – Zu *lucrum* und *tepor* s. o. zu v. 327–336 bzw. 706–709; *lucrum dei* bezeichnet konkret die Gläubigen, hier insbesondere die Nonnenklöster. Zur Interpunktion cf. Traill p. 170.
747–751: I Tim 5, 6 (über eine Witwe, die ein ausschweifendes Leben führt: *Nam quae in deliciis est, vivens mortua est*) wird von Heito (c. 22) fast wörtlich zitiert. Es geht um die gelegentlich erfolgte Übertragung von Frauenklöstern an adlige Witwen, wodurch diesen ohne Verpflichtung zu asketischem Lebenswandel eine gehobene Versorgung gesichert wurde. Kaiser Ludwig selbst, an den Walahfrid hier (v. 762–768) in Ausführung des Gedankens ein mutiges Wort – sicher in Übereinstimmung mit der Meinung der Reichenauer Mönche – richtet, hatte auf die genannte Weise eigene Schwestern untergebracht, nachdem sie am Hof ein recht freies Leben geführt hatten. Cf. hierzu Traill p. 171sq. Zu den Forderungen, die die Bischöfe auf Synoden und in Traktaten bezüglich des Abbatiats von Laien an den Kaiser richteten, cf. F. J. Felten, Äbte und Laienäbte im Frankenreich, Stuttgart 1980, p. 294sqq.
769–775: Das Lob der Wüstenväter geht auf Johannes Cassianus († 430/435) zurück, dessen Werke in der Benediktusregel als Pflichtlektüre der Klöster festgelegt sind. Cassian sah in der christlichen Urgemeinde, die nach der Lehre der Apostel lebte, die Anfänge des klösterlichen Lebens; nachdem er aus eigener Anschauung das Mönchtum Ägyptens, Palästinas und Syriens kennengelernt hatte, verfaßte er die *Collationes patrum*, fiktive

Unterredungen mit angesehenen Mönchsvätern der Wüste, die durch ihre Lebensform die Weisungen der Apostel noch vollkommener verwirklichen wollten. Zur Bedeutung der Idee des apostolischen Lebens für das Mönchtum cf. A. Angenendt, Geschichte der Religiosität im Mittelalter, p. 223sqq.

785–790: Von dieser Seuche berichten die Annales regni Francorum zum Jahre 823: *Secuta est ingens pestilentia atque hominum mortalitas, quae per totam Franciam inmaniter usquequaque grassata est et innumeram hominum multitudinem diversi sexus et aetatis gravissime saeviendo consumpsit*: «Es folgte eine gewaltige Pest und Seuche unter den Menschen, die sich schrecklich überall im ganzen Frankenland ausbreitete und durch ihr furchtbares Wüten eine unzählbare Menge von Menschen beiderlei Geschlechts und jeden Alters dahinraffte.» Cf. K. Schmid, Bemerkungen zum Verbrüderungsbuch, p. 527–529. – Daß durch solche Katastrophen Gott die Menschen für ihre Sünden strafe, war die übliche Deutung. Pest galt zugleich als Vorbote des Weltendes (Mt 24, 7: *et erunt pestilentiae et fames et terraemotus per loca*; Lc 21, 11). Walahfrid fügt in den Versen 791–793 mahnende Worte hinzu (nach Mt 24, 42–44 bzw. Lc 12, 37–40; zum «Sammeln» der Taten cf. Mt 3, 12; 13, 30), doch wird der Gedanke des baldigen Endes der Welt an keiner weiteren Stelle mehr aufgegriffen.

794–801: Zum Eifer in der Gestaltung des Gottesdienstes und zur Warnung vor Trägheit cf. Benediktusregel c. 18, 23sq.; 19; 43, 1–3. Walahfrids Zusatz scheint in v. 801 («Der Herr entbehrt dies – sc. seine Verehrung im Gottesdienst – nicht, doch *wir* haben es nötig, dies zu tun») die Augustinusstelle Confessiones XIII, 1, 1 aufzugreifen, die ebenfalls durch ein Wortspiel charakterisiert ist.

802–826: Würdigung des Grafen Gerold. Die Mitteilung, daß der in der Reichenauer Marienkirche bestattete Graf unter die heiligen Märtyrer aufgenommen sei, bildet den Schluß der Vision. Man kann sie als Aufforderung an die Reichenauer verstehen, Gerold als einen ihrem Kloster gehörenden Heiligen zu verehren. Walahfrid schließt in seiner Weise einen Preis der Tugenden Gerolds an und vergißt dabei auch nicht das Lob Hildegards, der 783 verstorbenen Königin, deren Sohn Ludwig der Fromme nun das Reich regierte. Aus dem burgundisch-fränkischen Geschlecht der Agilolfinger stammend und durch seine Schwester Hildegard mit Karl dem Großen verschwägert, wurde Gerold einer der mächtigsten und einflußreichsten Paladine Karls. Er begleitete den Kaiser auf den Feldzügen gegen die Langobarden und wurde nach der Entmachtung des Bayernherzogs Tassilo III. Präfekt in Bayern; bald tat er sich in den Kämpfen gegen die Awaren hervor. Nachdem er schon das Kloster St. Gallen reich beschenkt hatte, stiftete er den größeren Teil seines Vermögens dem Inselkloster. In einem kurzen, an biblische Vorbilder erinnernden Monolog (v. 818sq.) läßt Walahfrid ihn den Entschluß dazu erklären. Nicht weniger als 25 Dörfer hat Gerold dem Kloster geschenkt, wie der Chronist Gallus Öhem berichtet; auch das Antependium des Marienaltars im Reichenauer Münster war eine Stiftung von ihm (zu dessen Weihinschrift cf. KAR 331sq.). Für das von der Konstanzer Diözese nun unabhängige Kloster war er ein wichtiger Fürsprecher. Überliefert ist eine Inschrift zu seinem Grab (MGH Poetae I, p. 114), deren Aussage sich in manchem mit Walahfrids Versen berührt:

Mole sub hac magni servantur membra Geroldi,
Huius iura loci cunctis qui viribus auxit.
Pannoniis vera ecclesiae pro pace peremptus
Oppetiit saevo Septembribus ense Kalendis
Sideribusque animam dedit. Artus Saxo fidelis
Abstulit, huc retulit dignoque hic clausit honore.

«Unter dem Stein hier ruht der Leib des mächtigen Gerold,
Der dieses Ortes Rechte mit allen Kräften gefördert.
Im Pannonierland für den wahren Frieden der Kirche
Fiel er unter dem grimmigen Schwert zu Beginn des September,
Sandte die Seele zum Himmel; den Leib rettet' Saxo, der treue,
Bracht' ihn hierher und setzte ihn bei mit gebührender Ehre.»

Über Gerolds Tod (am 1. 9. 799) während des Feldzugs gegen die Awaren berichtet Einhart in seiner gegen 830 entstandenen Vita Karoli (c. 13, 5) recht sachlich: «Gerold, der *praefectus* von Bayern, wurde in Pannonien, als er zum Kampf gegen die Hunnen das Heer in Schlachtordnung aufstellte, zusammen mit zwei Männern, die ihn begleiteten, während er auf und ab ritt und den einzelnen Kämpfern Mut zusprach, getötet – es ist ungewiß, von wem.» Es war also kein Tod im Kampf, und nicht einmal, ob der Graf durch Awarenhand umkam, stand fest. – Gerold wurde neben dem erwähnten Marienaltar beigesetzt. Ein Beweis für seine Verehrung ist, daß seine Gebeine in die 816 von Heito vollendete Kreuzbasilika übertragen wurden und wiederum rechts des Hochaltars ihren Platz fanden. Heito hat wohl selbst die Aussage Wettis über Gerold als markanten Abschluß an das Ende des Visionsberichtes gesetzt, um seinerseits die Anerkennung und Verehrung des Grafen als eines Hausheiligen zu fördern. Ob sich das Urteil über Gerold in der Folgezeit änderte, weiß man nicht; jedenfalls wurde ihm unter Abt Erlebald nicht mehr dieser Rang zuerkannt, und man wandte sich der Verehrung von Heiligen zu, deren Reliquien seit den dreißiger Jahren des neunten Jahrhunderts auf die Reichenau kamen (cf. KAR 344sqq.). Über Gerold cf. KAR 67sq.; James Bruce Ross in: Speculum 20, 1945, p. 212–235; M. Borgolte, Die Grafen Alemanniens in merowingischer und karolingischer Zeit, Sigmaringen 1986, p. 122–126; FK 102–105; RZ 473sq.; W. Urban, Der «Bannerträger» Karls des Großen. Zur 1200. Wiederkehr des Todes von Graf Gerold, in: Beiträge zur Landeskunde von Baden-Württemberg 1999, fasc. 5, p. 1–10; H. Maurer, Reichenau, p. 548–550. – Zu Hildegard: K. Schreiner, «Hildegardis regina». Wirklichkeit und Legende einer karolingischen Herrscherin, in: Archiv für Kulturgeschichte 57, 1975, p. 1–70.

806–808: Ein syntaktisch kompliziertes Zeugma: *gentibus infidis* ist am besten zu *congrediens* zu beziehen, muß aber wegen seiner Stellung ebenso von *defendere* (in ungewohnter Konstruktion) abhängen; die Abtrennung des *quoniam*-Satzes wirkt dadurch etwas willkürlich; cf. Heitos Text c. 27.

811: *bonitas* ist hier und in v. 814 in einem weiteren Bedeutungsumfang im Sinne von «Rechtschaffenheit» zu verstehen; in v. 149 und ähnlich wohl v. 266 ist «Güte» in engerem Sinn gemeint; cf. die ausdrückliche Verbindung von *virtus* und *benignitas* in v. 158.

830: Mit den *alites* in Heitos c. 18 sind die Hähne gemeint; *nuntius lucis* nennt Walahfrid den Hahn in Anspielung auf die Anfangsverse des Hymnus des Prudentius, der bei den Laudes gesungen wurde: *Ales diei nuntius lucem propinquam praecinit*.

839: *claustra* («Schranken») bezeichnet den abgeschlossenen Bereich des Klosters; in Heitos Text (c. 28) kommt die Grundbedeutung zum Vorschein: «die Schranken des Schweigens nicht durchbrechen» = das Schweigen im Kloster nicht unterbrechen.

840: *illi* bezieht sich auf die anderen *fratres*, die das der *meditatio nocturna* dienende Schweigen ebenfalls nicht stören wollen (anders Traill p. 70 und 177sq.).

852: *amaram* («das bittere») ist ein Zusatz Walahfrids. So ablehnend stand Wetti dem irdischen Leben nicht gegenüber; Traill (p. 179) verweist dazu auf v. 907. Man denkt auch an Wettis Äußerung in seinen Abschiedsbriefen, daß er sterben müsse, obwohl er sich bis dahin noch jung und kräftig gefühlt habe (*quia iuventus adhuc floruit*).

853: *commoda* gibt etwa in der Bedeutung «Vergünstigung» wieder, was in Heitos Text mit *indutiae* bezeichnet wird; zum Sinn dieser Frist verweist Traill (p. 179) auf Vers 36 des Prologs der Benediktusregel: «Deshalb sind uns die Tage dieses Lebens als Frist gewährt (*ad indutias relaxantur*), damit wir uns von unseren Fehlern bessern.»
861: Mit *solitus amor* erinnert Walahfrid an die besondere Beziehung Erlebalds zu Wetti (cf. v. 122–124), zugleich auch daran, daß der Abt die Weisung der Benediktusregel (c. 36) befolgte, den Kranken besondere Fürsorge angedeihen zu lassen.
867–872: Diese Verse sind die wichtigste Quelle zu Theganmar. Im Verbrüderungsbuch ist er sowohl in der Heito-Liste als auch in der Erlebald-Liste (wo er als Priester bezeichnet wird) unmittelbar nach Heito eingetragen, und auch bei Öhem (p. 48, 10) erscheint er an der Spitze einer Liste der unter Erlebald lebenden Mönche. Als sein Todestag ist im Necrologium B der 31. August überliefert. Aus einer Urkunde Karls III. von 883 geht hervor, daß Niederzell auf der Reichenau damals den Namen *Thegamarscella* trug; vermutlich war also Theganmar als Dekan des Klosters mit der Verwaltung der Peterskirche betraut gewesen (W. Berschin / A. Zettler, Egino von Verona, p. 65; RZ 227; KAR 381sq.).
873–882: Den Versen ist zu entnehmen, daß Tatto, der Prior des Klosters, schon sehr früh zunächst an die Reichenauer Schule gekommen sein muß und bald darauf, immer noch *puer*, zur weiteren Ausbildung an den Hof in Aachen, freilich ohne daß er danach am Hof des Königs eine Verwendung fand oder in die Kapelle übernommen wurde. Doch entsprach diese Ausbildung durchaus seiner adligen Herkunft. Zwischen 817 und 822 wurde Tatto zusammen mit einem sonst nicht näher bekannten Reichenauer Mönch des Namens Grimald nach Aachen und Inden-Kornelimünster abgeordnet, um die Bräuche im «Musterkloster» Benedikts von Aniane zu studieren und die Benediktussregel der Reichenauer mit dem in Aachen liegenden Montecassiner Exemplar zu kollationieren. Eine Abschrift des damals für die Reichenau entstandenen Textes liegt noch im St. Galler Codex 914 vor; auch ein Begleitschreiben dazu ist überliefert (Corpus Consuetudinum Monasticarum 1, p. 331sq.). Nach Wettis Tod 824 wurde Tatto sein Nachfolger in der Leitung der Klosterschule (zur Schule s. o. Anmerkung zu v. 176–182); einer seiner Schüler war nun der damals siebzehnjährige Walahfrid Strabo. Für dessen geniale dichterische Begabung scheint Tatto kein besonderes Verständnis entwickelt zu haben; wohl aber setzte er Walahfrids Fähigkeiten für seine Zwecke ein und ließ sich von ihm metrische Episteln verfassen, von denen zwei erhalten sind (MGH Poetae II, p. 350–352). «Wie gut er daran tat, Walahfrid für sich schreiben zu lassen, kann man erkennen, wenn man zum Vergleich einen Text heranzieht, den Tatto selbst formuliert hat: eine etwas plump stilisierte Bitte um Pergament an Erzbischof Otgar von Mainz» (W. Berschin, W. S., p. 4). Von diesem Lehrer jedenfalls kam der Auftrag zur Versfassung der Visio Wettini nicht; Walahfrid jedoch zollt ihm die gebührende Achtung und lobt seine Tüchtigkeit und sein Ansehen. Er erklärt darüberhinaus, wie wichtig seine Hilfe für ihn sei: so etwa wird man die Aussage von v. 882 verstehen müssen (anders übersetzt Traill p. 71: «It is because of his help that I am alive today»). Was Wetti für Walahfrid bedeutet hatte, hat der junge Mönch in seinem Gedicht *De morte Wettini* (MGH Poetae II, p. 334) ausgesprochen; er erwartet nun von seinem neuen Lehrer dieselbe Hilfe und Förderung. Die später wahrscheinlich aus Fulda an Tatto gerichteten Verse Walahfrids (MGH Poetae II, p. 360) verraten indes eher Sehnsucht nach der Reichenau als ein näheres persönliches Verhältnis zu ihm. Höchstwahrscheinlich ist dieser Tatto mit dem etwa ab 831 in Kempten regierenden Abt identisch, wofür auch seine Herkunft und seine besonders geförderte Laufbahn sprechen. Zu Tatto siehe W. Berschin, Mittellateinische Studien, p. 229–235: Die Schule der Reichenau, spec. p. 231; AR 96–98; KAR und RZ passim.

883: Walahfrid hat hier, vielleicht beeinflußt durch Heitos Formulierung *abbas secum retentis fratribus ibidem quintus remansit* («der Abt blieb als fünfter da»), eine falsche Zahl angegeben. Der Kranke hatte bei seinem erneuten Bericht, wie auch die Verse 863–882 bestätigen, nur vier Zuhörer.
888–896: Ein Zusatz Walahfrids, der wohl auf eine mündliche Mitteilung Heitos zurückgeht. Der Vorsatz, als Konsequenz aus dem Visionserlebnis ein strengeres Leben zu führen, wird auch von anderen Visionären berichtet.
901–904: Daß Wetti in seiner Jenseitsschau der baldige Tod vorausgesagt worden war und dieses Ereignis trotz aller Zweifel seiner Umgebung eintrat, war eine Bestätigung für die Gültigkeit seiner Vision; cf. Gregor, Dialogi IV, 12, 4 und 14, 4–5.
Zu dem nach v. 918 eingeschobenen Brief Wettis: *scripsi vobis* (= «ich habe euch geschrieben»): Der Verfasser berücksichtigt, wie im antiken Briefstil üblich, daß der Adressat den Brief zu einem späteren Zeitpunkt liest; die Abfassungszeit gehört dann der Vergangenheit an. – *quia iuventus adhuc floruit* steht in einem Gegensatz zu *in mortis periculo*; bisweilen nimmt *quia* die Bedeutung «obwohl» an; cf. J. F. Niermeyer, Mediae Latinitatis lexicon minus, p. 1146; Traill p. 183. – *iuventus*: Nach Isidor (Etym. XI, 2, 5) dauert die *iuventus* bis zum fünfzigsten Lebensjahr. – Die Zahl von hundert Messen und hundert Psaltern war auch für die Mitglieder des Gebetsbundes von Attigny festgelegt, und Wetti reiht sich in die Gruppe derjenigen ein, die ein solches Gebetsgedächtnis für sich in Anspruch nehmen konnten; cf. Traill p. 183; K. Schmid, Bemerkungen zum Verbrüderungsbuch, p. 525–527.
919–922: *aliter conscribere*: Nicht eine stilistische, sondern eine inhaltliche Änderung ist gemeint: Der zum Diktat gerufene Walahfrid, der von Wettis Vision und der darin enthaltenen Ankündigung des nahen Todes noch nichts weiß, wehrt sich ungläubig gegen die Mitteilung des Briefschlusses und will sie zumindest in milderer Form niederschreiben. Wie aber sein Lehrer auf dem eindeutigen Wortlaut besteht (*haud dubiis sic dicere verbis*), erschrickt er und ist zutiefst beunruhigt. – Der Bericht vom letzten Zusammensein Walahfrids mit Wetti läßt noch einmal erkennen, wie Walahfrid Respekt vor seinem Lehrer empfand und ihm gern behilflich war, Wetti seinerseits seinem Schüler ein fürsorglicher, väterlicher Freund gewesen sein muß.
927: *vesper*: Bei Heito (c. 30) steht *usque ad vesperam*, womit die Zeit der Vesper, des Abendgebetes, gemeint ist.
933: *metae* sind die Zielsäulen am oberen und unteren Ende der Rennbahn, die von den Wettfahrern siebenmal umfahren werden mußten.
934: Nach Gn 3, 19; Ecl 12, 7.
937–939: Daß der Sterbende selbst am Psalmengesang teilnimmt, erinnert an ähnliche Berichte im vierten Buch der Dialoge Gregors d. Gr. (Dialogi IV, 36, 2; 11, 4; 15, 4). – Die für die Überlieferung von Heitos Text wichtigen Zeugen Aug, Ashb und Ds bieten in c. 31 die Lesart *ordinans*, «anordnend, bestimmend» (cf. *ordinatas* an der betreffenden Stelle der *Capitula*); andere Handschriften ändern (in Übereinstimmung mit Walahfrids *adorsus*, v. 938) in *ordiens*, «beginnend».
943: In der Ausgabe Dümmlers schließt in Heitos Text (c. 31) *aestuans* einen Satz ab, ebenso interpungiert die Handschrift T (also wäre zu verstehen: Wetti ging fiebernd umher). Im Augiensis CXI (Aug) steht zwischen *deambulando* und *aestuans* eine Interpunktion; danach ist zu übersetzen: «Fiebernd, da nun ein schneller Tod drohend bevorstand, fiel er auf sein Bett nieder». So hat auch Walahfrid die Stelle gelesen; er zieht *aestuat* zum folgenden und erläutert es durch *agnoscens*, sieht also den Grund für das Fiebern in der Todesangst. Die Handschriften Ashb und Ds bieten hierzu keine Satzzeichen.

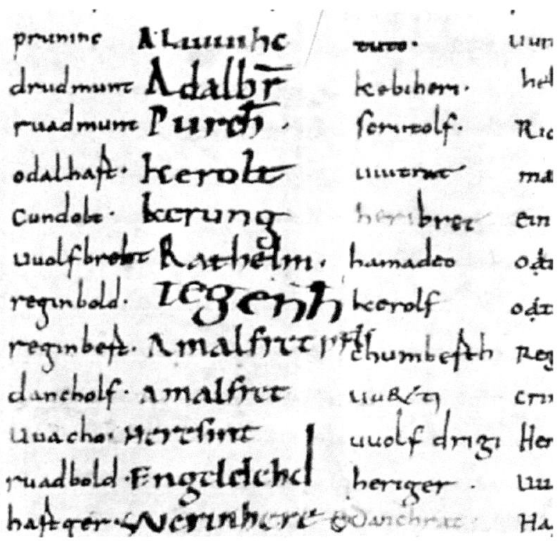

Abb. 9 Bald nach Amtsantritt des Abtes Erlebald (823) hat das Gebet für die Lebenden und die Toten die Reichenauer Mönche besonders intensiv beschäftigt. Es wurde das «Reichenauer Verbrüderungsbuch» angelegt. Der erste Schreiber trug auf der Doppelseite VI/VII «die Namen der verstorbenen Brüder der Insel» Reichenau ein. Auf dem abgebildeten Ausschnitt stammen die Namen der linken Spalte von der Hand dieses Schreibers; die mittlere Spalte ist mit späteren Nachträgen gefüllt, rechts sieht man wieder die alemannische Minuskel des ersten Schreibers: *tuto*, *kebiheri*, *scrutolf*, *uuitrat*. Das waren die Namen der bei Anlage des Buchs zuletzt verstorbenen Reichenauer Mönche. Nun folgen Nachträge, alle in alemannischer Minuskel, aber von wechselnden Schreibern. Der fünfte nachgetragene Name (auf dem Auschnitt rechts vierter von unten) ist *uuetti*. Daraus ergibt sich ein Terminus ante quem für die Datierung des Verbrüderungsbuchs: Es muß etliche Monate vor Wettis Tod (4. XI. 824) angelegt worden sein. Zürich, Zentralbibliothek Rh. hist. 27, p. VII. W.B.

Zu dem in Distichen abgefaßten Epilog:
1: Der Adressat dieses Nachworts ist, wie auch aus dem Brief an Grimald hervorgeht, Adalgis, der Auftraggeber Walahfrids (zu ihm oben p. 18 mit n. 15). – *calcem adire* = das (ursprünglich mit Kalk gekennzeichnete) Ziel der Rennbahn erreichen; so ist *calx* gleichbedeutend mit «Ende» (cf. in Walahfrids De exordiis … c. 32: *circa harum calcem nugarum*).
4: *apices*: hier gleichbedeutend mit *litterae*: «Buchstaben, Schrift, Schreiben»; bezeichnet wird damit also das entstandene Werk.
7sq.: Nach I Sm, 15, 22.
11: Cf. v. 3 des Proömiums: *voluntatem potius quam dona requirens*.

HAT DANTE WALAHFRIDS VISIO WETTINI GEKANNT?

Wir können davon ausgehen, daß Dante, als er seine Commedia plante und schrieb, auch vieles aus der weit verbreiteten Visionsliteratur, soweit sie ihm zugänglich war, gelesen hat. Angesichts des breiten Stroms der Überlieferung in Berichten und Bildern läßt sich ein unmittelbarer Bezug zwischen einer jener Visionen und Dantes Werk jedoch nur nachweisen, wenn man auf die Übernahme eines unverwechselbaren Satzes oder Bildes stößt oder aber auf die Nachahmung eines Gedanken- und Motivkomplexes, der in seinen verschiedenen Einzelheiten nicht durch Zufall ein zweites Mal zustande gekommen sein kann.

Eine Beziehung der letztgenannten Art liegt offensichtlich zwischen den Versen 339–359 von Walahfrids Visio Wettini (einem von Walahfrid selbst zu Heitos Visionsbericht hinzugefügten Abschnitt) und der Rede des Apostels Petrus in Dantes 27. Paradisogesang vor, speziell in den Versen 40–57. Beide Passagen enthalten vor allem den an Würdenträger der Kirche gerichteten Vorwurf, der Habgier und der Simonie verfallen zu sein und darüber ihre wahre Aufgabe, die Sorge um das Seelenheil der ihnen Anvertrauten, zu vergessen. In der Petrusrede bei Dante steht wie in der Mahnrede Walahfrids für die Kirche das Bild der Braut Christi, der die Beschuldigten Schande zufügen[1]. Gemeinsam sind beiden Texten dann die Bilder vom Hirten, der Herde und dem Wolf, der die Schafe bedroht; dazu kommt noch das Thema des Weltgerichts (nach Mt 25, 31sqq.). Bei Walahfrid wird der schuldig gewordene Hirte, der die Seinen nicht auf dem rechten Weg geführt hat, beim Jüngsten Gericht auf die linke Seite unter die Verworfenen gewiesen; im 27. Paradisogesang hingegen erscheint das Bild des Gerichts übertragen: Vor dem Thron des Papstes stehen die ihm willkommenen Guelfen zur Rechten, die verworfenen Ghibellinen zur Linken: ein Zerrbild des göttlichen Weltgerichts, um die Anmaßung und das Fehlurteil des Stellvertreters Christi zu brandmarken. Bei Walahfrid ist das Gleichnis des Johannesevangeliums vom Guten Hirten (c. 10) dahingehend abgewandelt, daß der Hirte betrunken daliegt; das *iacet* kennzeichnet das ohnmächtige Daliegen dessen, der Beschützer der Herde und Verteidiger gegen den Wolf sein sollte. In der Petrusrede dagegen werden die Männer der Kirche selbst als gierige Wölfe bezeichnet (cf. Par. 9, 132), die im Hirtengewand auf allen Weiden zu sehen sind; von einem Hirten kann also nicht mehr die Rede sein. Überraschend erscheint aber daran anschließend mit neuem Subjekt dasselbe Verbum *iacere / giacere*, um das Ausbleiben des einzig möglichen Schutzes zu verdeutlichen, gesteigert zum empörten Ausruf in Form einer Apostrophe: *O difesa di Dio, perchè pur giaci?* «O Gottes Schutz, was liegst du so darnieder?»[2]

Die genannten Bilder (Braut Christi, Hirte, Wolf, Weltgericht) finden sich in der Divina Commedia auch an anderen Stellen, aber nirgends beieinander wie hier; daß diese in einem Gedankengang Walahfrids verbundenen Motive trotz ihrer Verschiedenheit in der Rede des Petrus in einer ähnlich langen Passage wieder zusammen erscheinen, läßt sich, da eine beiden Texten gemeinsame Quelle nicht vorliegt, nur durch die Annahme eines direkten Bezugs erklären; und nicht zuletzt ist die für eine schöpferische Imitatio

1 Wie ein Blick auf Parallelstellen (Paradiso 9, 142; Inferno 19, 4) zeigt, wird bei Dante der Mißbrauch der geistlichen Würde zum Gelderwerb ebenso als *adulterium* verstanden wie VW 342.

2 Dante, Paradiso 27, 57. Die in deutschen Versen wiedergegebenen Zitate aus der Divina Commedia sind der Übersetzung von H. Gmelin entnommen.

bezeichnende Umwandlung solcher Bilder (auch auf das abschließende *perchè pur giaci?* sei noch einmal hingewiesen) für unsere Annahme eine Bestätigung.

Zwei Beobachtungen zum 27. Paradisogesang seien noch angefügt: Merkwürdigerweise erscheint im selben Gesang, obgleich in ganz anderem Zusammenhang, auch das Motiv der Trunkenheit. Hat das Stichwort *ebrietas* in unserer Passage (VW 341) mit dazu beigetragen, daß Dante am Anfang des Gesanges von der *ebbrezza* durch das «Lachen des Weltalls» und den himmlischen Gesang spricht, indem er auf Psalm 35 [36], 9 und andere Vorbilder anspielt und ein Gegenbild zur «Trunkenheit der Augen» angesichts des Elends der Hölle (Inferno 29, 1–3) schafft? Und erinnert der Wechsel der Farbe, wenn sich das weiße Licht des Petrus vor seiner Strafrede in heiligem Zorn rot färbt, nicht an das rote Gewand des (nachher weißgekleidet erscheinenden) Engels in Wettis Vision, das als Zeichen des Zorns über das Treiben der Dämonen (so die Glossen zu VW 246) verstanden wird?

Auf die Nachwirkung einer originellen Pointe Walahfrids aber stoßen wir offensichtlich im 19. Infernogesang. Walahfrids Vorlage, Heitos Visio Wettini, berichtet im neunten Kapitel, daß ein Mönch nach seinem Tod zur Strafe für unerlaubten und verheimlichten Eigenbesitz in einen bleiernen Kasten eingeschlossen sei; Walahfrid gibt dies in einer sarkastischen Antithese wieder: «Hatte er einst einen Kasten aus Holz, so umschließt ihn jetzt selber einer aus Blei» (v. 372). Bei Dante erklärt der wegen Simonie verdammte, mit dem Kopf nach unten in ein Felsenloch gestoßene Papst Nikolaus III., er sei so begierig gewesen, seiner Familie mit seiner päpstlichen Macht zu Einfluß und Reichtum zu verhelfen, *che su l'avere e qui me misi in borsa*: «daß ich dort droben meine Gelder und hier mich in den Beutel steckte» (Inf. 19, 72). Hier wie dort die Zuspitzung in einem Vers, dort die versteckte Truhe des Mönchs, hier der Beutel als Sinnbild der Geldgier des Orsini-Papstes, und in beiden Fällen steckt der Gierige zuletzt im Behälter seines Besitzes. Während bei Walahfrid das Material der *arca* wechselt, wird bei Dante der Beutel schließlich zur Metapher für das Felsenloch des Sünders: ein Indiz, daß das Bild umgewandelt und in einen neuen Zusammenhang eingefügt ist. Im selben Infernogesang, in Dantes Strafrede gegen den genannten Papst, finden sich übrigens weitere Gedanken, die an eine Passage der Visio Wettini erinnern (wiederum an sich geläufige Gedanken, deren gemeinsames Wiederauftauchen auffällt): Die wegen Habgier verurteilten Grafen werden in der Visio ermahnt, sich bewußt zu sein, wessen Gefolgsleute (*comites*, v. 512) sie sind; den habgierigen Papst weist Dante auf die Pflicht zur Nachfolge Christi hin (v. 93). Die Grafen müssen ihre geraubten und erpreßten Schätze wie eine Anklage in der Hölle gesammelt vor sich sehen und abholen (v. 487–489; 500–502); dem Papst ruft Dante zu: «Drum bleibe dort, dich trifft mit Recht die Strafe, / Und hüte wohl die bös erworbnen Gelder!» (v. 97sq.). Und die Habgier der rechtsprechenden Grafen ist dadurch gekennzeichnet, daß sie um des Geldes willen die Menschen in Bedrängnis bringen, die Gerechten verurteilen und die Schuldigen freisprechen (v. 493–495); einen ähnlichen Satz über die Wirkungsweise der *avarizia* schleudert Dante dem Papst ins Gesicht: «Denn euer Geiz bringt unsrer Welt Betrübnis, / Er tritt die Guten und erhebt die Schlechten» (v. 104sq.).

Gleich in den nächsten Infernogesängen bestätigen weitere Stellen den anregenden Einfluß von Walahfrids Gedicht. Die Beschreibung des Gardasees, des Flusses Mincio und der Gründung der Stadt Mantua, die Dante seinen Meister Vergil vortragen läßt (Inf. 20, 61–99), erinnert in Einzelheiten an Walahfrids berühmte Verse über den Rhein, den Bodensee und die Reichenau (VW 22–30). Auch der Mincio hat seinen stolzen Ursprung in den Alpen, auch er hängt mit einem See zusammen (nur daß der Rhein in seinen See mündet und ihn bildet, der Mincio aber dem Benaco entströmt); ähnlich wie der Rhein formt der Mincio seine Landschaft; auch er weitet sich (*si distende*, v. 80) und

bereitet den Ort für eine Gründung: Mitten in dem von ihm bewässerten Sumpfgebiet (*nel mezzo del pantano*, v. 83) läßt sich die Zauberin Manto mit ihrem Anhang nieder (ein unheiliges Gegenstück zum heiligen Klostergründer!), und an ihrem Grab entsteht schließlich eine Stadt, Sammelpunkt für die Leute der Umgebung. Der Gedanke der Lage in der Mitte (VW 24) erscheint in Dantes Passage ein weiteres Mal: Mit *luogo è nel mezzo* (v. 67) beginnen die Verse über die Insel im Gardasee, die *Isola dei Frati*, mit ihrer drei Diözesen gemeinsam gehörenden Kirche; so ist auch hier von einem geistlichen Mittelpunkt die Rede. Sogar ein Hinweis auf Deutschland (*Lamagna*, v. 62) fehlt nicht, das in jener Gegend mit seinen Grenzen an das «schöne Italien» stößt. Die hier hervorgehobenen Einzelheiten lassen erkennen, daß Dantes Beschreibung des Mincio Walahfrids Versen nähersteht als den zahlreichen Flußschilderungen und Flußkatalogen, die man bei Vergil, Ovid, Lukan und in Dichtungen der Spätantike findet[3].

Die Charakterisierung eines bestechlichen Richters als *vasel d'ogne froda* («Gefäß jeglichen Truges») in Inferno 22, 82 kann man mit der Verurteilung des betrügerischen Paars Ananias und Sapphira als *communis vasa pericli* (VW 375) vergleichen (von den fünf Stellen, an denen Dante die auf bekannte Bibelstellen zurückgehende Gefäß-Matapher gebraucht, ist nur diese negativ besetzt)[4]. Ananias und Sapphira bleiben übrigens auch für Dante herausragende Exempla der Habgier und erscheinen daher in der diesbezüglichen Beispielreihe des 20. Purgatoriogesangs.

Der Vergleich mit talwärts stürzendem Wasser verdeutlicht bei Walahfrid die eilige Flucht der Dämonen (VW 243); in demselben Sinn setzt Dante das Bild im 23. Infernogesang zur Schilderung einer überstürzten Flucht ein und gestaltet es mit seinem realistischen Blick für Details aus: Vergil gleitet fliehend mit seinem Schützling schneller den Hang hinab, als Wasser, schon ganz nah bei den Schaufeln, durch die Rinne zum Mühlrad hinabschießt (v. 46–51)[5].

Und schließlich können wir annehmen, daß Walahfrids markanter Vergleich der Äbte Heito und Erlebald mit den Propheten Elias und Elisäus (VW 150–160) Dante als Reminiszenz den Anstoß gab, im 26. Infernogesang auf genau dieselbe Bibelstelle, nämlich die im zweiten Kapitel (v. 9–12) des zweiten Buches der Könige geschilderte Entrückung des Elias, zurückzugreifen, um den Anblick der Flammen im achten Graben des achten Höllenkreises zu veranschaulichen (v. 34–39), wobei er den Namen des Elisäus durch eine Periphrase ersetzt. Dieser Vergleich bildet ebenso wie der mit dem niederstürzenden Wasser den zweiten Teil eines Vergleichspaares.

3 Eine Flußbeschreibung, die der von Rhein und Mincio ähnlich ist, findet man bereits in den Versen über den Montone im 16. Infernogesang (v. 94–105). Obwohl dort nur der Wasserfall des Montone in der Nähe des Klosters San Benedetto den eigentlichen Vergleich zum Absturz des Phlegethon bildet, erwähnt Dante darüberhinaus die Herkunft des Flusses von einem Berg des Apennin, beschreibt seine Wendung nach Westen und deutet eine (nicht verwirklichte) Gründung eines Ortes für viele Bewohner an; auch der Montone erscheint als ein Fluß, der seine Landschaft und deren Geschichte mitformt. Möglicherweise treffen wir schon hier auf die ersten Spuren der Begegnung mit Walahfrids Werk.

4 Bei Walahfrid gehört die Metapher zu den oben erwähnten Versen über den habgierigen Mönch; die Nachbarschaft der beiden Zitate (Inf. 19, 72 nach VW 372, Inf. 22, 82 nach VW 375) bestätigt den Bezug zur Visio Wettini ebenfalls.

5 Daß Dante Walahfrids Vers ... *velut in vallem cum lympha minatur* im Gedächtnis hatte, verrät die kurz davor niedergeschriebene Stelle Inf. 20, 35: *E non restò di ruinare a valle*.

Somit sind wir (entgegen meiner früher geäußerten Annahme) sowohl auf eine Folge von Reminiszenzen aus Walahfrids Werk in frühen Teilen der Göttlichen Komödie als auch auf dessen Nachwirkung in einem späten Gesang gestoßen, und aller Wahrscheinlichkeit nach lassen sich noch weitere Spuren entdecken. Wir haben die gefundenen Berührungspunkte hier nur kurz skizziert; eine ausführliche Interpretation kann manchen Einblick in die Werkstatt Dantes erbringen. Es fällt übrigens auf, daß die Stellen aus der Visio Wettini, die Dante angeregt haben, fast ausnahmslos Verse oder Passagen sind, die Walahfrid als eigenständige Zusätze zum Inhalt seiner Prosavorlage hinzugefügt hat.

Wo und wann aber hat Dante Walahfrids Gedicht kennengelernt? Es ist anzunehmen, daß dies während seiner Frankreichreise geschah, die in das Jahr 1309 fällt und deren erster Niederschlag im neunten Infernogesang (in der Beschreibung der Sarkophage der Alyscamps in Arles) greifbar ist. Heitos Visio Wettini war im französischen Raum weit verbreitet, doch auch von Walahfrids Werk muß es dort mehrere Abschriften gegeben haben, von denen allerdings nur zwei erhalten sind. 1309 war zugleich das Jahr, in dem Dante mit der Niederschrift des Inferno sehr zügig vorankam; so erklärt sich, daß nach der Begegnung mit Walahfrids Visio Wettini gleich mehrere Stellen daraus in Gesängen des Inferno ihre Spuren hinterlassen haben. Und offensichtlich hat Walahfrids Mahnrede an die schlechten und habgierigen Seelenhirten auf den Dichter der Commedia einen solchen Eindruck gemacht, daß Gedanken und Bilder jener Verse später in einen Gesang des Paradiso eingeflossen sind.

VERZEICHNIS DER NAMEN IN HEITOS UND WALAHFRIDS VISIO WETTINI

Kursiv gedruckte Angaben beziehen sich auf die Kapitel von *Heitos* Visio Wettini. Die aufrecht gedruckten Angaben beziehen sich auf *Walahfrids* Visio Wettini (Praefatio bzw. Verszahl). In eckigen Klammern stehen die Stellen, an denen unten aufgeführte Personen ohne Namensnennung erwähnt werden.

BILDNACHWEIS

Bayerische Staatsbibliothek München Abb. 2; Bibliothèque Nationale Paris Abb. 5; Burgerbibliothek Bern Abb. 7; Theo R. Keller Abb. 4 und 6; Stiftsbibliothek St. Gallen Abb. 1 und 8; Landesdenkmalamt Baden-Württemberg, Referat Restaurierung, D. Jakobs (Aufnahme März 1990), Archiv LDA Esslingen, Ref. 15 Abb. auf dem Umschlag.

ZEITTAFEL

786–806: Waldo Abt der Reichenau († 814 als Abt von St. Denis)

799: Graf Gerold, der Förderer der Reichenau, wird im Marienmünster begraben.

806–823: Heito Abt der Reichenau, zugleich Bischof von Basel († 836)

807: Walahfrid geboren

811: Heito als Gesandter Karls in Konstantinopel; Erlebald begleitet ihn.

816: Vollendung der karolingischen Basilika in Mittelzell

816/824: Der Reichenauer Klosterlehrer Wetti schreibt für St. Gallen eine neue Vita S. Galli.

823–838: Erlebald Abt der Reichenau († 847)

823/824: Anlage des Reichenauer Verbrüderungsbuchs

824: Wetti stirbt am 4. November. Bald darauf Aufzeichnung seiner Vision durch Altabt Heito

825: Entstehung von Walahfrids Visio Wettini

Um 826: Walahfrid verfaßt die Vita des Märtyrers Blathmac, wahrscheinlich um diese Zeit auch die Mammas-Vita.

826/827: Walahfrid in Fulda; Preis der Reichenau im *Metrum Saphicum*

829: Walahfrid am Hof in Aachen (wohl als Hofdichter, nicht als Prinzenerzieher). De imagine Tetrici (Gedicht über das Reiterstandbild des Theoderich; Schilderung der Hofgesellschaft)

Nach 829 (oder nach 842?): *De cultura hortorum* («Hortulus», über den Gartenbau)

833: Walahfrids Neufassung der Vita S. Galli (ersetzt die «Vita vetustissima» und Wettis Überarbeitung)

833/838: Walahfrids Vita S. Otmari

838: Kaiser Lothar I. besucht die Reichenau und schenkt ihr Reliquien des hl. Ianuarius von Benevent. Begrüßungs- und Dankgedicht Walahfrids. – Erlebald tritt als Abt zurück.

838: Walahfrid wird von Ludwig dem Frommen zum Abt der Reichenau erhoben; der Reichenauer Konvent wählt aber Ruadhelm für dieses Amt. Bald darauf wird Walahfrid von Ludwig dem Deutschen vertrieben und findet Zuflucht in Speyer.

841–872: Grimald Abt von St. Gallen

840–842: Auf Bitte des Schreibers und 'Bibliothekars' Reginbert verfaßt Walahfrid sein liturgiegeschichtliches Werk *De exordiis et incrementis quarundam in observationibus ecclesiasticis rerum*. Ausgaben von Einharts *Vita Karoli* und Thegans *Gesta Hludowici Imperatoris*.

842: Walahfrid wieder Abt der Reichenau; Ruadhelm tritt zurück.

Um 845: Ermenrich von Ellwangen auf der Reichenau

846: † Reginbert, Schreiber unter Waldo, Heito, Erlebald und Ruadhelm. Er legte einen Katalog der Bücherbestände der Reichenau und ein Verzeichnis der von ihm selbst geschriebenen Bücher an.

848/849: Walahfrids letztes längeres Gedicht: Verse an Gottschalk (c. 18)

18. 8. 849: Walahfrid verunglückt bei der Überquerung der Loire anläßlich einer Gesandtschaftsreise zu Karl dem Kahlen.

BIBLIOGRAPHIE

Die in dieser Ausgabe für zitierte Literatur verwendeten Abkürzungen sind in Klammern beigefügt.

A. Angenendt, *Geschichte der Religiosität im Mittelalter*, Darmstadt ^{2}2000.

–, *Monachi peregrini*. Studien zu Pirmin und den monastischen Vorstellungen des frühen Mittelalters, München 1972.

R. Antoni, *Leben und Taten des Bischofs Pirmin. Die karolingische Vita*, (RTB 9), Heidelberg ^{2}2005.

J. Autenrieth, «Heitos Prosaniederschrift der Visio Wettini – von Walahfrid redigiert?» in *Geschichtsschreibung und geistiges Leben im Mittelalter*. Festschrift für Heinz Löwe, edd. K. Hauck / H. Mordek, Köln / Wien 1978, p. 172–178.

W. Berschin, «Die Schule der Reichenau (IX.–XI. Jahrhundert)», *Mittellateinische Studien*, p. 229–235.

–, *Biographie und Epochenstil im lateinischen Mittelalter*, t. 1–5, Stuttgart 1986–2004.

–, *Eremus und Insula*. St. Gallen und die Reichenau im Mittelalter – Modell einer lateinischen Literaturlandschaft, Wiesbaden ^{2}2005. [**EI**]

–, *Walahfrid Strabo und die Reichenau*. Marbach am Neckar 2000. [**Berschin, W. S.**]

–, *Mittellateinische Studien*. Heidelberg 2005.

– / A. Zettler, *Egino von Verona*. Der Gründer von Reichenau-Niederzell (799), (RTB 8), Stuttgart 1999.

K. Beyerle (ed.), *Die Kultur der Abtei Reichenau*. Erinnerungsschrift zur zwölfhundertsten Wiederkehr des Gründungsjahres des Inselklosters 724–1924. 2 Bände. München 1925. [**KAR**]

B. Bischoff, *Mittelalterliche Studien*, t. 2, Stuttgart 1967. Dort p. 34–51: «Eine Sammelhandschrift Walahfrid Strabos (Cod. Sangall. 878)».

A. Borst, «Drei mittelalterliche Sterbefälle», in A. B., *Barbaren, Ketzer und Artisten*. Welten des Mittelalters, München 1988, p. 567–598 (Zu Wettis Tod p. 571–579).

–, *Mönche am Bodensee 610–1525*, Sigmaringen 1978. (Dort p. 48–66: «Walahfrid – Mönch der Reichenau»).

P. Brommer (ed.), *Capitula episcoporum*, t. 1, Hannover 1984, p. 210–219: «Heitonis capitula».

F. Brunhölzl, *Geschichte der lateinischen Literatur des Mittelalters*, t. 1, München 1975.

Cl. Carozzi, *Le voyage de l'âme dans l'au-delà d'après la littérature latine (V^{e}–XIIIe siècle)*. Rom 1994. [**Carozzi**]

P. Dinzelbacher, *Vision und Visionsliteratur im Mittelalter*. Stuttgart 1981.

–, *Mittelalterliche Visionsliteratur*. Eine Anthologie. Darmstadt 1989.

–, *Die letzten Dinge*. Himmel, Hölle, Fegefeuer im Mittelalter. Freiburg 1999.

Grégoire le Grand: Dialogues. Tome III (Livre IV). Texte critique et notes par A. de Vogüé, traduction par P. Antin. Paris 1980. – Übersetzung von J. Funk in der *Bibliothek der Kirchenväter*, t. 3, München 1933.

«Heitonis Visio Wettini», rec. E. Dümmler, in *Monumenta Germaniae Historica*. Poetae Aevi Carolini, t. 2, Berlin 1884 / München 1978, p. 267–275.

A. Holder, *Die Reichenauer Handschriften*. 3 Bände (t. 3 von K. Preisendanz), Leipzig 1906–1917. [**Holder**]

J. Jurt, «Frühmittelalterliche Visionsliteratur vor Dante: Walahfrid Strabos Visio Wettini», in *Ex nobili philologorum officio*. Festschrift für Heinrich Bihler, Berlin 1998, p. 25–45.

H. J. Kamphausen, *Traum und Vision in der lateinischen Poesie der Karolingerzeit* (Diss. Köln 1975), Bern / Frankfurt 1975.

E. Kleinschmidt, «Zur Überlieferung der Visio Wettini im 9. Jahrhundert», in *Deutsches Archiv für Erforschung des Mittelalters* 30, 1974, p. 199–207. [**Kleinschmidt**]

H. Knittel, *Ein Frühwerk von Walahfrid Strabo: De subversione Hierusalem*, in *Mittellateinisches Jahrbuch* 41, 2006, p. 357–400.

K. Langosch / B. K. Vollmann, Walahfrid Strabo, in *Die deutsche Literatur des Mittelalters*. Verfasserlexikon, t. 10, Berlin / New York 1999, col. 584–603.

H. Maurer (ed.), *Die Abtei Reichenau*. Neue Beiträge zur Geschichte und Kultur des Inselklosters, Sigmaringen 1974. [**AR**]

–, *Reichenau*, in: *Die deutschen Königspfalzen*, Band 3, Göttingen 2003, p. 493–571. [**H. Maurer, Reichenau**]

H. Meyer / R. Suntrup, *Lexikon der mittelalterlichen Zahlenbedeutungen*, München 1987.

Cl. Müller, «Wettinus – Guetinus – Uguetinus. Ein Beitrag zur Überlieferungsgeschichte von Heitos Visio Wettini», in A. Reinle / L. Schmugge / P. Stotz (edd.), *Variorum munera florum*. Festschrift für Hans F. Haefele, Sigmaringen 1985.

A. Önnerfors, «Philologisches zu Walahfrid Strabo», in *Mittellateinisches Jahrbuch* 7, 1972, p. 41–92. Nachgedruckt in A. Ö., *Mediaevalia*, Abhandlungen und Aufsätze, Frankfurt 1977, p. 58–118. [**Önnerfors, Phil. zu W. S.**]

–, «Walahfrid Strabo als Dichter», in AR 83–113. Nachgedruckt in A. Ö., *Mediaevalia*, Abhandlungen und Aufsätze, Frankfurt 1977, p. 169–201. [**Önnerfors, AR**]

K. Plath, «Zur Entstehungsgeschichte der Visio Wettini des Walahfrid», in *Neues Archiv der Gesellschaft für ältere deutsche Geschichtskunde* 17, 1892, p. 261–279.

M. Pörnbacher, *Walahfrid Strabo: Zwei Legenden*. Blathmac, der Martyrer von Iona; Mammes, der christliche Orpheus, (RTB 7), Sigmaringen 1997.

R. Rappmann / A. Zettler, *Die Reichenauer Mönchsgemeinschaft und ihr Totengedenken im frühen Mittelalter*. Sigmaringen 1998. [**RZ**]

K. Schmid, «Bemerkungen zur Anlage des Reichenauer Verbrüderungsbuches. Zugleich ein Beitrag zum Verständnis der Visio Wettini», in *Landesgeschichte und Geistesgeschichte*. Festschrift für Otto Herding, edd. K. Elm / E. Gönner / E. Hillenbrand, Stuttgart 1977, p. 24–41. Nachgedruckt in K. S., *Gebetsgedenken und adliges Selbstverständnis im Mittelalter*, Sigmaringen 1983, p. 514–531.

J. Semmler (ed.), «Statuta Murbacensia», in *Corpus Consuetudinum Monasticarum* t. 1, Siegburg 1963, p. 439–450.

D. A. Traill, *Walahfrid Strabo's Visio Wettini*. Text, translation and commentary. Bern / Frankfurt 1974. [**Traill**]. – Hierzu die Rezension von G. Orlandi in *Studi Medievali* 20, 1979, p. 192–199. [**Orlandi**]

«Walahfridi Strabi carmina», rec. E. Dümmler, in *Monumenta Germaniae Historica*. Poetae Aevi Carolini, t. 2, Berlin 1884 / München 1978, p. 259–473.

Walahfrid Strabo's Libellus de exordiis et incrementis quarundam in observationibus ecclesiasticis rerum. A Translation and Liturgical Commentary by A. L. Harting-Correa, Leiden 1996.

«Walahfrid Strabo: Visio Wettini», ed. H. Canisius, *Antiqua Lectio*, t. 6, Ingolstadt 1604, p. 575–604.

Walahfrid Strabo: Visio Wettini – Die Vision Wettis. Lateinisch-Deutsch. Übersetzung, Einführung und Erläuterungen von H. KNITTEL (RTB 12), Sigmaringen 1986; Heidelberg ²2004.
Walahfrid Strabo, *De cultura hortorum (Hortulus). Das Gedicht vom Gartenbau.* Eingeleitet und herausgegeben von W. BERSCHIN (RTB 13), Heidelberg 2007.
A. ZETTLER, *Die frühen Klosterbauten der Reichenau.* Ausgrabungen – Schriften – St. Galler Klosterplan. Sigmaringen 1988 [**FK**]

VERZEICHNIS DER ZITIERTEN HANDSCHRIFTEN

REICHENAUER TEXTE UND BILDER (RTB)

1 Walter BERSCHIN / Theodor KLÜPPEL, *Die Reichenauer Heiligblut-Reliquie*. Mit einem Geleitwort von Alfons WEISSER, 3., erweiterte Auflage, Heidelberg 2015, 73 S. und 9 Abb., davon 8 in Farbe.

2 Walter BERSCHIN / Theodor KLÜPPEL, *Die Legende vom Reichenauer Kana-Krug*. Die Lebensbeschreibung des Griechen Symeon. Mit einem Beitrag von Alfons WEISSER, Sigmaringen 1992, 52 S. und 7 Abb., davon 3 in Farbe.

3 Walter BERSCHIN / Johannes STAUB, *Die Taten des Abtes Witigowo von der Reichenau (985–997)*. Eine zeitgenössische Biographie von Purchart von der Reichenau, Sigmaringen 1992, 66 S. und 8 Abb., davon 4 in Farbe.

4 Walter BERSCHIN / Theodor KLÜPPEL, *Der Evangelist Markus auf der Reichenau*, Sigmaringen 1994, 89 S. und 10 Abb., davon 3 in Farbe.

5 Harald DRÖS, *Das Wappenbuch des Gallus Öhem*. Neu herausgegeben nach der Handschrift 15 der Universitätsbibliothek Freiburg. Mit einem Geleitwort von Walter BERSCHIN, Sigmaringen 1994, 68 S. und 9 Abb. in Farbe.

6 Bernd KONRAD / Barbara FRENK, *Heilige am Bodensee*. Der spätgotische Flügelaltar im Reichenauer Münster (1498). Mit einem Beitrag von Alfons WEISSER, Neuausgabe Heidelberg 2024 (in Vorbereitung).

7 Walahfrid Strabo: *Zwei Legenden*. Blathmac, der Martyrer von Iona. Mammes, der christliche Orpheus. Eingeleitet und herausgegeben von Mechthild PÖRNBACHER. Mit einem Geleitwort von Walter BERSCHIN, 2., erweiterte Auflage, Heidelberg 2012, 124 S. und 9 Abb., davon 5 in Farbe.

8 Walter BERSCHIN / Alfons ZETTLER, *Egino von Verona*. Der Gründer von Reichenau-Niederzell (799), Stuttgart 1999, 72 S. und 18 Abb., davon 9 in Farbe.

9 Richard ANTONI, *Leben und Taten des Bischofs Pirmin*. Die karolingische Vita. Mit einem Geleitwort von Alfons WEISSER, 2., erweiterte Auflage, Heidelberg 2005, 114 S. und 12 Abb., davon 8 in Farbe.

10 Bernd KONRAD / Gertrud und Peter WEIMAR, *Die Renaissancefresken im spätgotischen Chor des Reichenauer Münsters*. Mit einem Nachwort von Walter BERSCHIN, Stuttgart 2002, 112 S. und 19 Abb., davon 12 in Farbe.

11 Walter BERSCHIN / Martin HELLMANN, *Hermann der Lahme*. Gelehrter und Dichter (1013–1054), 3., erweiterte Auflage, Heidelberg 2013, 114 S. und 19 Abb., davon 6 in Farbe.

12 Heito und Walahfrid Strabo: *Visio Wettini*. Einführung, lateinisch-deutsche Ausgabe und Erläuterungen von Hermann KNITTEL. Mit einem Geleitwort von Walter BERSCHIN, 3., erweiterte Auflage, Heidelberg 2009, 163 S. und 10 Abb., davon 7 in Farbe.

REICHENAUER TEXTE UND BILDER (RTB)

13 Walahfrid Strabo: *De cultura hortorum (Hortulus)*. Das Gedicht vom Gartenbau. Eingeleitet und herausgegeben von Walter BERSCHIN. Mit Pflanzenbildern von Claudia ERBAR und einem Beitrag von Wolfgang FELS, «Ein Gärtchen nach Maß», 3., erweiterte Auflage, Heidelberg 2023, 109 S. und 28 Abb., davon 25 in Farbe.

14 Hermann der Lahme: *Opusculum Herimanni (De octo vitiis principalibus)*. Eine Vers- und Lebensschule. Eingeleitet, herausgegeben und übersetzt von Bernhard HOLLICK, 2., verbesserte Auflage, Heidelberg 2016, 152 S. und 7 Abb., davon 3 in Farbe.

15 Walter BERSCHIN unter Mitarbeit von Ulrich KUDER, *Reichenauer Wandmalerei 840–1120*. Goldbach – Reichenau-Oberzell St. Georg – Reichenau-Niederzell St. Peter und Paul, Heidelberg 2012, 96 S. und 42 Abb., davon 27 in Farbe.

16 Walahfrid Strabo: *De imagine Tetrici*. Das Standbild des rußigen Dietrich. Eingeleitet, herausgegeben, übersetzt und kommentiert von Tino LICHT, Heidelberg 2020, 132 S. und 16 Abb. in Farbe.

Die Reihe wird fortgesetzt.